ETHNOGRAPHIE
DES
PEUPLES DE L'EUROPE
AVANT J.-C.

III.

PROPRIÉTÉ.

Tous droits de reproduction et de traduction réservés.

Gand, impr. I.-S. Van Doosselaere

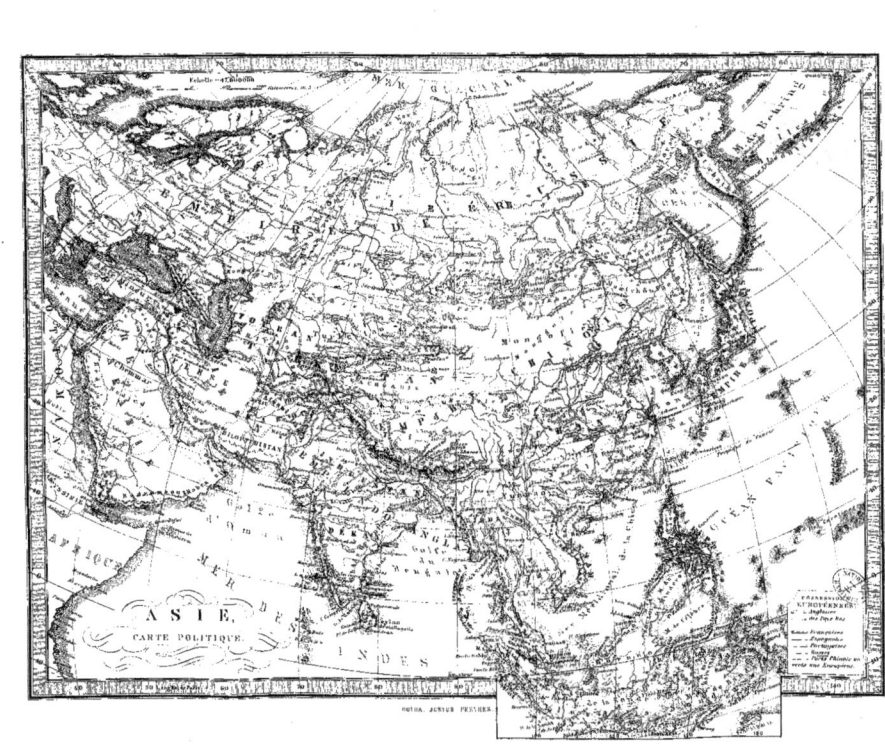

ETHNOGRAPHIE

DES

PEUPLES DE L'EUROPE

AVANT

JÉSUS-CHRIST

OU

ESSAI SUR LES NOMADES DE L'ASIE

LEURS MIGRATIONS, LEUR ORIGINE
LEURS IDÉES RELIGIEUSES, LEURS CARACTÈRES SOCIAUX, ETC.

ÉTUDE

MISE EN RAPPORT AVEC LES MŒURS DES PRINCIPALES NATIONS EUROPÉENNES
DE RACE GRECO-LATINE GERMANIQUE ET SLAVE

PAR

CH. STEUR

Membre de l'Académie royale de Belgique.

TOME TROISIÈME — 1ᵉʳ FASCICULE

BRUXELLES,
C. MUQUARDT, Henry Merzbach, successeur,
LIBRAIRE DE LA COUR ET DE S. A. ROYALE LE COMTE DE FLANDRE,
Même maison à Leipzig.

PARIS, | **LONDRES,**
MAISONNEUVE ET Cⁱᵉ, | WILLIAMS ET NORGATE.
LIBRAIRES-ÉDITEURS, | 14, Henriettastreet,
15, Quai Voltaire. | Covent-Garden.

1873

ETHNOGRAPHIE

DES

PEUPLES ANCIENS DE L'EUROPE.

TROISIÈME PARTIE (SUITE).

Kuriles. Habitants primitifs ou Primates du Japon. — (Voyez tome II, v° Aïnos, où nous avons rapporté quelques unes de leurs traditions.)

En parlant ici des Kuriles nous ne voulons pas absolument confondre les deux peuples : Aïnos et Kuriles, sous une seule et même dénomination. Les Kuriles proprement dits, habitent la longue série des îles et îlots qui forment la barrière séparative entre la mer d'Okhotsk et l'Océan Pacifique. Conséquemment les habitants qui les occupent appartiennent à la famille des peuples maritimes ou pélagiques, tandis que les Aïnos habitent encore, — mais en petit nombre, — une très faible partie du territoire septentrional du Japon, nommée Yeso. Or, nous savons par expérience, — et cela sous le double rapport des forces physiques et morales, ainsi que de l'intelligence innée, — quelle différence il y a entre l'un et l'autre de ces classes d'hommes. Il ne serait donc guère possible de considérer les Aïnos et les Kuriles comme un peuple de race identique, même en faisant abstraction de la différence des deux contrées qu'ils habitent et des caractères ethniques qui semblent les distinguer.

Les documents légendaires du pays paraissent n'offrir aucun renseignement certain sur le caractère et les mœurs des Primates du Japon. Quelques ethnologues ne voient aucune différence entre les habitants actuels des îles Kuriles et les peuples primitifs qui les ont jadis habitées.

D'autres attribuent la population originaire des *Kuriles* à des émigrants chinois de l'ouest, — venus de la province russe actuelle de l'*Amour* — qui, dans les temps antérieurs, auraient traversé la mer d'Okhotsk jusqu'aux Kuriles et le Kamtchatka, où ils se seraient définitivement établis.

Il semble donc assez singulier que les savants qui se rendent les échos de pareilles idées, ne parlent guère des Chinois ni de leurs annales; il est cependant d'une bonne logique que, pour aller à la recherche du point initial d'un fait historique quelconque, on s'empresse de consulter les peuples qui nous semblent en avoir été les premiers témoins.

Si les émigrés japonais sont venus de la Chine, c'est en Chine qu'on doit le mieux le savoir. Si l'établissement colonial des Chinois remonte au Japon à l'année 2697 avant J.-C., comme on l'affirme, il est indubitable qu'on n'a pu puiser ce renseignement plus ou moins certain, que dans les annales de la Chine même.

Quoiqu'il en soit, dès les premiers temps historiques — et cette époque remonte à l'an 660 de l'ère antique. — les Japonais donnaient aux Aïnos le nom de Yebis et les appelaient *Barbares de l'Est*.

C'est vers le même temps que Djin-mu fonda l'empire du Japon et prit le titre de *Micado*, qui a passé depuis à ses successeurs et aux chefs souverains de cet empire de l'extrême Orient.

Djin-mu ne suivit pas l'exemple de presque tous les conquérants dominateurs. Il fut plus heureux, car il n'eut pas besoin de dompter par les armes les populations du Japon, jusque là gouvernées par des princes indépendants. Il réunit tous les territoires séparés en un empire unique et fit avec tous ces petits souverains des traités politiques à la suite desquels ils reconnurent son pouvoir souverain et conservèrent en même temps leurs priviléges et leurs droits antérieurs. Il est généralement admis que les Primates du Japon étaient originaires de la Chine ou des Indes, peuples pélagiques qui, dans le temps, colonisèrent les îles de Yeso, de Niphon, les Kuriles et les territoires de la mer de Tonghaï; mais on ne possède encore à ce sujet que des données fort incomplètes. On n'est pas encore parvenu à savoir si la population du Japon appartient exclusivement à une seule ou à plusieurs races d'hommes. Le voyageur Richthofen qui, en 1869, visita les Kuriles et s'établit à Kaoli-Mon, entrepôt du commerce chinois et corréen, paraît avoir remarqué deux types de Kuriles : l'un appartenant aux fonctionnaires et aux commerçants qui se distinguent par des têtes allongées — DOLICO-CÉPHALES, — l'autre, offrant tout l'extérieur des sauvages de l'Amérique du Nord(?) et rappelant les têtes *Brachi-céphales* des Aïnos de l'antiquité. Mais d'autres voyageurs qui ont visité l'extrémité méridionale de la Corrée, affirment n'avoir à la même époque remarqué rien de semblable [1].

Ce qui paraît avéré, c'est que ni les *Kuriles* ni les *Aïnos* n'ont jusqu'ici admis aucune des coutumes propres aux Japonais. Ceux-ci les traitent généralement comme esclaves et les regardent comme une caste dégénérée qui excite peu d'intérêt et ne mérite de jouir d'aucun des priviléges de l'homme libre.

Tous les Aïnos ne se soumettent pourtant point de plein gré à l'état d'abjection où on prétend les tenir; et ceux de

---

[1] Entre autres M. VON BRANDT, Consul-général de l'Empire allemand au Japon. — Voy. *Zeitschrift fur Ethnologie*, 4ᵉ année 1872. 2ᵐᵉ livraison; Berlin, chez Wiegandt et Hempel.

l'est de l'île de *Yeso*, entr'autres, qui vivent loin des grandes villes, parviennent à l'aide de la chasse et de la pêche à satisfaire à leurs besoins et, — leurs tributs soldés en nature, — s'inquiètent peu de fréquenter les marchés des Japonais proprement dits.

Quant aux caractères ethniques de ce peuple en général, l'Aïnos est de taille moyenne, fortement constitué, ayant les cheveux noirs et quelque peu laineux. Il se rase le devant de la tête et laisse flotter ses cheveux des deux cotés. Il a les yeux foncés et la plupart du temps bruns; le teint légèrement bronzé dans sa jeunesse, plus blanc dans un âge avancé; il a la barbe très forte et la laisse croître en liberté. Sa lèvre inférieure, légèrement pendante, disparaît bientôt sous l'épaisseur de sa barbe touffue.

On fait aux Aïnos la réputation d'être une race chevelue comme si leurs corps étaient entièrement couverts de poils; cependant d'après le témoignage des voyageurs et des Européens résidant en Orient, rien n'est moins exact.

L'Aïnos a — comme cela se remarque chez nos races greco-latine et germanique en général, — plus ou moins la poitrine et le gros des bras et des jambes couverts de poils — ce qui démontre la force de sa constitution physique — mais ne nous autorise pas à considérer cette circonstance comme un caractère distinctif de la race. Il a du reste l'extérieur bienveillant, ne montre une extrême humilité qu'en présence du Japonais, son maître et la plupart du temps son tyran. D'après la remarque d'un voyageur récent, il ne ressemble pas mal — au moins quant à l'aspect extérieur — aux insulaires de la mer du Sud. Une preuve qu'il est encore, — en ce qui concerne ses mœurs et ses habitudes — dans un état voisin de la barbarie primitive, c'est l'usage établi parmi les femmes des Aïnos, de se tatouer la lèvre supérieure comme si elles portaient naturellement des moustaches. Cet accessoire tout artificiel et viril, n'a pas la vertu de les rendre plus jolies.

Les demeures de ce peuple sont encore d'une structure si simple et si primitive, qu'elles n'ont ni fenêtres ni cheminées d'aérage ; la fumée ne sort de la maison que par la porte entr'ouverte, exactement de la même manière que nous l'avons remarqué chez les pauvres paysans russes sur le Wolga : c'est à dire construites en bois ou en pisée, n'ayant généralement qu'une porte d'entrée et une lucarne, laissant à peine pénétrer à l'intérieur la lumière du jour.

Les villages des Aïnos rangés le long de la mer n'ont guère au maximum que 200 habitants. Chaque habitation a près d'elle un refuge aux vivres, surexhaussé sur pilotis, et auquel on atteint à l'aide d'une échelle composée d'un tronc d'arbre dont les entailles servent de marches-pied. — Les pilotis sont enduits d'une composition qui en écarte les rats et les souris ; et les provisions consistent surtout en fragments de chair d'ours, destinés au besoin du ménage et qui font l'objet d'une sorte de culte, comme jadis en Suisse les ours de Berne, qui y ont laissés de nombreux souvenirs et servent encore d'enseigne commune à une foule de magasins et de maisons de débit.

Les tombeaux qui se trouvent dans le voisinage de ces habitations appartiennent presque tous à des époques antérieures aux derniers siècles. Ils ne renferment, — en ce qui concerne les armes et les outils — que des objets en pierre et en silex, tels que dards de flèches, couteaux, marteaux, exactement travaillés dans le même genre que les outils en pierre de nos ancêtres les prétendus sauvages de l'Europe. Encore aujourd'hui les habitants du nord du Japon font usage de flèches armées de pointes en silex ; et l'on peut voir tous les jours à *Yeso* l'usage des marteaux et du ciseau en pierre parmi les Aïnos de la contrée. Les objets d'un travail moins primitif, dont ces peuplades font usage et qui consistent en ivoire, en cristal et en faience, proviennent tous de l'industrie japonaise et font l'objet d'échanges entre les deux espèces d'habitants des villes et des campagnes.

Le premier qui fit connaitre à l'Europe l'existence des Aïnos dans l'île de *Yeso*, fut le célèbre et malheureux navigateur français La Peyrouse, chargé en 1785-1787 d'une mission scientifique par l'infortuné Louis XVI.

Les deux frégates auxquelles commandait La Peyrouse, portaient les noms de *La Boussole* et de *l'Astrolabe;* elles firent naufrage dans les parages de Botany-Bay et l'on fut pendant plus de quarante ans sans connaître le sort de cette expédition et de ceux qui la commandaient, lorsqu'en 1826, — par un hasard providentiel — le capitaine anglais Dillon découvrit les vestiges de ce double naufrage sur les côtes de l'île de *Manicollo* ou *Vanikoro :* vestiges qui consistaient en canons de bronze, saumons de plomb, pierriers, ancres de vaisseaux, etc. En passant par le détroit entre l'île de Tarakaï et l'île de Yeso La Peyrouse lui donna son nom et indiqua la véritable synonymie géographique du Japon que les missionnaires chrétiens n'avaient connu jusque là que sous le nom générique de Yeso ou Jesso.

Quant aux caractères antropo-morphiques des Aïnos, on a, depuis la découverte de ce peuple de l'Est, des renseignements très curieux sur l'ostéologie de cette race. En effet, on a été à même de se procurer des cranes de plusieurs exemplaires d'Aïnos et même des squelettes entiers de femmes dont l'autopsie a démontré la justesse de l'observation faite sur les lieux par La Peyrouse même : *« qu'il n'y a parmi les nations Asiatiques aucune race d'hommes qui ressemble mieux aux Européens que la race des Aïnos »* et depuis l'on a eu occasion de constater qu'il n'y a de crânes moins ressemblants à ceux des races mongoles que les divers crânes d'Aïnos envoyés en Angleterre dans ces derniers temps.

Du reste, ce peuple primitif appartenant à la caste des vaincus — et à ce titre maltraité depuis des siècles par les

Japonais, repoussé des villes et en partie réduit à l'esclavage domestique — est toujours de plus en plus refoulé vers le nord. L'abjection dans laquelle il a vécu jadis et dans laquelle il persiste à vivre, est peut être moins la condition que lui ont faite les Japonais que son inhabileté native, son inaptitude naturelle à se perfectionner dans aucun des arts les plus usuels et les plus vulgaires de la vie. Ses armes et ses ustensiles sont encore en partie formés de pierres et en silex; les arcs dont il se sert sont si mal faits, d'une forme si étrange qu'on ne comprend pas comment il peut s'en servir avec succès dans ses chasses aux ours. Mais l'Aïnos a une ressource terrible dans le suc d'une plante vénéneuse dont il enduit la pointe de ses flèches et qui porte instantanément la mort à la moindre blessure qu'il parvient à porter au gibier qu'il poursuit.

Ainsi, sous le rapport de son habitation, de ses armes défensives, de son habillement; sous celui des commodités les plus vulgaires de la vie, de l'instruction et du dogme religieux qu'il professe, l'Ainos — placé dans le voisinage des Chinois et des Japonais — en est encore aux incunables de la civilisation. Il ne possède ni l'usage de l'écriture, ni celui d'enregistrer les faits historiques dans des annales. Il grave les souvenirs qui méritent d'être conservés, au moyen d'entailles sur le bois. Il n'a pas de langue grammaticale — et quoique tout récemment un savant philologue Allemand de Vienne ait édité en écriture, appelée *Katakana*, quelques-unes de ses chansons populaires, — on doute encore si l'idiôme de ce peuple se prête à la traduction dans aucune langue connue[1]. Du reste, le japonais primitif, considéré comme langue, forme — dans la série des idiômes admis et connus — une branche à part distincte du chinois. Malgré les relations très anciennes qui ont dû toujours exister entre ces deux puissantes nations

(1) Voyez *Recueil mensuel* d'*Ethnologie*, publié à Berlin, 1872, 2ᵉ liv., p. 30, — Déjà cité ci-dessus.

de l'extrême Orient, leurs langues sont restées distinctes et séparées. Composées de signes arbitraires, formant des attributs différents, on ne doit point s'étonner que ces deux langues soient constamment restées étrangères l'une à l'autre et que ces peuples si voisins — jouissant d'ailleurs de plusieurs caractères communs, qui leur viennent de la race Tatare, à laquelle ils appartiennent — aient tenus plus ou moins à rester constamment isolés sans communication entre elles.

Du reste, là comme ailleurs, la nécessité a tenu lieu de seconde nature. Ne pouvant communiquer leurs idées d'une manière même incomplète, les Chinois et les Japonais ont inventé des vocabulaires de langues cursives, qui aujourd'hui portent les noms d'écriture *Katanaka* et *Irakana,* à l'aide desquelles ils sont parvenus à s'entendre et à communiquer leurs idées.

Ces deux empires de l'Est, — baignés par l'Océan pacifique et placés en regard de l'Australie et de l'Amérique — mériteraient assurément une description spéciale et particulière; mais c'est là une tache qui dépasse nos forces et sort évidemment du cadre restreint que nous nous sommes imposé. Les Chinois et les Japonais appartiennent essentiellement à la race jaune; mais les premiers, — à raison de la multiplicité des familles humaines dont ils sont composés — offrent, dans leur ensemble physique un grand nombre de caractères ethniques différents. Les Japonais, au contraire, peuple insulaire par excellence, navigateur et commerçant, sont d'une autonomie plus spéciale, et — moins exposés aux invasions — offrent naturellement un gouvernement plus stable, qui permet d'espérer, à l'aide d'une plus grande tranquillité, d'y voir se développer une civilisation à la fois plus brillante et plus appropriée au caractère qui distingue la civilisation européenne actuelle.

La Chine, du reste, produisant en abondance, sous ses latitudes diverses, tout ce qui est essentiel à la vie de l'homme — peut se passer de tout commerce étranger. Elle n'a aucun besoin d'importation étrangère; elle connait à peine le trafic international avec les nations voisines; et l'esprit d'isolément où elle s'est constamment maintenue depuis des siècles, tient encore plus à cette cause qu'à l'antipathie de son caractère pour tout ce qui n'émane pas de sa personnalité physique.

La Chine a-t-elle précédé l'Inde dans la carrière du progrès? ou faut-il admettre l'inverse de cette thèse? Cette question non encore définitivement résolue, ne pourra faire l'objet de nos appréciations, que lorsque les synologues nous aurons fait mieux connaître les annales de ce vaste empire. On peut toutefois — à l'aide d'inductions plus ou moins plausibles — affirmer avec quelqu'apparence de fondement que s'il y a lieu d'établir une priorité en faveur de l'une ou de l'autre de ces nations, c'est à la Chine qu'elle doit revenir.

L'art le plus ancien, le plus essentiel à l'existence et aux progrès de l'humanité, c'est incontestablement l'art agricole; sans lui il n'y a pas de stabilité pour les nations. Le commerce et les fabriques enrichissent, mais démoralisent à la longue les peuples qui en font un objet exclusif de grandeur nationale. Plus il y a de facilité pour l'homme à acquérir des richesses, moins elles sont durables entre ses mains. Il n'y a rien de plus fugitif et de plus instable que la possession de l'or et des métaux précieux; et les nations, sur la terre, qui jusqu'ici en ont produit le plus, en exploitant ces minerais, n'ont joui de leurs rapides fortunes que durant quelques instants. Privées de ce métal et n'ayant point d'autres industries, elles sont bien vite tombées en décadence et n'ont pû se relever que par l'agriculture et le travail.

Or la Chine, même avant l'Egypte, a toujours été reconnue dans l'antiquité, comme la terre de l'agriculture par excellence; c'est elle qui a inventé la plupart des ustensiles aratoires encore en usage; et l'on sait les honneurs attachés en Chine, depuis la plus haute antiquité, à la pratique d'un art qui a précédé tous les autres et mérité d'être placé au premier rang des connaissances humaines.

Lacustres (Peuples), *fini*, *finnois*. Les demeures lacustres sont des bâtiments sur pilotis élevés au milieu des eaux; en all. *Pfahlbauten*, en fl. *Palhuizen*.

Ce sont d'anciennes demeures circulaires ou polligonales en bois, élevées sur pilotis enfoncés dans la vase des marais et qui, de tous côtés entourées d'eaux, en dépassent le niveau assez pour subir l'élévation ou les crues subites, sans que les habitants en souffrent à l'intérieur.

Ces cabanes, construites avec des troncs d'arbres, étaient inabordables autrement qu'en passant, à l'aide de barquettes ou de radeaux, l'eau qui les entourrait.

Arrivés au pied de ces pilotages, une sorte d'échelle mobile servait aux habitants à y monter et de la galerie extérieure, qui contournait l'édifice, ils passaient à l'intérieur. Ces constructions primitives, — qui attestent néanmoins dans leurs auteurs une certaine intelligence, et une rare prévision, — ont d'abord été retrouvées dans les lacs de la Suisse il y a à peine quelques années, pendant l'hiver de 1853 à 1854, lorsqu'on pouvait marcher à pied sec sur le fond que peu de temps auparavant cinquante brasses d'eau couvraient complétement. On a trouvé des platte formes en pilotage assez vastes pour servir de fondement à des maisons et à des hameaux entiers. En deçà et au-delà des Alpes, on en a compté, cette année seule, jusqu'à 112, construites dans le genre que je viens de décrire.

Mais ce n'est pas seulement en Suisse et en Italie qu'on les trouve, il en existe partout en Europe, en Asie mineure et dans le nord de l'Afrique, ainsi que sur les bords du phase (le Rion d'aujourd'hui). La ville de Poti est presqu'entièrement bâtie sur pilotis qui dépassent le niveau moyen des eaux du fleuve et plusieurs villes de la Hollande : telles qu'Amsterdam, Rotterdam, etc., ne tarderaient pas à s'enfoncer sous terre, si des millions de pilotis n'y maintenaient les maisons à leur hauteur.

La pensée primitive qui a présidé à ce genre de construction remonte à la plus haute antiquité. Quand les populations d'Europe étaient encore clairsemées, que les hommes étaient dépourvus d'armes et n'avaient ni arcs ni flêches pour s'adonner à la chasse des animaux, les peuples ictiophages pouvaient seuls pourvoir à leur subsistance ; les coquillages et les poissons leur servaient exclusivement de nourriture. C'était aux bords des mers et des fleuves qu'ils pouvaient le mieux y pourvoir ; au milieu des terres et sur les montagnes, les lacs leur procuraient une nourriture abondante et durable. Ils s'établirent donc de préférence dans ce voisinage ; mais s'ils parvenaient à y pourvoir d'une manière facile à leur entretien, ils avaient — privés d'armes défensives — tout à craindre des bêtes fauves et des nations pillardes qui les entouraient.

Les premières familles se retirèrent au milieu des marais et des eaux peu profondes et y élevèrent des constructions qui de jour et de nuit, avaient la vertu de les mettre à l'abri des atteintes de l'extérieur.

Il n'y a pas de doute que ce genre de vie des peuples lacustres n'ait continué pendant des siècles ; car on a trouvé en grand nombre, les vestiges des arts mécaniques qu'ils pratiquaient dans ces maisons de bois.

On y a trouvé des rognures de cuir et des ouvrages entiers de cette matière, du lin en état d'être filé et tissé, des cordages de plusieurs grosseurs, des nattes et jusqu'à de la toile véritable, des vases en argile cuite qui ont résisté à l'action de l'eau, pendant des siècles.

Certes tous ces objets n'avaient pas été fabriqués dans ces demeures lacustres, ils prouvent seulement que les habitants se les étaient procurés à l'aide d'échanges ou de marchés, et qu'un certain degré de civilisation les avait mis à même d'en apprécier l'usage. Faut-il admettre une race particulière d'hommes pour expliquer ce phénomène demeuré si longtemps inconnu ? Aucunément ; la sureté personnelle a suffi pour y déterminer les peuples primitifs ; mais de quelque manière qu'on envisage ces constructions des lacustres, on ne peut s'empêcher de remonter par la pensée à la plus haute antiquité.

Des milliers de siècles ont pû s'écouler ; car on a observé que plusieurs maisons les plus anciennes avaient servi de fondement à des demeures plus élevées et plus récentes ; et que ces peuples avaient — à des périodes diverses d'existence, — traversé les âges de pierre, de bronze et de fer.

Pour expliquer ce phénomène, les géologues, supposent en Europe l'existence d'un peuple primitif qui aurait précédé l'arrivée des Ibères du nord de l'Afrique et les Celtes de l'Asie centrale.

Ils indiquent la race finnoise comme ayant précédé toutes les autres races de l'Europe, laquelle — forcée ensuite de se réfugier devant des peuples plus nombreux et mieux armés — se serait retirée sur les lacs de la Finlande ; tandis qu'une autre partie n'aurait trouvé un refuge assuré que sur ceux de la Suisse et des hautes Alpes. Il est plus facile de baser là-dessus des systèmes que de les justifier par des preuves authentiques.

Aucun historien de l'antiquité ne parle de ces constructions, qu'aujourd'hui on regarde comme dépassant en grandeur les pyramides de l'Egypte et la grande muraille de la Chine [1].

« Dans la vallée de la Seille, aux environs de la petite ville de Marsal en Lorraine, » dit un auteur récent « il existe un ouvrage fait de main d'homme dont les proportions colossales frappent les visiteurs de stupéfaction. »

---

(1) Voy. cependant plus loin, page 16 de ce volume.

Avec de l'argile qui abondait aux environs, les habitants de cette vallée souvent inondée, créèrent un emplacement solide, formé de briques cuites, sur les surfaces desquelles on voit encore les empreintes des mains de femmes et d'enfants qui les ont formées. Ces briques durcies au feu furent descendues au fond de l'eau et servirent à former une éminence pareille à une digue de mer, sur une étendue de douze lieues de longueur, suivant la largeur irrégulière de la vallée. L'auteur que je cite n'ajoute pas qu'on y ait trouvé des demeures lacustres ; mais il allègue que ce plateau artificiel n'a pû avoir d'autre objet que d'y bâtir des demeures à l'abri des inondations. Admettons ces faits pour vrais ; mais bornons-nous à cela. Quant à regarder les peuples Finnois comme des hommes qui auraient précédé en Europe l'arrivée des Ibères et des Celtes, il est probable que des légendes anciennes n'auraient pas manqué d'en parler et toutes sont unanimes à considérer les Ligures, les Ibères et les Celtes comme les premiers habitants de l'Europe.

Constatons toutefois que les seuls restes d'animaux qu'on a trouvés dans les habitations des lacustres appartiennent à l'espèce des rennes et des chiens, et qu'il est connu que, dès la plus haute antiquité, ces animaux domestiques, ont été en usage chez les peuples Mongols comme ils le sont encore chez les Lapons.

C'étaient les seuls animaux capables de supporter la température de la période glaciale dans le nord de l'Europe ; et c'est pour ce motif qu'on attribue généralement la construction des habitations lacustres à la race mongole.

Les peuples chasseurs et pasteurs appartiennent à une période postérieure, lorsque les hommes avaient trouvé le moyen d'avoir des armes. Ce seraient ces peuples mieux armés, comme les *Scytes*, les *Goths* et les *Wendes* qui auraient chassés les Finnois primitifs, exclusivement pêcheurs.

L'élève du bétail et les premières notions de l'agriculture n'ont été répandues en Europe qu'à la suite des Celtes et des Ibères nomades, qui ont emmené les premiers animaux domestiques utiles à l'homme, en employant la peau, la chair et le lait de ces ruminants, comme vêtement, comme nourriture et comme boisson. (Voyez en outre l'art. *Féni==Finnois*.

Mais la découverte toute récente des demeures lacustres, leur existence constatée sur la surface entière de l'Europe méridionale, le grand nombre de débris de l'âge de pierre trouvés à l'intérieur, l'agencement même de ces résidences, ne permettent pas de supposer que ces constructions aient jamais constitué des exceptions à la règle générale d'habitation des peuples primitifs de l'Europe. On est forcé au contraire d'y voir un système complet d'architecture primitive, auquel ces peuples ont dû avoir recours, n'ayant à leur disposition que des matériaux fournis par la nature des lieux et dont ils ont tiré tout le parti possible dans l'état d'imperfection où se trouvaient leurs outils, leurs armes offensives et défensives. En creusant par la pensée aussi avant qu'il soit possible dans les entrailles des temps préhistoriques on conçoit que la vie de l'homme a dû passer par une multitude de phases que l'homme actuel, réuni en société et protégé par les lois, n'éprouve plus le besoin de traverser. Jadis son isolément le rendait presque toujours le jouet des bêtes sauvages, et les nombreux ennemis de son espèce, — d'autant plus acharnés qu'ils étaient plus misérables, — ne manquaient pas de le traquer dans ses demeures des montagnes et de lui enlever le peu de nourriture et de provisions que son habileté à la pêche et à la chasse avait pu lui procurer.

Une série d'expériences funestes a dû bientôt lui apprendre qu'il fallait, avant tout, songer à la sûreté de sa personne et de sa famille et que c'était à ce prix seul qu'il pouvait espérer de conserver son espèce;

Le raisonnement que l'homme primitif a dû faire en cette circonstance était des plus simples. En se retirant avec son bétail dans les cavernes, les bêtes féroces, attirées par l'odeur, découvraient aisément le jour et la nuit ces retraites; et quand le chef — à la chasse ou à la pêche, ou endormi, — ne pouvait veiller sur sa famille et le peu de vivre qu'il possédait, il voyait au retour toute sa fortune détruite et sa famille égorgée. Pour obvier à de pareils résultats que lui restait-il à faire, sinon de chercher à y remédier par les moyens que la nature même plaçait à sa portée? sachant que les bêtes fauves, en général, ont horreur de l'eau, il eut recours à l'intervention de cet élément et se retira dans les ilots voisins des côtes maritimes, ou se construisit des atterrissements en bois au milieu des lacs et des marais périodiquement submergés. De cette manière il conquit une partie de sa tranquillité individuelle et garantit sa famille contre les embuches des bêtes sauvages pendant ses longues et fréquentes absences.

C'est, me semble-t-il, à ce moyen si simple que l'homme primitif a partout obvié à des dangers sans cesse renaissants et s'est assuré un premier degré de transition de son état provisoire nomadique pûr, vers son état sédentaire permanent.

Que dans l'ancien temps les choses aient eu lieu de cette sorte se constate aujourd'hui de la manière la plus évidente par le nombre et la multiplicité en divers lieux des nations lacustres déjà connues et de celles en voie de découverte. Nous avons démontré ci-devant, à l'article *Azyles*, que la série des objets en pierre, en bronze, en instruments de pêche, en armes de chasse et en ustensiles de ménage atteste cette existence du nomade, passant à un premier degré de *sédentarisme*; mais il résulte en outre de ces découvertes récentes et multipliées, un système d'existence qui, imité de proche en proche, n'a pas dû tarder à devenir une règle commune à presque tous les peuples primitifs.

Parcourons en quelques mots la série des demeures lacustres déjà connues et l'on se convaincra que rien n'est plus logique ni plus certain.

Nous avons dit ailleurs dans cette étude que c'est non-seulement en Suisse, — pays admirablement conformé pour ce genre de demeures — que les premiers essais ont eu lieu, mais qu'il en existe et qu'on en a récemment découvert en Italie en France, en Angleterre, en Danemark, en Suède, sur les Alpes et les Pyrénées, etc. [1], partout la critique moderne a donné à ce genre d'existence des noms appellatifs différents, sans que pour cela on puisse s'autoriser de cette circonstance, pour en conclure à des systèmes de nature différente ou opposée.

Qu'on donne à ces demeures tantôt le nom de *Lacustres* en Suisse, de *Terramâres* dans l'Italie du Nord, de *Cranoges* en Angleterre et en Irlande, de *Kjeukenmoedjen* en Danemark; rien de plus naturel, néanmoins ces dénominations s'appliquent partout à une seule et même chose diversifiée d'après les accidents naturels des lieux et les matériaux produits par la nature et mis en œuvre par l'intelligence récente des hommes qui les ont employés.

Mais nous rejetons absolument l'idée moderne qui tend à considérer ce genre de demeures comme la découverte nouvelle d'une chose qui aurait été inconnue aux anciens.

Hérodote, en parlant des *Péoniens*, dit qu'au milieu du lac de Prasias dans la Roumelie actuelle, ce peuple était depuis longtemps dans l'usage de se construire des demeures *palafittes* en bois, qui n'avaient qu'une seule entrée du côté de la terre ferme. Pour avoir le droit d'y loger, chaque chef de famille était obligé à son mariage, de fournir au moins trois arbres de la forêt d'Orbèle, montagne la plus voisine, et de les façonner en pilotis; ce n'était qu'à cette condition qu'il pouvait s'y retirer avec sa famille et y vivre dans une cabane à l'abri du pillage et des dévastations des ennemis. Les enfants qui naissaient dans ces cabanes, dit l'historien, sont, pendant l'absence de leurs parents, attachés à

---

(1) Les Anciens Géographes croyaient que le nom de *Pyréne* était celui d'une ville située dans les montagnes des Pyrénées; ils la regardaient comme le lieu où le Danube prenait sa source.

l'aide de liens de joncs aussi longtemps qu'ils ne sont pas en âge de pouvoir se conduire et d'échapper par eux-mêmes aux dangers des eaux qui les entourrent [1].

Les voyageurs de long cours ont partout constaté l'existence de villages à pilotis, construits au milieu des eaux [2], et nous mêmes avons vu dans le voisinage du petit port de Poti sur le Phase (et tous les voyageurs au Caucase ont pu voir avec nous) une partie des maisons voisines du fleuve, entièrement construites sur pilotis.

A l'époque de 1868, c'est-à-dire en moins de quinze ans depuis la première decouverte dans le lac de Zurich à Meilen, on comptait déjà successivement, des stations découvertes par centaines. Ainsi on en a mis au jour :

   28 dans le lac de Genève ;
   40 dans celui de Neuchatel ;
   11 dans le lac de Bienne ;
   8 dans le lac de Morat au canton de Fribourg ;
   1 dans le lac de Jinckwyl près de Solure ;
   2 dans le lac et les tourbières de Moosseedor, canton de Berne ;
   4 dans le lac de Sempach, canton de Lucerne ;
   5 dans le lac de Wauwelle, même canton ;
   3 dans le lac de Zurich ;
   32 dans le lac de Constance ;
   1 dans le petit lac de Nussbaumen, canton de Turgovie ;
   1 au pont de la Thiele entre les lacs de Neuchatel et de Bienne.

Ens. : 136

Ce nombre de 136 cités lacustres pour la Suisse seule, accuse un état de résidence quasi-universelle pour les populations primitives de cette partie de l'Europe.

Quand on aura fait le dénombrement exact des *Terramares* de l'Italie, des *Cranoges* de l'Angleterrre, des *Kjoukenmoedjes* du Danemark ; qu'on aura poussé plus avant les premières découvertes dans les lacs Majeur, de Varèse, de Fimon, de Garda, dans les nombreux lacs de la Bavière

---

(1) HÉROD. Hist. liv. V, Terpsichore.
(2) DUMONT D'URVILLE, Côtes de la Nouvelle-Guinée.

comme celui de Starnberg, qui a déjà produit la découverte de l'*Ile artificielle des roses;* quand on aura achevé l'exploration à peine commencée des pilotages dans les lacs de la Carinthie, du Brandebourg et des marais de la Poméranie, des lacs de la Paladru [1] et d'Annecy en France, du Bourget en Savoie et de tant d'autres lieux où les investigations s'opèrent activement en ce moment, ce sera par milliers qu'on pourra constater le nombre des demeures lacustres et la plus grande partie de celles qui ont naguère existé, échapperont encore à la curiosité humaine, leur destruction par le feu, n'ayant laissé aucun trace appréciable.

Il n'est pas à supposer que tant de lieux sur la surface entière de l'Europe aient été habités simultanément par une population identique et homogène. Tous les premiers peuples émigrants connus ont du y contribuer; et ce genre d'existence, loin d'être le fait d'une époque isolée, a dû nécessairement se produire à la suite d'une série d'expériences, dont les résultats bienfaisants ont dû frapper l'esprit des peuples de cette partie du monde, comme ils avaient frappé naguère l'esprit des peuples de l'extrême Orient.

On conçoit déjà que sous ce point de vue une partie du merveilleux, attaché à cette toute récente découverte, s'évanouit ; voyons si, en la considérant sous une autre face, nous ne serons pas plus heureux.

Il est indéniable qu'entre les peuplades lacustres et les *loquiers* ou habitants primitifs des cavernes il y a eu une parfaite concordance d'objet et de but; tous les deux cherchaient à échapper à des ennemis nombreux, acharnés, à se procurer une sorte de tranquillité que ne pouvaient leur fournir des demeures construites au milieu des terres ou d'un accès facile. Quand les hordes vagabondes, comme en

---

[1] *Les Palafittes ou constructions lacustres du lac de Paladru* (station des grands roseaux), près de Voiron (Isère). Grenoble, 1871, par CHANTRE.

Sybérie, vivaient nombreuses et compactes, elles se construisaient des espèces de camps retranchés en terre, où elles se retiraient toutes entières à l'abri des atteintes de leurs ennemis de toute espèce ; et ces camps avaient une telle grandeur et étaient construits dans de telles conditions de force et d'étendue, qu'on en retrouve encore les vestiges après 4000 ans d'existence, sans que les vents, les pluies, la grêle et les orages aient pu les détruire ou les entamer.

Les Lacustres et les Loquiers ou troglodites, contemporains les uns des autres, ont donc été animés d'une même pensée, d'aspirations identiques, tendantes au même but et produisant le même résultat.

On ne regarde pas ceux-ci comme dignes d'une mention parce que le fait de leur existence est depuis longtemps connu et n'offre aucune anomalie particulière ; tandis que les traces de ceux-là ont échappé à l'investigation des anciens et n'ont été découvertes tout récemment que par un effet providentiel du hasard.

Si l'on compare les résultats anciens avec les faits modernes, les découvertes qu'on a faites de nos jours dans les cités lacustres, sont exactement les mêmes que celles qu'on a faites jadis dans les cavernes habitées.

Au point de vue de la défense dont usaient les peuples primitifs de l'Europe à l'égard de leurs ennemis, les objets récemment trouvés chez les Lacustres consistent :

En haches en silex avec emmanchure simple en corne de cerf ou en bois ;

En haches de pierre privées d'emmanchures ;

En haches-marteaux percées d'un trou ;

En pointes de flèches en silex d'une grande variété de formes et généralement de huit à dix centimètres de hauteur ;

En pointes de lance tantôt en silex, tantôt en corne de cerf ou en os, tantôt, comme en Toscane, en silex blanchâtre de Saturnia.

Au point de vue de l'usage domestique en poinçons en cornes, percés d'un ou de plusieurs trous de manière à y passer le fil destiné à coudre les habillements de peaux ;

Au point de vue de la pêche, en aiguilles, pointues aux deux bouts, servant d'hameçons.

La céramique des habitants lacustres est représentée par de nombreux débris de poteries, mais peu de vases en entier subsistent encore.

Les objets de luxe servant de parure aux femmes et aux hommes consistaient en dents de carnassiers des espèces oursine et canine, percées d'un trou afin de les attacher au col ; en colliers formés de boules en os, en bois de cerf, en verre et même en ambre gris, enfilées à la mode de nos chapelets ; en épingles à cheveux en os, à têtes arrondies et enfin en un peigne en bois d'if de la forme d'une fourchette à plusieurs dents.

Voilà à peu près le menu des objets trouvés dans les nombreuses stations de la Suisse, objets qui se rapportent spécialement à la défense, aux usages domestiques, à la pêche, à la céramique et à la toilette de nos ancêtres primitifs.

Ce premier fascicule de trouvailles a été bientôt suivi par des découvertes plus importantes et qui dénotent surtout un progrès marqué dans la voie du sédentarisme des premiers peuples européens.

Des massues en bois artistement travaillées, des couteaux et grattoirs en pierre siliciée ; des arcs en bois d'if, des ciseaux de menuisier en os, des marteaux, des poignards en bois de cerf, des tranchets en défenses de sanglier ; on a de plus trouvé des scies en silex, tantôt simples, tantôt ammanchées dans du bois ou un fragment de corne de cerf.

Des ciseaux en mâchoires de castor, des hameçons en émail de défenses de sanglier, des harpons, des vases, des amulettes (?), des meules à aiguiser dormantes ; des mortiers et des pilons en granit pour broyer les grains.

Enfin de la toile tissée en fil de lin et jusqu'aux fragments d'un métier à tisser que, à grands frais on est parvenu à reconstruire en entier, ou à peu près. Malgré le court espace qui s'est écoulé depuis les premières découvertes ce dénombrement est aussi complet que possible. Le nombre de ces objets tendra toujours à augmenter, par suite des nombreux draguages opérés sur plusieurs points ; mais n'apportera aucun changement au classement que nous venons d'indiquer [1].

On a peut-être trop négligé à ce moment de considérer les demeures lacustres sous le rapport de leur analogie avec les cavernes et les grottes habitées par les troglodites, Loquiers ou premiers Ligures. Dans ces recherches on a surtout été animé d'une pensée qui, formée à priori, voulait y voir des demeures habitées par une population aborigène, différente des premiers peuples connus en Europe.

Mais en quoi consistent à ce point de vue, les découvertes faites à ce moment? Malgré tous les efforts, le peu d'exemplaires de squelettes et de cranes trouvés entiers, n'ont fait reconnaître généralement que des hommes à petite taille et à têtes macrochéphales, orbiculaires exactement dans les mêmes proportions que nous les indique l'histoire primitive de l'humanité quant aux Ligures.

C'est déjà un adminicule de preuve qu'il ne faut point aller chercher les caractères ethniques en dehors des faits anthropologiques connus et avérés.

L'homme de l'âge de la pierre polie ne semble en rien différer de l'homme historique primitif. Qu'on le considère sous le rapport de son origine comme issu de la famille Finnoise ou de celle des Basques, cette circonstance — qui n'est rien moins que prouvée, — ne fait d'ailleurs rien à la chose. Nous avons démontré, pensons-nous, au premier

---

[1] Partie de ces détails sont extraits du remarquable ouvrage de M. LEHON, intitulé : *L'homme fossile*. Un vol. gr. in-8°. Bruxelles, 1868, p. 156 et suiv.

volume, que les Ligures, ainsi que les Ambrons appartenaient à la famille scythique ou race Touranienne; dès lors les caractères qui les distinguent, sont identiquement les mêmes que ceux des habitants de l'âge de la pierre.

La vie des Lacustres ne s'est pas essentiellement circonscrite au cœur de l'Europe occidentale; elle a de tout temps existée en Asie et en Orient.

On en a découvert des traces même dans le nord de l'île des Célèbes, et Dumont d'Urville en fait mention dans son *Voyage de l'Astrolabe;* mais d'une manière incomplète au point de vue dont nous nous occupons en ce moment.

M. J. Riedel, résidant à *Gorantalo*, aux Célèbes, vient de compléter cette étude par les remarquables observations suivantes, dont nous ne donnons ici qu'un court extrait.

« Bien que suivant les anciennes traditions de l'île des
» Célèbes on ne peut, dit ce savant, assurer avec certitude
» qu'il ait jadis existé dans cette contrée maritime de l'Inde,
» des constructions lacustres dans le genre de celles de la
» Suisse — qui remonteraient à des âges éloignés, — on
» y trouve néanmoins des constructions sur pilotis, qui
» s'avancent dans la mer et en bordent les rivages sur une
» grande étendue.

» Or, on sait aujourd'hui d'une manière certaine com-
» ment ces constructions s'y sont établies; on connait leurs
» auteurs et on sait les motifs qui ont déterminé ces peuples
» à les élever au milieu des eaux.

» Les *Toundanos* ou *Toun-Singals*, qui jadis habitèrent
» ces *Terramares*, étaient des peuples étrangers qui vers
» 1200 étaient venus s'établir à Minahasa, sur la côte est
» de l'île des Célèbes. Dès le commencement les colons
» habitaient la côte de la terre ferme près de *Negeri-Atep;*
» mais continuellement inquiétés par les pillards indigènes
» de la rive de Djailolo, ils cherchèrent un refuge près les
» Aborigènes de la mer de Toun et, sous la conduite d'un
» chef ils y fondèrent les villes de Lumian et de Lumainbok.

» Mais traités par les naturels du pays comme esclaves, ils
» abandonnèrent ces rivages inhospitaliers et émigrèrent
» plus au sud vers les rives de la presqu'île de Minahasa et
» reçurent l'autorisation d'habiter ces contrées maritimes
» attendu qu'ils étaient privés de demeures.

» Afin d'échapper aux actes de pillages des hordes rive-
» raines qui les avaient forcé une première fois à l'expatria-
» tion, les Toundanos se bâtirent des huttes le long du
» rivage, et ce sont ces huttes sur pilotis : ces *terramares*
» que l'amiral de l'Astrolabe trouva établi vers le milieu de
» ce siècle, lorsqu'il aborda aux Célèbes et visita une grande
» partie des îles de la mer de Chine.

» Bien que le but qu'ont voulu atteindre les habitants
» lacustres et les terramares ait été le même partout, on
» conçoit que ces constructions ont dû nécessairement
» varier d'après les localités et la nature des matériaux
» qu'ils avaient à leur portée. Ainsi les constructions mari-
» times dans les Célèbes ne ressemblent guère pour la forme
» aux habitations lacustres des lacs de Suisse. Leur forme
» est généralement carrée, s'appuyant sur un nombre
» restreint de pilotis et formées d'un plancher qui repose
» sur une série d'arbres juxtaposés dans toute l'étendue de
» la cabane.

» Ces pilotis étaient formés d'une essence d'arbre indi-
» gène nommée *Pahudia* ou d'autres espèces de bois dur et
» solide. Les parois étaient en planches, la couverture à
» angles surélevés, consistait en feuilles de *sagu* et de
» l'écorce d'un palmier très répandu sur ces rivages et
» nommé le *palmier d'Arang*.

» L'auteur qui décrit ces constructions, ajoute qu'il a
» vu des seuils en bois d'une épaisseur de trois pieds de dia-
» mètre. Les huttes, dit-il, avaient généralement soixante-
» cinq pieds de longs sur trente-cinq de large et étaient
» en moyenne habitées par 20 à 40 familles.

» Afin d'éviter les agressions ennemies, elles étaient

» généralement construites à la hauteur de vingt pieds au-
» dessus du niveau des eaux. L'échelle qui donnait accès à
» ces demeures, était formée tantôt d'un arbre, dans lequel
» on avait coupé les marches, ou de deux troncs de bambou,
» réunis par des lattes transversales placées à distance en
» guise de degrés. Cette échelle posée sur une sorte de
» terre plein était retirée dans l'intérieur pendant la nuit.

» La nourriture des habitants de ces terramares consis-
» tait en poissons séchés au soleil, que leur fournissaient les
» riverains de la terre ferme. A ce sujet, il résulta souvent
» entre eux des démêlés sanglants; mais les Toun-Singals,
» plus guerriers que les habitants des côtes, s'emparèrent
» insensiblement d'une partie des possessions riveraines de
» leurs rivaux et s'adonnèrent à la navigation et à la prépa-
» ration des métaux sans toutefois abandonner la chasse et
» la pêche, qui jusque-là avaient contribué presqu'exclu-
» sivement à leur subsistance.

» En 1658, les Toun-Singals s'opposèrent à la domina-
» tion hollandaise dans l'île; mais en 1660, ils furent retenus
» dans le devoir par l'amiral hollandais Simon Cos et obli-
» gés de se soumettre entièrement à la compagnie hollan-
» daise des Indes orientales en 1711.

» A l'époque de la domination portugaise dans ces con-
» trées, les vainqueurs prirent les filles des indigènes pour
» femmes et s'allièrent ainsi aux habitants *pallafites* de l'île
» avec lesquels ils vécurent depuis sur le pied de confédérés
» et d'amis.

» Ces alliances ont laissé dans la population des Célèbes
» un type sud-européen dont les traces sont encore très visi-
» bles parmi la noblesse du pays.

» Ce n'est qu'en 1809, à la suite d'une insurrection que
» les terramares des Toun-Singals étant livrées aux flam-
» mes, les habitants furent contraints d'aller occuper les
» côtes de la terre ferme.

» On sait que ces peuples dont la religion consistait en

» une sorte de *Nécrothéïsme* ou adoration de la lune,
» emprunté aux Toumbuluh, n'ont été convertis au chris-
» tianisme qu'en 1830. »

De ces renseignements il résulte à l'évidence que les Toundani ou Toun-Singals, ne furent pas dès le principe, des peuples habitants les terramares des Célèbes; mais une horde fugitive réduite pendant des siècles à cette condition par ses ennemis et qui y resta aussi longtemps qu'elle ne put parvenir a acquérir des possessions sur la terre ferme.

A l'exception des *Badjos*, autre tribu de peuples de ce pays qui, pour des motifs analogues, vivent encore aujourd'hui en ces lieux sur des atterrissements de sables périodiquement inondés, on ne rencontre dans le nord de l'île des Célèbes aucun habitant lacustre, pallafite ou terramare.

Les habitants actuels des îles Célèbes sont bien conformés; la noblesse affecte le type caucasique pûr; et le peuple en général ne diffère des habitants de l'Europe centrale que par la couleur de la peau qui est d'une teinte plus foncée.

Comme nous l'avons dit déjà plusieurs fois, en parlant du caractère ethnologique des anciens peuples lacustres, nous persistons à croire que ces nations fugitives ne furent dans le principe que des fractions de l'humanité, réduites à vivre en cet état par suite de leur faiblesse relative et de la fréquence des agressions qu'elles eurent à subir de la part de hordes plus puissantes. A ce titre leur état n'aurait été que transitoire et au lieu d'un peuple homogène, identique, appartenant à une même race d'hommes, n'auraient été que les débris de nations faibles qui, ne pouvant résister aux atteintes dont ils étaient continuellement l'objet, ne se sont sauvés dans ces localités si défavorables à leur développement normal, que pour échapper à leur entière destruction.

Leurs caractères éthniques devront donc différer selon les pays où on en découvrira des exemplaires.

Loin d'appartenir à un âge synchronique antérieur à toute notion de l'histoire on doit en trouver des exemples à toutes les époques; et c'est probablement ce qui sera prouvé plus tard lorsqu'on sera à même de coordonner l'ensemble des découvertes et d'en déduire une synthèse plus ou moins logique et complète.

Il en sera de ces lacustres comme des troglodites ou habitants primitifs des cavernes qui, eux aussi, ont provoqué l'étonnement des premiers historiens et n'ont fourni la matière à tant de spéculations hasardées que parce qu'on était privé des notions qui pouvaient nous les faire mieux connaître.

Langage Celtique ou **Arien.** — Il n'y a pas de mots, dérivés de la langage vulgaire de l'Inde, qui se décomposent mieux en racines celtiques que les noms Assyriens.

Nous ne pouvons résister à l'envie de citer ici quelques exemples afin de prouver l'influence que doit désormais exercer la philologie comparée sur l'histoire des siècles les plus reculés.

Le nom d'Assyrie vient d'*Assur*, nom propre, qui en hébreu s'écrit *Aschur*, en grec *Assyr*, au pluriel *Assyrioi=Assyriens*. L'écriture cunéiforme des Assyriens et des Mèdes porte simplement *s'sur* et *Athura=*en chaldéen *Atur* ou *Osur* (prononcé *es'sur*). Ce mot appartient à l'idiôme Sanscrit de l'*Arie* ou *Pelvhi*, langage vulgaire des peuples indiens. Le Sanscrit, — langue écrite plus perfectionnée, plus complète et plus harmonieuse qu'aucune langue moderne, — était réservée par les prêtres à l'histoire et à la religion; pour ce motif on l'appelait langue sacrée des Hindous.

Cette première migration du langage de l'Indoustan vers l'Arie, nous atteste, en même temps, les premières émigrations des peuples de l'Orient vers l'Occident. Car les langues ne se transplantent d'un pays vers un autre qu'autant que les peuples changent les lieux de leur résidence. L'Arie à l'ouest de l'Inde fut donc témoin de ce premier mouvement des peuples de l'extrême Orient, que nous avons cherché à suivre et qui fait l'objet principal de cet essai. Il est inutile de répéter que les prêtres furent partout les premiers instituteurs des peuples, les premiers savants et souvent les seuls hommes qu'un peu de loisir paisible mettait à même de s'adonner aux connaissances et d'enregistrer les faits dignes d'être transmis à la postérité.

De l'Arie, — contrée en deçà de l'Indus, — les peuples en se dispersant n'avaient pour venir plus à l'Occident que deux routes praticables : celle qui bordait les rives du Golfe Persique et l'autre qui, au nord, remontait vers le Caucase Indien ou l'Hindu-kush ; car la région intermédiaire et déserte de la *Cabadène* ne permettait pas aux émigrants de traverser d'immenses déserts où, faute d'eau ils auraient été fatalement condamnés à périr.

Une partie pris donc le chemin qui les conduisait vers les embouchures du Tigre et de l'Euphrate ; une autre par la Drangiane, le long des Torrents qui descendent des montagnes et au sud s'écoulent vers le lac Arius et au nord Ouest vers la mer Caspienne.

Malgré que les noms des premiers rois de l'Assyrie soient à peine connus et qu'aucun événement historique ne soit venu jusqu'à nous durant une serie de plus de treize siècles, on ne peut nier la haute antiquité du royaume d'Assyrie et l'existence de ses premiers chefs Nemrod, Asur, Sémiramis[1]; néanmoins l'histoire véritable de ce peuple ne commence qu'à Sardanaple, avec la chûte du premier empire assyrien. On connaît toutefois l'existence de ce peuple par les vestiges que la faux du temps a respectés et qui consistent en bas-reliefs, des palais de Khorsabad, de Kujjundschick et de la montagne de Nemrud.

C'est vers les rives supérieures de l'Euphrate, du côté

---

(1) On vient récemment de contester la réalité de ces noms et de mettre en doute l'existence de ces personnages de la haute antiquité; mais cette étude n'ayant reçu jusqu'ici que peu de développements, il est permis de s'abstenir d'en parler et d'attendre la production d'autres preuves.

opposé à la ville de Mosul que Layard et Cotta ont découvert récemment des ruines colossales provenant d'une ville qui, d'après les anciens, avait une enceinte de plus de douze lieues de circonférence; telle fut jadis Ninive, l'ancienne capitale de l'Assyrie.

La ville de Mosul, sur les bords du Tigre, dans la Mesopotamie, est sur la première route que nous venons d'indiquer, et c'est de ce côté que les Ariens et les races indo-germaniques ou européennes se sont dirigées de l'est à l'ouest d'abord vers l'Asie mineure et les bords de la méditerrannée, plus loin, vers les rivages du Nil et les terres africaines.

L'Arie, la Mésopotamie et l'Assyrie ont donc servi anciennement de premières étapes aux migrations des peuples nomades. A cette époque — encore fortement imprégné de son origine primitive —, l'idiôme parlé n'avait pas changé; il était resté tel que le *phelvy* ou l'arien pur, tout au moins à l'état de dialecte à peine modifié par le temps et l'influence de l'émigration. Quelle est la langue qui aujourd'hui peut revendiquer l'honneur d'avoir conservé dans sa *formologie* grammaticale le plus de traces de l'ancienne langue de l'Arie ?

Ce n'est pas l'Assyrien, car on ignore ce qu'il était; on sait seulement, d'après le témoignage du prophète Jésias, que les Hébreux ne comprenaient pas la langue des Assyriens. Ce ne pouvait donc être que le *phelvy* lui-même encore près de sa source primitive.

L'hébreu et le chaldéen remontent, il est vrai, à des époques très reculées et par cela même doivent ressembler beaucoup à l'ancienne langue sacrée des Indous, aussi ont-ils été les premiers guides invoqués par les Linguistes du XVIe siècle dans les recherches de philologie comparée, qu'on organisait dès lors. Mais cette marche, en nous rapprochant d'un pas vers la certitude, ne pouvait pas aider à nous faire atteindre complètement la vérité. En exceptant les lois *mosaïques* et l'histoire des Juifs, l'hébreu et le chaldéen, —

comme langues de peuples sédentaires peu nombreux, — n'ont exercé dans le monde qu'une influence insignifiante. L'usage de l'hébreu s'est toujours concentré dans l'Asie inférieure [1], et lorsqu'il s'est agi de répandre la Bible pour l'instruction des peuples d'Europe, les Grecs et les Latins en ont fait des versions qui ont remplacé la langue originale, restée dès lors dans le domaine exclusif de la spéculation dogmatique et religieuse.

La langue celtique au contraire s'est répandue en Europe d'un bout à l'autre ; tous les peuples primitifs de cette partie du monde en comprenaient au moins le sens et les dialectes nombreux qu'elle a laissés, témoignent d'un usage jadis universel.

Citons maintenant quelques preuves à l'appui de l'intime relation qui existe entre les racines du celtique et les noms propres et *appellatifs* des Assyriens.

Ces exemples sont tirés d'un ouvrage remarquable, — encore en voie de publication, — déjà plusieurs fois cité dans le cours de cet essai.

L'auteur, Mr W. Obermuller, commence par établir la signification et l'étymologie du mot Assyrie, dont la forme chaldéenne primitive était *Atur* ou *Osur*.

La région de l'Assyrie s'appelait chez les Grecs *Aturia*.

En celtique *aith* signifie élevé, *ire* signifie *terre*; *aith-ire* signifiait donc terre élevée ou contrée montagneuse; — *aith-ire*, *athure*, *Athuria* et Assyrie ont graphiquement des formes identiques. —

Quant à la signification idéologique du mot, l'Assyrie en rapport avec la Mésopotamie à l'orient et la Syrie à l'occident, s'appliquait au pays élevé du Tigre supérieur, comparé aux terres basses de la Mésopotamie et à celles des

---

[1] On oppose a cela les *dogmes* écrits et les *usages* de la synagogue ; mais cette question mériterait une discussion à part, et en tout cas ne pourrait conduire a aucun résultat sérieux, puisque la langue usuelle des anciens juifs n'est guère connue de nos jours.

rives de l'Euphrate et des bords de la Méditerrannée, sujettes aux inondations. C'est ce qu'indiquent fort bien les racines celtiques *suir*=eau, *ia*=terre; *Suiria* = *Syria* = Syrie, (régions sujettes aux inondations.)

Quand les noms étaient purement appellatifs, on n'avait pas d'autre moyen pour désigner les objets d'une manière figurative et compréhensible, qu'en prenant pour base les qualités intrinsèques qu'on leur reconnaissait ou le résultat idéal de leur comparaison avec d'autres.

Ainsi, parce que l'Assyrie ou *Athuria* des Grecs était un pays montueux, on s'est servi des deux racines celtiques, qui représentaient le mieux cette idée et l'on en a formé un seul mot qui est devenu chez les différents peuples qui en ont fait usage, tantôt *Assur, Aschur, Assyr, Assyrioi;* tantôt *Atur, Osur, Athura* et même *S'sur* de l'écriture cunéiforme.

Il nous répugne d'être obligés d'entrer dans ces détails qui n'apprennent guère que ce que tout le monde connaît; mais ils nous ont dispensé des redites, auxquelles nous eussions été forcés d'avoir recours pour les autres exemples que nous avons donnés sous le nom d'*Asar* au commencement du tome II de cet écrit.

Ces résultats n'ont été partout que le fruit d'une longue expérience, de paisibles et tranquilles loisirs.

La formation des langues, dit le philologue allemand que nous venons de citer, n'a pas été le résultat d'une création spontanée, non plus que l'homme n'est sorti parfait et achevé du cerveau de Jupiter. C'est par degrés que le langage s'est perfectionné et que certains peuples sont parvenus à en faire un admirable instrument de progrès et de civilisation [1].

---

(1) C'est ce que l'auteur explique d'une manière poëtique et ingénieuse dans le passage suivant : *So wenig als der Mensch in geistiger Volkomenheit dem Haupte Jupiters entsprung, und die Volkern hochgebildet irgendwo aus einer fels en spalte herauskrochen, sondern dem allgemeinen Gesetze der Natuur*

Lombards, Lombardie; en all. *Lamperland*, Longobardes ou Langobardes; peuple du Nord qui à la chûte de l'empire Romain habitait avec les Vandales, les Bourguignons, etc., la contrée où coule aujourd'hui l'Elbe et dont il occupait les vallées lattérales.

Cette circonstance aurait pû nous déterminer a le passer sous silence attendu qu'il appartient par ses gestes connus aux premiers siècles de l'ère actuelle; Mais les Lombards ont joué un assez grand rôle dans l'époque de transition de l'ère antique à l'ère moderne pour nous croire autorisés a en parler au moins d'une manière succinte.

Les Lombards ou une partie de la communauté portait le nom de *Vendili*. Paul Diacer les appelle *Winilers*.

Le nom de Longobardes qui leur a été donné par les auteurs du moyen-âge, a intrigué beaucoup d'annalistes, faciles à se laisser guider par les similitudes des noms propres.

Quelques-uns ont pensé qu'on avait appelé ce peuple *Longobardes*, des barbes longues qu'ils étaient dans l'usage de porter. Ils n'ont pas réfléchi que dans le langage ancien des peuples allemands, vers le IVe siècle de l'ère actuelle, les racines *long* et *bardes* n'ont aucun rapport avec la signification qu'on prête au mot composé.

Long ou *laing* en celtique signifie demeure, $=ort$, ou village; *Bard* vient de *Bior* dont la signification correspond à eau$=$eau courante$=$fleuve ou rivière; ainsi *Long-Bior* dont on a fait Lombard, n'a d'autre signification que celle qui se

---

folgend, vom Niedern zum Hohern — von Stein zur Pflanze, von dieser zum Thier und von da endlich zum Menschen, sich empor arbeiteten; eben so entwickelte sich die Sprache im Haufe von Jahrtausenden von den einfachsten Thierischen lauten herauf, zu dem Wunderbare der classischen Ausdrucksweise. Angst und Schmerz, Schrecken und Freude, Erstaunen und Zorn, Liebe und Hass, Durst und Hunger entlockten dem Menschen die erste Töne, wodurch er seine gefuhle wie begehren der Aussenwelt kund gab; aber biltsamer als das Thier, reichlicher ausgestattet in seinen Stimmitteln und Geistig von umfassenderer Thatigkeit, stieg er durch Noth gedrangt, von Stufe bis zu einer Hohe, von welcher in die Urzeit wieder hinab zu blicken, formlichen Schwindel erregte.

tire de *Long-Bior-da,* ce qui veut dire : gens occupant les rivages des eaux, comme le peuple Lombard, dont les demeures occupaient les bords inférieurs de l'Elbe.

Ptolémée en parlant de ce peuple, leur donne le nom de *Lakkobardes*, et il entend par là les Lombards qui demeuraient sur l'Elbe inférieure, tandis qu'en parlant du même peuple sur les rives supérieures de l'Elbe il se sert du nom de *Sueboi-Longobardoi.*

Pour s'autoriser a tirer une *appellation* donnée à un peuple particulier du nord, de la circonstance d'avoir porté jadis de longues barbes, il faudrait pouvoir établir qu'il y eut dans cette contrée des nations qui naturellement n'avaient pas de poil au menton et d'autres qui en étaient largement fourni. Or, il n'y avait que certaines hordes Hunniques qui se distinguaient jadis par l'absence de ce caractère et celles-là n'ont jamais résidées dans le nord de l'Allemagne.

Tacite en parlant de la jeunesse germaine dit que les jeunes hommes ne pouvaient ni couper ni démêler leurs cheveux et paraître en présence de leur père qu'après avoir tué au moins un ennemi.

Du reste, l'usage de porter les cheveux et la barbe longues était une nécessité chez des peuples primitifs qui, n'ayant point d'instruments d'acier assez effilés, étaient forcément obligés à laisser croître leur chevelure en liberté.

Les Francs ont été longtemps dans ce cas et leurs premiers chefs se distinguaient par leurs longues chevelures et portèrent jadis le nom distinctif de *Rois chevelus.*

Les Suèves dont parle Ptolémée sous le nom de *Sueboi-Longobardoi*, ne coupaient point leur chevelure, mais l'attachaient tressée en nattes, derrière la tête ; et cette manière de porter les cheveux les faisaient distinguer des autres peuples germains, sans que cette circonstance ait contribué en rien à leur donner un nom de famille.

Après quatre siècles d'interruption et lorsqu'on pouvait légitimement nourrir l'espoir que les races latines avaient pour jamais refoulé les hordes germaines et barbares vers l'est et le nord, l'empire romain — désorganisé par les prétoriens révoltés et la corruption de la cour impériale — se vit envahie de nouveau, à l'est par les Parthes, à l'ouest par la race franco-germaine et les innombrables hordes de peuples hunniques, accourues des bords de la Caspienne à la conquête des terres de l'empire; il se fit alors dans l'Europe occidentale quelque chose de semblable à un tremblement de terre universel. Les provinces et les contrées consulaires tombèrent l'une après l'autre au pouvoir des barbares; et l'Italie même n'échappa point aux dévastations qu'y exercèrent Alaric et ses Ostrogoths.

La plus considérable de ces invasions dans l'empire eut lieu des bords de l'Elbe et des rives de la Baltique; là avaient été refoulés des peuples germains que les armes romaines avaient su contenir dans le respect.

Mais après qu'Attila eut démontré la possibilité d'attaquer l'empire jusque dans le cœur de la Gaule, ces nations germaines recommencèrent leurs courses vers l'occident et le midi de l'Europe.

Les Goths, les Bourguignons, les Vandales, les Francs, les Allemans, les Frises et les Saxons, passèrent successivement et durant plus d'un siècle dans la direction de l'Ouest, s'emparant des terres à leur convenance, et en expulsant en partie les habitants qui tentaient de s'opposer à ce torrent impétueux de peuples conquérants qui grossissait toujours.

Les Goths occidentaux (Visigoths=*Westgothen*) franchirent les premiers le Rhin et se répandirent le long de la Mer du nord et du Pas-de-Calais jusqu'à la rive droite de la Loire, s'emparant par droit de conquête de toutes les terres de l'empire romain jusqu'au pied des Pyrénées.

Les Ostrogoths ou Goths de l'orient (*Oostgothen*) passèrent les Alpes et se répandirent dans la péninsule italique, ne s'arrêtant dans le sud de l'Italie qu'à Cosenzo ou leur chef

Alaric mourut subitement, laissant son armée à la merci de quelques chefs subalternes qui finirent par la laisser débander.

De leur côté les Bourguignons passèrent dans le sud-est de la France, où ils fondèrent plus tard ce royaume de la Gaule, qui porta longtemps leur nom et que Clovis finit par incorporer dans son empire.

Les Longobardes et les *Vendiles* ou Vandales, deux branches de la même race, s'emparèrent : ceux-là de l'Italie septentrionale, ceux-ci du midi de l'Espagne, où ils établirent le royaume d'Andalousie, qu'ils durent plus tard céder aux Maures d'Afrique, appelés à leur secours contre leurs ennemis de l'intérieur.

Quant aux Longobardes proprement dits, au lieu de suivre la route vers l'occident à l'exemple des Visigoths, ils se portèrent vers la Pannonie, passèrent le Frioul et s'établirent dans l'Italie du nord, qu'Alaric et sa horde d'Ostrogoths venaient de dévaster une première fois.

Ils s'emparèrent de ce pays, en firent un état indépendant et le gouvernèrent, pendant plus de deux siècles non sans gloire ni succès.

Partout, le monde romain fut déchiré et mis en pièces. Vingt peuples divers s'établirent dans ses préfectures consulaires et une ère nouvelle vit poindre à l'horizon cet état politique actuel, dont les royaumes et les empires d'aujourd'hui ne sont que les démembrements.

Encore si ces peuples conquérants avaient eu le bon esprit de maintenir l'édifice des lois romaines et le système de municipalités que les Romains avaient partout introduit ; s'ils s'étaient contentés de les améliorer au lieu de les renverser ; Mais quoi ! ces peuples n'avaient ni le talent ni le pouvoir de les maintenir. Les lois romaines furent rejetées à l'arrière plan et les coutumes de la barbarie — rédigées pour la première fois en un latin barbare et corrompu — prirent partout le dessus.

L'ancien sujet romain vit s'enlever ses garanties politiques; des amendes doubles et triples le frappèrent en expiation de crimes et de délits pour lesquels le Barbare n'encourrait que des peines insignifiantes. Le meurtre d'un Romain par un Barbare se payait à l'aide d'une amende de quelques sous d'or; tandis que celui d'un Barbare par un sujet romain s'expiait par la peine de mort et souvent — d'après la qualité de la victime — par des raffinements de supplice inconnus jusqu'alors.

Le monde romain, c'est-à-dire l'Europe occidentale, était dès lors divisé en peuples vaincus et en peuples vainqueurs.

Le Néo-Chrétien s'affranchissait facilement de cet ostracisme en renonçant à sa nationalité; mais le Romain fidèle a sa religion et aux mœurs de ses ancêtres, n'avait pas la même ressource; l'honneur de sa race ne lui permettait pas d'en agir ainsi. De là cette foule de proscrits dont la vie privée portait le stygmate de leur déchéance nationale. Les lois des Barbares n'ont jamais admis à ce sujet de transaction possible; et l'on trouve jusqu'au dixième et onzième siècle de l'ère actuelle des contrats et des testaments où les parties — pour l'accomplissement de leurs stipulations — déclarent se conformer à telle loi des Barbares, sous laquelle eux-mêmes n'avaient jamais vécu.

C'est ici que nous arrivons au point de la législation du moyen-âge que nous avons en vue d'indiquer en faisant des *Lombards,* peuple essentiellement nouveau de nom, un article dans ce Lexique.

Nous avons dit que lorsque ce peuple en 568 prit possession, par droit de conquête, de l'Italie septentrionale, il y apporta ses coutumes non écrites à l'exemple de tous les autres conquérants du nord : Francs, Bavarois, Allemans, etc. et les fit rédiger en latin, langue alors universelle, scientifique et politique des nations européennes de l'époque.

Ce corps de législation, — qui n'avait pris rang qu'après beaucoup d'autres du même genre, — renfermait des améliorations que la marche du siècle avait provoquées et que des besoins nouveaux avaient rendu nécessaires. Il était plus complet et par cela même renfermait des éléments plus nombreux de civilisation.

Ce qui le rendit plus tard un sujet plus spécial d'étude ce fut la découverte des Pandectes de Justinien à Amalphi et l'établissement de la première école de droit à Bologne sur territoire Lombard.

De la comparaison de l'ancienne doctrine romaine en matière de législation et dès lois barbares, naquit l'idée d'en conférer les principes et l'on ne tarda pas à s'appercevoir de l'immense distance qui séparait les anciennes lois romaines des lois nouvelles.

Les légistes se mirent donc à l'œuvre, conférèrent les dispositions analogues, indiquèrent les lacunes du code Lombard, l'incohérence de ses prescriptions, la barbarie de son langage et l'opposition, souvent même la contradiction, entre les motifs assignés aux lois nouvelles et leur dispositif.

Ces travaux primitifs des premiers docteurs en droit de l'université de Bologne ont amené un ensemble de commentaires et d'annotations qui forme un volume entier dans la collection complète que fit plus tard l'illustre jurisconsulte Gothefroid dont l'œuvre est aujourd'hui peu consulté par les avocats; mais dont les savants, qui écrivent sur la législation primitive des peuples de l'Europe, ne manquent pas de faire leur profit.

On comprend que pour les peuples nouveaux de la Lombardie il n'en pouvait être autrement. Placés dans le voisinage de Rome sur cette terre où la législation romaine avait exercé son empire pendant douze siècles; au milieu d'un peuple qui avait fait de si grandes choses, conquis tant de nations diverses et gouverné le monde civilisé avec éclat et grandeur, les Lombards ne pouvaient que grandement profiter à être placés si près de cet ancien foyer de lumières, obscurci, mais non encore entièrement éteint.

Aussi reconnaît-on généralement aujourd'hui que la renaissance de la législation ancienne, fondue avec celle de ce peuple du nord a été le trait d'union qui lie l'ancienne civilisation à la civilisation moderne.

C'est le seul point d'histoire et de politique que nous avons cherché à constater dans cet article ; nous reconnaissons d'ailleurs que c'est une superfétation à notre Essai sur les peuples anciens de l'Europe.

Lexiologie hindou-européenne. — Les nations Ariennes ou Celtiques en passant d'Asie en Europe, amenèrent forcément à leur suite une partie des doctrines de leurs ancêtres Indiens, en matière de religion, de mœurs et surtout de langage et d'idéologie autonome.

Il est facile de reconnaître des réminiscences frappantes et une lueur native du vieux brahmanisme Indien, dans l'institution des Druïdes, dans leurs doctrines, leurs pratiques nationales, leurs idées gouvernementales et politiques.

Là toutefois se bornait le savoir acquis vers la fin du XVIe siècle de l'ère actuelle, lorsque la philologie comparée — science aujourd'hui généralement répandue et préconisée par les gouvernements les plus éclairés de l'Europe — nous découvrit des sources de connaissances nouvelles, que jusque-là on n'avait fait qu'entrevoir.

En suivant exclusivement la doctrine de la Bible ou de l'ancien testament, on attribuait tout en matière de gouvernement et de mœurs, à quelques peuples anciens de l'Asie inférieure : Chaldéens, Hébreux, Sémites, Assyriens ou Ninehvithes, et en fait de géographie on ne dépassait guère les limites de la Mésopotamie et les bouches du Golfe persique. Les connaissances anthropologiques s'arrêtaient à la division pure des races humaines en *Chamânes* ou hommes noirs, en *Sémites* ou descendants de Sem et en *Japéthides* ou enfants de Japeth. L'innombrable quantité de variétées humaines répandues sur la surface du globe, divisées en hommes noirs, bruns, bazanés, rouges, jaunes, bistrés, blancs, de même que les nombreuses espèces hybridées ; tout échappait à l'investigation de l'observateur judicieux.

Les livres saints ayant limité les espèces d'hommes à l'inflexible division Triadaire, le croyant sincère et dévoué, — quelqu'envie qu'il eut de la dépasser — ne pouvait ni la combattre, ni chercher à l'infirmer.

Cet état stationnaire de la science acquise — fruit de la politique religieuse ancienne — régna pendant la plus grande partie du moyen âge et ne cessa d'exister en partie qu'avec la réforme religieuse des derniers siècles et le libre usage de la raison préconisée par la philosophie nouvelle.

Débarrassée de ces entraves gênantes et absurdes, la pensée humaine prit dès lors un essor illimité. Les voyageurs purent constater sur les lieux mêmes combien en fait d'idées anthropologiques, nos ancêtres étaient restés en dessous de la vérité, surtout aux Indes, où les Brahmanes s'étaient évertués à introduire et à perpétuer l'immuabilité de la pensée humaine. On trouva alors combien les auteurs des saintes écritures indiennes, imitées depuis par les peuples nouveaux, s'étaient trompés sur le nombre infini d'espèces humaines qui ont existé sur la terre depuis les temps les plus reculés.

Rien qu'en fait de race non-arienne seule, les Linguistes anglais de cette dernière époque ont constaté qu'il existe aux Indes orientales une foule de tribus congénères ou *séparatistes,* dont le nombre dépasse le chiffre de cent et vingt, et on est encore loin de les connaître toutes [1].

Ce n'est qu'en 1852 qu'on a découvert aux Indes la tribu jusque là inconnue, des *Sonthals,* qui occupe un territoire de 10,000 lieues carrées et dont la population dépasse celle de l'Écosse entière [2]. Ces tribus se font la guerre entr'elles, s'en

---

(1) Voy. l'ouvrage de W. HUNTER, employé civil au service de S. M. britannique aux Indes, intitulé : *A comparative Dictionary of the non — Arian languages of India en high Asia.*

(2) Voy. ce que nous en avons dit au mot *Lacustres* ci-dessus.

assujettissent d'autres, imposent aux vaincus des tributs en nature, tout comme le faisaient naguère les citées rivales de la Belgique et de la Gaule anciennes avant l'invasion des Romains.

Si l'on en croit les traditions indiennes, quelque chose d'analogue a dû se passer aux Indes avant les temps historiquement constatés.

Des ethnographes qui ont longtemps vécu dans l'extrême Orient affirment positivement qu'il existe dans cet immense pays des races d'hommes en grand nombre, dont les caractères *d'atavisme* sont visibles et patents — caractères ethniques qui remontent à une époque infiniment éloignée de l'état actuel. — Ils affirment de plus qu'il doit y avoir existé à la même époque un système d'émigration sur une vaste échelle; que les nations nomades et émigrantes, au lieu de passer d'Orient en Occident, ont primitivement dirigé leurs courses vagabondes en sens inverse; que c'est à ces migrations qu'on doit rapporter les premières populations de la Chine et de l'Amérique du nord (?). A les en croire, les débris de ces vieilles races se retrouveraient aujourd'hui parmi les familles indiennes les plus isolées, mais remarquables par la force musculaire et leur aptitude au travail. C'est pour ce motif que le gouvernement actuel du pays s'est empressé en dernier lieu, de choisir parmi ces anciennes races d'hommes le plus grand nombre de terrassiers nécessaires au nivellement des chemins de fer indiens, aujourd'hui en voie d'exécution sur toute la partie centrale de l'Hindoustan.

De là il y aurait lieu de tirer la conséquence que les races anciennes de l'Inde — naturellement plus vigoureuses que leurs descendants actuels — n'auraient pas offert, dès le principe de leur existence, cet état de dégénérescence qu'on remarque aujourd'hui dans certaines familles nationales les plus favorisées du pays.

Cet état anormal n'est du reste qu'une suite naturelle de ce que nous avons déjà observé à l'égard de beaucoup de nations anciennes qui ont disparues de la surface du globe, non à cause d'une décadence rapide ou d'une destruction par la guerre; mais s'éteignant lentement et progressivement comme entraînées à leur perte par une destinée fatale et inévitable.

Aussi existe-t-il aux Indes des traditions qui font remonter les *Primates* de l'Hindoustan à des temps infiniment plus reculés que ne remonte l'époque historique actuelle.

« Ce sont, disent les légendes anciennes, les peuples
» montagnards des vallées supérieures de l'Himalaya et des
» monts Vyndhia qui, descendant des hauteurs dans les
» plaines, ont conquis les terres basses et ont civilisé la
» péninsule Indienne du sud. »

De là la croyance populaire qui jadis faisait regarder l'Inde Transgangétique comme un pays *impur*, et les noirs habitants de la partie la plus méridionale, comme une race destinée à s'éteindre et à disparaître un jour du sol indien, devant l'ascendant des peuples blancs plus civilisés.

Tous les philologues sont d'accord pour considérer le langage *ideo-génèsiste* [1] des peuples primitifs comme l'un des caractères ethniques humains les plus durables : caractère inné auquel l'homme du premier âge tient avec le plus de constance et d'opiniâtreté.

En effet, l'histoire nous enseigne que les proscriptions des Empereurs romains, leurs lois sanguinaires contre les étrangers — qui s'obstinaient à se servir de leurs idiômes nationaux — n'ont pas empêché les Grecs de faire usage de leur langue, et les Barbares du nord — au nombre desquels se trouvaient nos ancêtres, et auxquels la faction de testaments était défendue dans une autre langue que le latin — n'en ont pas moins continué à se servir de leurs langues proscrites, malgré les peines terribles édictées contre les infracteurs.

Nous rechercherons donc à préciser les sources auxquelles nos ayeux ont puisé les éléments du langage et

---

(1) Du grec ἴδιος et γένεσις=*procréation* d'idées.

nous pensons dès lors pouvoir nous assurer d'autant mieux de leur origine ethnographique.

Afin de démontrer cette filiation du langage autrement que par des raisonnements plus ou moins captieux, nous nous sommes attachés à puiser des exemples comparés dans une série d'idiômes appartenant à la triple souche des langues *greco-latine, indo-germanique* et *slave,* et nous pensons que, au point de vue de la question qui nous occupe, ces citations peuvent suffire à démontrer notre thèse.

Nous avons pris le sanscrit comme langue typique et parmi les vocables ceux dont l'usage constant et général peuvent être facilement traduits dans toutes les langues modernes.

L'analogie de forme et d'acception qu'on y remarquera, ne saurait être le résultat du hasard ; car le nombre en est trop grand et leur signification trop précise pour douter de leur relation idéologique et grammaticale [1].

Quoique toute puissante, la providence ne fait pas de ces miracles là. Cet état de choses a dû être le résultat inévitable de nombreuses migrations et de déplacements fréquents de peuples asiatiques qui, — transplantés d'une partie du monde à l'autre — ont amené dans leur nouvelle patrie leurs mœurs ethniques, leurs institutions, leurs dogmes et leur langage. Après tout que, sur un parcours de plus de

---

(1) Ainsi les noms de parentèle, ceux des éléments célestes et des phénomènes de la nature, observés dans des contrées situées à de grandes distances, conservent ordinairement leur formologie primitive et le caractère inné, appellatif, qui a contribué à les former.

De même lorsque — ainsi que le professe un Indianiste de l'école d'Oxford — il existe une intime connexité entre les vocables de différentes langues, il est presque certain que l'un n'est qu'un dérivé de l'autre et qu'entre eux il existe une affinité indubitable.

When such relations, dit cet auteur (A), *as those of father, mother, brother and sister are expressed by really cognate words, an affinity between the several exist indubitably.*

(A) *The Eastern origin of the Celtic nations etc.*, by *James Cowles Prichard, Oxford,* 1831.

trois mille lieues, durant une espace de plusieurs centaines de siècles, ces mœurs et ce langage se soient plus ou moins modifiés, altérés et corrompus ; que du passage de la vie nomade à l'état sédentaire, des variations de climats et d'alimentation, de profondes transformations de caractère se soient produites dans l'esprit de ces émigrants, qui pourrait le nier ? Et quel intérêt peut-on avoir à méconnaître des faits naturels, attestés par l'histoire et qu'aucun monument ne contredit ?

Les tableaux qui suivent pourront servir d'introduction préliminaire à ceux qui ont du goût pour l'étude de la philologie comparée.

Nous les avons composés en nous fondant sur le précepte d'Horace, en son *Art poétique*, où il dit :

> Segniùs irritant animam demissa per Aures.
> Quam quæ sunt occulis subjecta fidelibus.

Ce qui signifie qu'il faut parfois soumettre à l'intelligence fidèle de la vue, ce que la parole ne peut que difficilement faire comprendre à l'esprit.

TABLEAUX DE LÉXIOLOGIE INDO-EUROPÉENNE.

Nous avons indiqué dans les tableaux qui suivent la filiation des langues Indo-Européennes en considérant le SANSCRIT comme langue typique primordiale. Des philologues célèbres, entre autres, Boxhorn, ont en outre eu recours à l'Hébreu pour en tirer des origines; mais les relations entre les langues sémitiques et celles de l'Europe sont infiniment moins précises et moins fréquentes que celles du sanscrit avec ces dernières.

Il suffit de jeter un coup d'œil sur le premier tableau pour voir l'intime affinité qui existe entre les nombres du sanscrit et les nombres grecs et latin.

En Allemand et en Russe les nombres offrent des ressemblances moins parfaites, mais elles sont néanmoins si formelles pour un grand nombre d'entr'eux qu'il n'est pas permis de songer à leur donner une autre origine.

Les langues de l'antique Germanie, représentées par le mæso-gothique [1], ont du reste passé par tant de vicissitudes avant que l'usage de l'écriture fut connu dans le nord de l'Europe, qu'il y a lieu de s'étonner qu'elles aient conservé les caractères de leur origine primitive. Notre devoir ne se bornait pas à démontrer l'identité phonétique des mots comparés, mais d'indiquer la direction qu'ont suivi les peuples qui en ont fait usage. Tout cela fait supposer avec fondement que les peuples de l'extrême Orient ont amené ce langage des Indes au cœur et jusqu'aux extrêmes limites de l'Europe.

C'est pour ce motif que nous avons placé au sommet des tableaux l'entête qui y figure.

---

[1] Le mæso-gothique comprend à la fois les vieux dialectes de l'allemand, de l'anglais et du gothique pûr.

Sanskrit. Souche primitive de toutes les langues Indo-Européennes.

Sanskrit.	BRANCHE GRÉCO-LATINE par le Persan, le Celtique et le Caucasien.				BRANCHE INDO-GERMANIQUE par le Celto-Kymris, le Teuton, le Tataro-Mongol.				
	Persan.	Grec.	Latin.	Celtic Irland (Erze)	Welsch.	Mœso-Gothique (1).	Thiois ou Allem.-Vieux	Néer-landais.	Russe.
Aika	yik	εἷς	unus	aen	un	ains	ein	een	odin'
(Dwi	du	δυο	duo	da	dau	twai	tue	twee	dva-
(Dwa									dvie
(Tri	s'ch	τραῖς	tres	tri	tri	thrins	thri	drie	tri
(Tisri									
Chatur	chehauŕ	πεσυρες	quatuor	kéathair	pedwar	fidwor	fivuar	vier	chetyre (2)
Pancha	penj	πεμπε	quinque	kuig	pump	fimf	finfe	vijf	pyat
Shash	shest'	ἑξ	sex	se	chwech	saihs	sehs	zes	shest'
Saptan	heft	ἑπτὰ	septem	secht	saith	sibun	sibun	zeven	sem
Ashtan	hesht	οκτω	octo	ocht	wyth	ahtan	ohto	acht	osm
Navan	nuh	εννεα	novem	noi	naw	nihun	niguni	negen	vosem
Dasan	deh	δεκα	decem	deich	deg	taihun	téhan	tien	desyat'
Vinsati	bist	εικοσι	viginti	fichid	ugain	twainti-gum	tuentig	twintig	duatzat'
Trinsati	si	τριακοντα	triginta	kett	cant	hund	hunt	dertig	tritzat'
Chartwarinsat								veertig	
Panchasat								vijftig	
Satam	sad	ἑκατὸν	centum					hondert	sto

(1) Par *Mœso-Gothique* nous entendons, à l'exemple de l'*indianiste* Prichard, l'ancien haut Allemand et le vieil Anglais.
(2) Parmi tous ces nombres il n'y a que le quatrième dont la forme CHATUR suivie par les Greco-Latins a été, paraît-il, complètement abandonnée par les peuples du Nord et les Celtes de la Belgique. Entre *Chatur* et *Fidwor* il n'y a en effet aucune analogie. Pour figurer le nombre 4.

Les idiômes Gothiques ont :
 fiddor
 fidwor
 fidur

L'ancien Allemand a
 feor
 fier
 fior
 fiur
 vior

L'Anglo-Saxon dit:
 feother
 feower
 fier
 feover (A)

(A) Le Danois et le Néerlandais disent le premier *fire*, le second *vier*.

Le **Sanscrit** source commune d[...]

BRANCHE GRECO-LATINE.

Sanscrit.	Grec.	Latin	Français.	Italien.	Espagnol.	Portugais.	Langue Celtique
Pii et Piec Pikas (frapper, blesser)	πἱκω	picus	picque	picca			
Jmv (contenir)	αρφορευς	hama	sceau				
Ang Angas (amoindrir) (rapprocher)	αγχι	angor / anxietas	angoise / anxieté				anken
Acris	αγχυςα	anchora	ancre				
Nischa Naicas	νυξ / νυχιος	nox / nocturnus	nuit	notte	noche	noite	nocht (Ir) / noiche (G) / nos (Cym)
Nas Nasa (ce qui fait saillie)		nasus	nez	nasco	nariz		
Pipali	πιπέρις	piper	poivre	pepe / pepere	pimienta		
Payas Payasyas (coulant, visqueux, aqueux.)	πισσα	pix	poix	peccia	pez		
Bharus (1) **Bharya** (époux, épouse)	μυριος	par	paire	paro			
Uksha	αιξ	taurus	taureau	toro			os (Armor) / yk (Gaël.) / agh (Irl.)
Navan	εννεα	novem	neuf	nove	nuene	nove	noi / naogh (G) / naw (Cym) / naou (B) / nao / nyi (Irl.)

(1) D'où est dérivé l'ancien mot Welsch Baron pour mari; mot que M. Grandgagnage affi[...]

gues **Indo-Européennes :**

		BRANCHE INDO-GERMANIQUE.				BRANCHE SLAVE.	
ue.	Allemand.	Anglais.	Anglo-Saxon.	Suédois et Danois.	Néerlan-dais.	Turc, Mongols, Tatar, etc.	
he	pieke	pike	pic, pyc	pigg	pick pyck pijcke		
a r	ahm	ame awm		am	eemer	emliu (*Russ.*) immu (*Lith.*)	
ies ste la	angst	anguish	aenga	angest	angst		
	anker	anchor	ancor	ankar	anker	ankra (*Pol.*) jakori (*Russ.*)	
	nacht	night		natt nat (*dan*)	nacht nagt	noch, nocz (*Russ.*) noc, nosch (*Slav.*)	
	nase	nose	nose	naese	neus neuse	nos (*Pol. Boh. Rus*) nosis (*Lith*)	
	pfeffer	pepper	peppor pipor	pepper peber	peper	pepr (*Boh.*) pieprz (*Pol.*) pelpol pelpil } (*Ind.*)	
	pech	pitch	pic	beg (*dan*) bek	pek	pekal (*Slav.*)	
	paar			par	paar		
	ochs	ox	oxa	oxe	os osse stier	okus (*Tat.*) eihen (*Mand*) oekuz (*Turc*) uker ukyr } *Mong*	
et	neun	nine	nigon	ni nio	negen	dewiaet (*Russ.*) Dziewiec (*Pol.*) jessun jihun } (*Mong.*) dokus tochus } (*Turc*)	

d'hui être hors d'usage dans le Pays de Liège, Dict. de la langue Wallone.

| BRANCHE GRECO-LATINE. ||||||||
Sanscrit.	Grec.	Latin	Français.	Italien.	Espagnol.	Portugais.	Langues Celtiques
Nabhas **Naba** **Niv** (nuée, air; s'étendre se dilater)	νεφελη	nubes nebula	nuée	nebbia	niebla		nef (*Gaël.* neff (*Basb*
Manudjah **Manuschah** **Manuschi** **Mann** (racine)	(2)	homo	homme				amhain mansch mannik (*jeune hon* maon
Man **Mana** (penser, refléchir).	μενοιναω	miniscor	songer				mynnu(*Cy*
Lagnas **Lagh**		longus	long	longo			
Miras		mare	mer	mare	mar		mor muer }(*Ga* marei marisaew
Lagh (1) **Lavk** (parler, crier)	λεγω λιγγω λαλεω λαζω	lugeo lego	mensonge mensonger				

(1) Ce mot signifie aussi *nier, denier;* en mæso-gothique, Longnan, Laugnjan; allemand Langnen, en flamand Loochenen.

(2) Les trois premières formes sanscrites signifient : humanité ou ce qui se rapporte l'homme en général plutôt qu'au substantif même.

C'est ce qu'expriment les divers mots du mæso-gothique, qui tous signifient ce qui humain et que nous traduisons en flamand et en hollandais par *menschelijk=mannelij*

D'après les plus anciennes traditions persânes, les premiers hommes portaient le nom *Mes-chia* et *Mes-chiane* = le genre humain; et les Mongols, comme les Kalmouques les Turcs, appellent encore *Metschin* ou *Pitchin* les différentes races de singes qui ont exi de tout temps dans la haute Asie, surtout au Thibet.

Les livres d'histoire de la Chine parlent d'un Chef ou Roi de singes qui conduisit s sujets à la guerre;

C'est probablement à cette source qu'a puisé le savant médecin anglais *Darwin*, qui so tint, il y a 80 ans, dans sa *Zoönomie* (A), que l'homme n'est qu'un singe perfectionné.

Le système de *Darwin* n'est pas nouveau, comme on voit, puisqu'il y a des milliers siècles que cette doctrine avait cours dans l'Orient;

BRANCHE INDO-GERMANIQUE.					BRANCHE SLAVE.	
Mœso Gothique.	Allemand.	Anglais.	Anglo-Saxon.	Suédois et Danois.	Néerlandais.	Russes, Polonais.	Lithuanien, Bohemien, etc.
nebul	nebel				nevel wolke wolk	naba (*Ind.*)	
mennisch nennisg mennisco mannisco	mensch	man			mensch	meszka (*Pol.*) mnyu mniu } (*Russ.*) menu (*Lith.*)	
meinon moynen	meinen	to mind	maenen menan	mena mene	meinen		
gg (*Got*) lang lanc	lang	long	lang laeng lenc leneg long	lang	lang		
mer meri mari	das meer		mère mor		meir zee	mor (*Slav.*) murje (*Wend*) mare (*Lith.*) more (*Boh. Russ.*) morze (*Pol.*)	
ingan ongan iogan ugga ugina	lugen	to lye lei	leogan ligan lygnian lig lige	liuga lyve	liegen leugen (Subs)	lugati (*Slav.*) hlati (*Boh*) loi (*Russ*)	

Les Chinois prétendent que la race des hommes à cheveux blonds ou roux descend en ligne recte de la famille des singes ; (?)

Les habitans du Thibet soutiennent de leur côté qu'ils sont descendus de la race sémiâque; ils en sont fiers paraît-il.

Les livres des Buddhistes disent de leur côté que les *Thibetains* descendent du grand uge *Sarr-Metschin* et de sa femme *Rahtcha* !!

Les Indiens en parlant du roi des Singes *Hanumann*, qui présidait sur l'Hymalaya à la rection des vents (?) disent que ce roi vint à la tête de son armée au secours du *Rama*, rs de la conquête de l'île de Ceylan. D'après les rapports des voyageurs modernes les bitants de l'intérieur du Thibet ont encore avec les grands singes beaucoup de ressemance ;

(A) La *Zoönomie* de *Darwin*, imprimée à Edimbourg en 1798 a eu plusieurs éditions et a été traduite en plu- urs langues;

Rasori en a fait une traduction en Italien avec des notes ; et feu nôtre compatriote M. Kluyskens, professeur 'Université de Gand, l'a traduite en français.

BRANCHE GRECO-LATINE.

Sanscrit.	Grec.	Latin.	Français.	Italien.	Espagnol.	Portugais	Langues Celtiques.
Aras et Kapa (placque de métal, mand*)	χαλκος χυπριος	cuprum	cuivre	cupro	cobra cobre	(1)	
Kapalas Kup Kub	χεφαλη	caput	tête	coppa capo			Cab (*Basb.*) cup (*Gael*)
Janas, Janikas (homme chef) **Jani, Janika** (femme) **Kanya** (Reine, d'après K. Meidinger)	γυνη γουαις	rex regina	roi reine	re	rei		cun (*Gael.*) cean (*Irl.*)
Janu, Janus (Genou)	γονυ	genu	genou				
Caras Éaras (mouvement)	χορος	(cursus) carruca *moy. age*	char chariot	carossa	caro	caro	car (*Basb.*) carr (*Gaël.*) garr (*Armor*)
Çatan	εκατον	centum	cent nomb. card.				ciad (*Gaël.*) cant (*Cymr.*)
Kan Kvan (chant du coq)		hinnio cano	poule				
Kandas	χαναβις	canabis	chanvre	canapa	canhamo		
Kalamos	χαλαμιος χαλαμη	calamus	chaume				

(1) *Festus* et *Pline* le naturaliste disent que le nom de *Cuprum* vient de l'île de Cypre d'où les romains tiraient ce métal en grande quantité. Ils lui donnaient, disent ils, à cause de cela, la dénomination d'*Insula œrosa*; mais le cuivre était connu depuis longtemps chez les peuples de la Germanie, dont les premières armes étaient de ce métal. Il est plus probable que ce nom est d'origine Asiatique et que ce sont les navigateurs Phéniciens qui l'auront

	BRANCHE INDO-GERMANIQUE.					BRANCHE SLAVE.	
Mœso-gothique.	Allemand.	Anglais.	Anglo-Saxon.	Suédois et Danois.	Néerlandais.	Russe, Polonnais.	Lithuanien Bohémien.
huphar kuphar copher	kupfer	copper	cyper copper copar	koppur kobber	koper	waras (*Lith.*)	
coffe op oppha	kopf			kopp kappe	kop hoofd	kopka (*Russ.*) huppa } (*Dalm.*) (*Hung.*)	
huning hunich cuning huninge hunegin huenegin	konig koningin	king kween (reine)	cyning kyning konung cyneg cwaen cwen	koenung konung kong kouge king (2)	koninck koning	kai (*Pers.*) khan (*Mong.*) han (*Mans.*) wang (*Chin.*)	
hneo hneu hniu nio niu		knie	knée	cneow cneou cnyou	knae	knie	
arr arren		cart car	crat craet	karra karre	kar karre	kierre (*Alb.*) (3)	
nterid unna und	hundert	hundred	hund	hundrade hundred	hondert	sto (*Russ.*) stu (*Wend.*) szimtas (*Lith.*) tschient (*Rom.*) cant (*Wall.*)	
uon en enna ano	huhn	hen	hen henn henne haen	hoena hoene	hen hoen henne hinne		
aniph inaf imp		hemp	haenep henep		hennep	konopel (*Russ.*)	
ilm dam	halm	halm	healm halm	halm	halm		

porté de l'Orient. Il y a des auteurs qui au contraire pensent que l'île de Cypres n'a été nmée ainsi que d'après ses mines de cuivre (Voy. Kalkschmidt, p. 519.).
2) Vieux Suéd.
3) Conferez le mot *kierre* de l'Albanais, avec la pronounciation *kierre* pour karre en ge dans certains dialectes flamands.

			BRANCHE GRECO-LATINE.					
Sanscrit.	Grec.	Latin.	Français.	Italien.	Espagnol.	Portugais.	Langues Celtiques.
Çuddhas **Çudh Çvid** (pureté vertu) **Çvaitas** (Blanchur	(1) diw (pers.)	castus	dieu (bonté grandeur puissance)				
Jani **Vama** **Vamani** **Vanita**	Γυνη (Zen. Pers.)	fœmina (2)	femme				caile gaila gean femen bean bhean
Priya **Priyas**			jeune femme épouse				vigh maighdéan
Virah (héros-guérrier)		vir	homme				man fear gwr, wr gwyr
Tatah **Pitar** **Pitre** **Pita**	πατηρ (pader/fader Pers.)	pater	père	padre	padre		athair (3)

(1) Chez les peuples du nord le nom de Dieu s'exprime par l'un de ses attributs on di Got pour bon, et *odin* du Scandinave et *wodan* du Mæso-Gothique n'ont pas d'autre sign fication.

Der name Gott und *Gut*, dit Meidinger, est aus dem Wurzelworte *ot od* und den Gal schen artikel entstanden, und bedeutet so viel als der machtige, allgewaltige, gros besitzer, besitzer der weltalls.

Eichhoff prend le mot Got dans une acception de pureté et le fait dériver du sanscr CUDDHAST (pûr, vertu) et de CVID (purifier blanchir). Kalkschmidt tire l'étymologie de mot du sanscrit GA (créer, produire) et Adelung *croit*, les mots *odin*, *wodin* et *gut* = got parfaitement synonymes avec *Dieu*.

Il est certain qu'aussi longtemps que les peuples primitifs se contentèrent d'adorer l objets extérieurs de la nature : les arbres, les pierres, le soleil, la lune, les montagnes, l fleuves et les bois, leurs idées avaient pour objectif un fondement réel. Lorsqu'ils ont vou aller plus loin, ils ont donné à la divinité les attributs qui leur semblaient le plus en ha monie avec les idées qu'ils s'en formaient.

La puissance, la grandeur, la force, la beauté, la laideur, la vertu et les vices mêmes, o

	BRANCHE INDO-GERMANIQUE.					BRANCHE SLAVE.	
Mæsogothique.	Allemand.	Anglais.	Anglo-Saxon.	Suédois et Danois.	Néerlandais.	Russe, Polonais.	Lithuanien, Bohémien, etc.
guot got cot kot cote gote	der Gott	god good	god godar	gut got wodan odin (Scand)	god godt goed	koda (*Ind.*) khoda (*Pers.*)	
frowa frowa frauwe vrouwa vrauwe	frau			fru (s.) frue (d.)	vrouw vrouwe vrauw		jena
	jungfrau			sociele (d.) socaile (d.)	jongvrauw maagd		
nann anhun	man			man (s.) mand (d.)	man		
adar atar	vater	father	fader faedyr feder fieder		vader		batia patr (*Slav.*)

ur à tour été invoqués pour former les attributs des Dieux ; il ne peut y en avoir néanmoins qu'un seul ; et l'attribut de *bonté* que les peuples du nord lui ont donné est le seul qu'il convient de lui conserver.

(2) D'après Salmasius, de Héllenistica, p. 402, ces mots signifient, en dialectes béotique et rique, une femme ou fille; au pluriel les Beotiens disaient Βανητες au lieu de γοναίκες.

(3) Pour démontrer l'intime relation du celtique *Athair* avec le sanscrit ΤΑΤΑΗ on n'a à mettre à la suite les vocables des trois langues Sanscrite, Latine et Celtique à l'inverse, on obtient pour

  le celtique *Athair* pour le latin *Pater* pour le sanscrit *Pitar*
      Mathair   *Mater*   *Matar*
      Brathair   *Frater*   *Bhratar*

manière qu'en prononçant ces mots en celtique, puis en latin, puis en sanscrit on se à tel point illusion qu'on semble répéter les mêmes mots, légèrement altérés par l'inence des dialectes.

(4) D'où en Néerlandais est derivé le nom de *Maagd* pour signifier une fille nubile. popée scandinave le *Niebelungenlied*, l'appelle *Magedin* du celtique *Maigdean*.

BRANCHE GRÉCO-LATINE.

Sanscrit.	Grec.	Latin	Français.	Italien.	Espagnol.	Portugais.	Langues Celtiques.
Mâ **Matar** **Mada** **Meddra** { mader / moder } *Pers.* { brader (*P.* moder) }	μαια μητηρ	mater	mère	madre	madre		mathair
Bhratar **Bhrater**	φρατηρ	frater	frère	fratello			bret (*Gaël.*) brawd (*Bas* brathair (*Ir*
Swastri **Swarsrs** **Sodary** **Sodarya** { Sister (*Pers*) }		soror	sœur	suora sorella	sor		chor chuar siur chwaer
Duhitre **Duhitar** { Bakhter / Dochtar } (Per.)	θυγατηρ		fille	filliola			dear
Swahurah	Σχυρος	socer	beaupère				chwegrwn (*Gaël.*)
Swasroh	Σχυρα	socrus	bellemère				chwegrau chwegyr hueger (*Cor* (*par apherès*
Naptre **Naptar**		nepos pronepos (all. ur neffe)	neveu (arrière petit fils) (2)	nipote			
Naptrî			nièce				noith nith

(2) Drusus, fils d'Auguste, issu d'un autre lit, était l'arrière-petit-fils d'un celte d'origin commandant d'armée qui fut assassiné, on ne sait par qui, ni comment.
Il montra dans ses guerres contre les Germains de la rive droite du Rhin qu'il avait d

	BRANCHE INDO-GERMANIQUE.					BRANCHE SLAVE.	
Mæso-gothique.	Allemand	Anglais	Anglo-Saxon.	Suédois et Danois.	Néerlandais	Russe, Polonnais.	Lithuanien Bohémien, etc.
nuater huoter muotar muotar	mutter	mother	moder modor modur meder medyr	moder	moeder	mat (R.) matka (P.)	mater (B.)
rothar ruodar rodyr ruoder	bruder	brother			broeder broer (vulg.)		Brat (Slav.)
restar sester ilar (Got) sestar	schwester	sister		syster (s) soster (d)	zuster	sestra siostra	schostro sestra
tuhtar tchter ohter tchtar tuhter	tochter	daughter	dohter dohthor dohtur dehter dochter	dotter doter	dochter dogter	doch	dukte deera (Boh.)
ter vaihra vaihra aihro	schwiegerrater		swegr sweger swaogr	suager (swaer) suaer) (S)	swager swoger	szwagier (Pol.)	sswagr (Boh)
igar iger aihro	schwieger-mother			suager svoger	zvagerin zvageres		
avo ave avu	bruderson	nephew	nefa nevfa		neef neve		nip (Alb.)
	brudersdochter				nichte		nap (Hong.)

celle dans ses veines, et sa magnanimité à l'égard des vaincus autant que son courage onnel dans les combats lui valut l'admiration des peuples Barbares qu'il avait mission epousser des frontières de l'empire Romain.

BRANCHE GRÉCO-LATINE.

Sanscrit.	Grec.	Latin.	Français.	Italien.	Espagnol.	Portugais.	Langues Celtiques.

ÉLEMENTS D

Sanscrit	Grec	Latin	Français	Italien	Espagnol	Portugais	Langues Celtiques
Iwala / **Iwalah** (lumière) / **Labh** / **Laip** (1) (mouvement)		aïr	air				gwawl / golen
Haîlih / **Haîlis** (2) / **Sunuh** (soleil)	Aηλιος / Hελιος	sol	soleil	soll			chana / haul (*Gal.*) / sul
Klaïda / **Mas** / **Mâ** (lumière)	ςαληνη	luna	lune				iheuad / shhyad
Tara / **Taran** (*Pers.*) / **Taras** (éclair) / **Stara** (Beng.) / sitauren stara ster	Αστηρ	astrum / stella	astre / étoile	astro	astro / astrella		seren (3) / steren (*Arm*) / ser (*Cymr.*) / steren (*Bas*) / sterram
Dyv / **Divas** / **Dinas**	διος	dies	jour	jiorno	dia		dydd (*Cymr*) / dydh

(1) De LAIP les grecs ont fait λειπω, le latin *labor*, le goth. *laubia, laupa*, le flamand *loc* d'où le verbe *loopen* = se presser. L'air est en effet à la fois le véhicule de la lumière et mouvement; les peuples de race celtique ont adopté la forme Jwala (pron. Jüala) dont ils ont fait Gwawl; les Indo-Germains et les Slaves ont adopté la deuxième forme.

(2) On voit par cet exemple comment les peuples Gréco-Latins, les Grecs exceptés, se so écartés de la source primitive; tandis que les Indo-Germains sont restés fidèles à la secor forme *sunuh* en se contentant de supprimer l'h final qui est une consonne muette;

LA NATURE.

	BRANCHE INDO-GERMANIQUE.					BRANCHE SLAVE.	
Mæso-gothique.	Allemand.	Anglais.	Anglo-Saxon.	Suédois et Danois.	Néerlandais.	Russe, Polonnais.	Lithuanien, Bohémien, etc.
uft ufte ufti upht	luft		lyft lyfte	luft	lucht lugt	luft (*Pol.*)	
un unna uune unnu unno	sonne	sun	sygel segel	sol sol	zon zonne	slonce slonje (*Pol.*)	slunce (*Boh*) sluko (*Escl*)
oan iane iano iana iona	moud	moon	mona myna myne		maan maene maen		
terro tern iaerno terro	stern	star	steorra stiorra	styerna stierna stierno	ster staar starre		
ig .c ig		day	dag daeg daga deg doeg	dag	dag	don dzien	

hez les Indiens le *taureau* était le symbole divin du soleil égyptien et le *Freyer* Dieu de umière en Allemagne, signifiait la même chose.

3) C'est du Cymris *ser* = étoile que sont dérivés les mots *séroni* pour astrologie et *onides* ou *saronides* pour astrologues. La composition et la signification de ce mot sont preuves à invoquer par les éthnographes modernes qui d'après les anciens, soutiennent les *cimbres* étaient des nations celtiques, qui avaient longtemps demeuré dans la Germanie mais n'avaient rien de commun avec les Germains, tout au moins, sous le rapport des urs et des caractères éthnographiques.

III.

BRANCHE GRÉCO-LATINE.

Sanscrit.	Grec.	Latin.	Français.	Italien.	Espagnol.	Portugais.	Langues Celtiques.
Nisa **Nisca** **Nischa** **Naicas**	νοξ	nox	nuit	notte	noche	noite	noch (*Irl.*) noiche (*Gal*) nos (*Cymr.*)
Ira **Dhara**	ερα	terra	terre				daïar daear ard tir
Agnis **Prausas**	πυρ πρησις	ignis	feu				

RÈGN[E]

Sanscrit		Grec.	Latin.	Français.	Italien.	Espagnol.		Langues Celtiques.
Hansa **Hansas** **Hansi** (1)	Kas (*Pers.*)	χην	anser	oie	ganza	ganzo		goas goaz ged geadh anzara (*Bas*)
Shuni **Shunah** **Çvan** **Çunas** (2)		κυων	canis	chien	cane	can		cwn (*Gaël.*) gun (*Bas.*) gon gy chana cana çu çi (*Cymr.*)

(1) On voit par cet exemple combien est intime la relation qui existe entre toutes l[es] langues; en effet toutes, à l'exception du Persan et du Grec, se sont inspirées du sanscr[it] HANSA, par méthatese de l'H en G; et quant au latin par aphérèse de l'H. Le Lithuanien se[ul] paraît avoir dévié de l'origine commune; et encore de Zasia à Ganza il n'y a de cha[n]gement qu'entre l'initiale G en Z, dont il y a de fréquents exemples.

(2) Dans cet exemple les nations Greco-latines ont suivi le sanscrit en entier; les indo[-]germaniques ont supprimé l'initiale S et de HUNI ont fait *hund* et ses similaires.

	BRANCHE INDO-GERMANIQUE.					BRANCHE SLAVE.	
Mæso-gothique.	Allemand.	Anglais.	Anglo-Saxon.	Suédois et Danois.	Néerlandais.	Russe, Polonnais.	Lithuanien Bohémien.
aht both aths	nacht	night	nacht neaht niht nithas nyht	natt nat	nacht nagt	noch nocz	noc nosch (*Escl.*)
irtha rdha rda rdo ierdu er erde		erth	card hert earth eorth cortho	jord	erde aerde aarde		jerdu (*Turc.*) yirda (*Tat.*)
ur nir iur uwer iuwer		fire	fir fyr fyre	fyr	vier veur		

NIMAL.

		gans	goose	gas gaas	goes gans ganz	gus ges	zasia (*Boh.*)
ona int ind		hund	hund	hund	hond	szczenia	szu

.e nom de loup, en langue mongole s'écrit *tschino tschono;* c'est la prononciation ienne du *ci* dans ciceron qui se dit *tzitzerone.*
aintenant du loup au chien il n'y a qu'un pas. Les chiens de Constantinople ne sont ès tout que des loups qui, de nomades sont devenus sédentaires et se sont insensiblement rivoisés. Ils ont la forme, la grandeur, les oreilles, la queue et le pelage de nos loups des iennes et de quelques-uns de nos chiens domestiques, de basse cour. On sait néanmoins il sont venus et que primitivement ils ont vécu à l'état sauvage dans les montagnes ées de Belgrade, à quelque distance de Stamboul.

BRANCHE GRECO-LATINE.							
Sanscrit.	Grec.	Latin.	Français.	Italien.	Espagnol.	Portugais.	Langues Celtiques.
Shukarah	υγς	sus porcus porcellus	cochon porc	(5)			hwch
Ashwah **Eshuus** (1)	ιππος Ηικκος (Col.) Καβαλλης	equus caballus pardus	cheval		caballo	(3)	each (Gaël.) ech (Kimp,)
Ajah ou **Ch'haga**	αιγα	caper	chèvre				gobhar (Iri) gavar (Wel)
Uranah		aries	belier				hwdrt urdh (Arm) hor hordb) (Co)
Ukshan **Uxan**	βους	bos	taureau bœuf	(4)			ych (Welh.) agh (Erse) os (Armo.) yk (Gaël.)
Gô (2) **Gau** **Gaus** **Ghu**		ceva	vache				

(1) On ne remarque ici de dérivation bien nette qu'entre l'*eshuus* du sanscrit et l'*equus* latin; le mot persan *fares* à quelqu'analogie avec les langues Indo-Germaniques c'est vraisemblablement par l'intermédiaire des peuples du *fars* : des Scythes, des Saques des Allains qui tous étaient des hordes asiatiques de cavaliers, que le nom et l'usage cheval nous ont été transmis.

Les mongols et les Partes de l'antiquité étaient d'excellents cavaliers. Plus tard l numides d'Afrique, les huns de race finnoise, les Turcs et les Tatars de crimée étaie et sont encore passionnés pour les chevaux; ce sont des peuples essentiellement cavalier l'origine du mot *cheval* devrait donc se chercher parmi les idiômes de ces peuples plutôt q dans le sanscrit.

(2) Selon *Medinger* et *Adelung* ce nom aurait été formé du son que pousse la vac lorsqu'elle beugle; et toutes les formes adoptées par les Indiens, les Persans, les Hebreux et ont d'après leurs recherches, été prises indistinctement sur le beuglement de cet animal plus utile à l'homme et l'un des premiers qu'il rendit à l'état de domisticité.

(3) D'eshuus (Cel.) Each. = (Grec Eol.) hippos vient le nom d'*hyksos* troupe nor made et aguerrie de cavaliers Syriens, qui vers l'an 2400 avant le temps de Moïse firent conquête de l'Egypte et y commencèrent la première dynastie des rois pasteurs.

(4) Le taureau chez les égyptiens était adoré comme l'emblême du soleil ; dit-on. Camby

	BRANCHE INDO-GERMANIQUE.					BRANCHE SLAVE.	
Mæso-pthique.	Allemand.	Anglais.	Anglo-Saxon.	Suédois et Danois.	Néerlandais.	Russe, Polonnais.	Lithuanien Bohémien, etc.
aret arah	ferkel	hog sow	for foor feorh foorn fearh		varken verken		
faorit hard	ross pferd	horse	pard	(6)	peerd paerd paard	Fares (*Pers.*)	
		goat			geyt		
		ram			ram		
hs hso sse kso uhsu	ochs	ox bull	oxa		os osse		
uo o uoe		cow	cu cy	ko	koey	kud	Koh' Ghau Goa (*Pers*)

urut d'une chûte de cheval pour avoir outragé l'image de l'*osiris* égyptien. Cette doc-
e a passée en Europe à la suite de l'émigration primitive.
e taureau sacré dans le nord portait le nom de *Gullin horn* corne d'or, (gulden horn); il
it comme celui des Indiens. l'emblême du soleil; du Dieu de la lumière, appelé *freyr* par
peuples du nord.
es francs saliens qui se confondirent avec les peuples du Limbourg-Belge, au commen-
ient de notre ère importèrent cette doctrine dans le pays; et l'on trouve une preuve dans
ête de taureau en or entourrée d'un nimbe de neuf rayons solaires trouvée dans le
beau du roi Childeric à Tournai, dans le courant du XVIIe siècle.
5) Les Celtes ou Gaëls s'adonnèrent particulièrement à la production de la race porcine.
xiste une foule de noms qui désignent ces animaux à différents âges de la vie. La *loi sali-
* en a composé des *malleberges* qui ont fait longtemps le désespoir des linguistes comme :
in, *chranne, chrinne, calte, muc*, tous vocables qui appartiennent à l'ancien celtique.
) Les plus anciennes médailles celtiques d'or et d'argent, comme celles des Carthaginois,
es Numides, portent pour emblême un cheval ; c'était jadis le signe spécial à tous les
ples nomades habitués à passer d'un lieu à un autre et à franchir de grandes distances.
es médailles ou monnaies de cuivre portaient, au contraire, la figure d'un cochon ou d'un
c (*Aehre oder ein Schwein.*)

BRANCHE GRECO-LATINE.

TERME

Sanscrit.	Grec.	Latin.	Français.	Italien.	Espagnol.	Portugais	Langues Celtiques
Marga	moy. âge	margila marla marna	marne (1)				
Carras Caras Vahas Vahana	(2)	vectura vehela vehiculum	char voiture charette	carossa vettura			Gwain (Ga Baighin
Sthuras Sthiras Tuvara Turuf	ταυρος	taurus	taureau	toro	torro (3)		tarw (Wel. tarv (Basb taro (Corn. tarbh (Gad
Miras Mar	πέλαγος	mare	mer	mare	mar		miur (Gaël
Namas	νεμος	nemus	bois fôret	(4)			néamh (5) neimh (honneur) naf (Basb.)

(1) Le nom et l'usage de la marne comme engrais étaient inconnus aux anciens; les romai[ns] les empruntèrent aux Belges après la conquête des Gaules.

(2) Cæsar e Galliâ creditur hanc vocem (Carri Carra) in latium intulisse, quamvis an[te] Cæsarem etiam Varro et Sisenna usurpaverunt (Boxhorn 26). Le même mot écrit en Kymr[i] avec un C signifie ami = *freund*, Latin = *carus*, Grec Χαρις, Basb. *kaer*, Irl. *carr*, Teu[t] *char*. Der ganze stamm diezes wort, dit Diefenbach (Celtica 149), lebt mehr in den ke[l]tischen sprachen als in einer der *Japetischen* (indo-germanischen.)

(3) Le mot *tor*, *thor* (du chaldéen) rappelle au souvenir le culte du Taureau sacré, idole [de] ce peuple et des égyptiens à la quelle on sacrifiait des victimes humaines.

Remarquons l'analogie du sanscrit STHIRAS avec le *stiers* du gothique et le mot *stier* de

— 65 —

L'AGRICULTURE.

	BRANCHE INDO-GERMANIQUE.					BRANCHE SLAVE.	
œso niqu e.	Allemand.	Anglais.	Anglo-Saxon.	Suédois et Danois.	Néerlandais.	Russes, Polonais.	Lithuanien, Bohemien, etc.
ergel arug (Cym.)					mergel		
agan akan agon agono aghen	wagen	waggon wain coach	waegen wacgu vaen vaegen	wagn wegn	wagen kar karre ker kerre		garbkh (Arm.) valia carra (Alb.) kerra
ur urs	stier	steer	steor styre	dar tjur tiur	stier	tur (Pol.)	tur (Boh.) tor (Chald.) thor (Phen.)
u' n'i u'i u'e u'ei isaiw ior iora	meer		mere mor		meer meir see zee	more (Russ.) (6) morze	mare more (Boh.)
ld lda lt	wald	wood	wald wyld weald	dan	bosch wald woud		nama (Alb.)

landais ou bas-allemands. Les langues Greco-latines, au contraire, ont puisé dans le crit TURUF les mots *taurus, tor, torro, taureau.*

KALKSCHMIDT, *Deutsch worterbuk*, art. *Der wald*, indique d'autres racines sanscrites les peuples Indo-Germaniques ont derivé les noms de *wald, walt, woud,* etc.

) Voy. l'*Indiculus superst*ᵐ *et pagan*ᵐ *de sacris sylvarum, quæ* nimidas *vocant* mm. myth. XVI.) C'était dans des forêts réputées sacrées, que les Celtes immolaient les ies dévouées à la divinité ; le mot *naf* du bas-breton vient d'une divinité scandinave. On lait dans les pays du nord *nefnder*, celui qui était destiné à lui être sacrifié; souvent rt en décidait et les Germains disaient *nemndir* (du mot Teuton *benennen*, nommé,) victime désignée d'avance.

) D'où *tzerno-more* en Russe pour désigner la mer noire.

BRANCHE GRECO-LATINE.							
Sanscrit.	Grec.	Latin.	Français.	Italien.	Espagnol.	Portugais.	Langues Celtiques
Spardh (certare)			lance		spiedo		par (Cymr yspar (Co spern (Bas spernan spardum (Ba: sparr (Gaë
Sushka **Çushka** (sec)	σαΧνος	siccus	sec sécher				sych (Cym sech seach (Ba, seigh (Cor
Galb **Galbh** (fort) **Galma** (cruel) (1)			galbe	garbo garbatezza			galbha (B(galmha calb galb gallu (Cym garbh (Gai
Savaha (flèche)		sagitta	javelot	saëttone			saigde (Co saigh (Bas, seth saez sez
Senyëta (2) (Inst. tranchant)			marqué avec une couteau ou couperet				
Sagga **Sag** (vêtement)	σαγος	sagum	manteau gaulois	mantello			saighlean lensagum sack (Cym

(1) Après que le Senat eût déclaré Néron ennemi du nom Romain et que cet Empereur s'ét donné la mort en s'enfonçant un poignard dans la gorge, les légions d'Espagne voyant trône impérial vacant et l'empire sans maître, nommèrent Sergius Sulpitius à sa place en donnant le sobriquet de Galba à cause de sa grosseur et de son embonpoint, *quod propi gius fuerat visus, quem* Galbam *Galli vocant.* Comme il était le premier que les sold élévèrent sur le pavois qui n'appartint point à la famille impériale des Jules, il ne régna q sept mois, et fut masacré avec son fils adoptif par les gardes du prétoire à l'instigation légions d'Allemagne qui prétendaient n'avoir pas reçu le prix convenu lors de son élévati à l'empire.

Galba avait 73 ans quand il mourut; c'était un prince vertueux qui aimait l'ordre et régner la discipline dans l'armée. Les soldats l'accusèrent d'avarice et cela suffit pour faire tuer. (Voy. *Suetone : Galba,* C. III.)

	BRANCHE INDO-GERMANIQUE.					BRANCHE SLAVE.	
Mœso gothique.	Allemand.	Anglais.	Anglo-Saxon.	Suédois et Danois.	Néerlandais.	Russes, Polonais.	Lithuanien, Bohemien, etc.
	spéer				sper spier sparre		
							Khusht (*Pers*)
	anstand	graceful					Ghales (*Pers*) Ghœlizt (*Turc*)
	wurfspiess	sagitalsnake			wurfsper		
énaïda (lomb.)					sneeden		
	mantel	cloak			mantel		

Les Italiens ont emprunté à ce vocable sanscrit le nom de *Garbo* et les français celui de *lbe* pour désigner en architecture l'harmonie des proportions d'un bâtiment, d'une 1pole, d'un fût de colonne, et les sculpteurs pour indiquer le moëlleux ou la *morbidessa* chairs d'une statue.

2) La loi Lombarde — comme la loi Salique et presque toutes les anciennes lois des 1ples barbares, — a des termes qui sont aujourd'hui difficiles à expliquer; elle se sert re autres du mot *senaïda* pour désigner les entailles faites avec un instrument tranchant e hachette ou un couperet) aux arbres des forêts qui étaient destinés à la vente. Entre 1yëta et *senaïda* il y a peu de différence; le bas allemand pour désigner ces marques se t du mot *sneyden=sneeden* ce qui est coupé ou taillé à l'aide d'un couteau Voy, au surs, Dieffenbach, Celtica, 125.

III.   9

Indépendamment des mots *Hailis* et *Sunuh* du tableau (p. 56), les Indous avaient pour désigner le soleil le mot *Aditya* [1], dont les peuples gothiques ont formé le nom d'*Atahni* pour année solaire.

Duar et *dvara* (*thüre* et *duur* en allemand et en néerlandais), signifient spécialement une porte à deux battans; de la particule sanscrite *dwa* qui signifie deux.

En langue ossète du Caucase on dit *duar;* ainsi le même mot avec la même orthographe et la même signification appartient à la fois à deux peuples, qu'une distance de plus de 1500 lieues sépare l'un de l'autre.

Ce mot se retrouve avec la signification de porte dans le

Dervaz=deruas	du persan,
le dery et dera	du kurdistan et de l'albanais,
le dueri	de l'esclavon,
le dwor	des polonais,
le durak	du russe,
le dor	du kymris,
le torn et daur	du celtique ancien.

Le mot sanscrit *chatur*=quatre, du tableau (p. 43) s'écrit :

chehar	en persan,
quatuor	» latin,
Keathair	» celtic. irl.

Le nombre huit *ashtan* du sanscrit fait :

Hesht	en persan,
οχτο	» grec,
octo	» latin,
ahtan	» gothique,
wyth (pro. uyth)	» gaëllique,
et huit	» français.

---

[1] Voy. pour une autre signification de ce mot *Aditya* dans la mythologie indienne, conférée avec celle de la Scandinavie, le Lexique d'OBERMULLER, *Wotterbuch*, v° *Indischer Gotterglaube*.

C'est d'après le mæzo-gothique *Ahtan*=huit, qu'aujourd'hui

   l'Allemand   dit aht,
   le Danois   » aate,
   le Suédois   » aatte,
   et le Néerlandais » achte.

Les noms propres *jani* et *vama* sont deux formes sanscrites qui signifient femme. De la première

   le Persan a fait zen,
   le Grec   »   Γυνη,
   le Russe »   Jena.

Du sanscrit *vama*=femme, le celtique irlandais a fait *femen*, et le français actuel *femme*.

Au mot *virah*=héros, (guerrier, homme,) le latin a emprunté la dénomination de *vir, viri*, et le welsch *guir, gwr* (plur.) *gwyr* prononcez *(guyr)*.

Du sankrit *tatah*=grand-père :

   le welsch et le celtique irl. ont fait tad'tat,
   l'armoricain   a   taz,
   et le cornish (1)   »   taid.

---

(1) On sait que le celtique primitif comme langue écrite n'a laissé aucun document graphique antérieur à l'ère actuelle. Les Druïdes comme prêtres et comme savants, n'ont rien écrit ; on ne connaît des chants de leurs bardes aucun fragment.

Lorsque l'écriture est devenue en usage, on s'est trouvé en présence non pas d'une seule langue celtique originaire et primitive, mais de six dialectes qui ont survécu et dont cinq sont encore en usage parmi les modernes.

Ces six dialectes sont :

Le *welsch*, du pays de Galles en Angleterre ;

Le *cornisch*, du pays de Cornouaille ;

L'*armoricain* ;

L'*erse* ou *celtique irlandais* ;

Le *gaëlic* ou langage des montagnards écossais ;

Le *manks* ou langage des habitants de l'île de Man dans la mer d'Irlande.

Les trois premiers appartiennent à la langue parlée des anciens Bretons.

Les trois autres sont des reliques de l'ancienne langue celtique des peuples de l'Irlande.

Le *cornisch* est le plus cultivé et il existe dans cet idiôme celtique de nombreux ouvrages.

Pour *pitar* ou *pitre* du sanscrit = père, le Persan, le Grec et le Latin disent : *pader*, πατερ, *Pater*.

Le Celtic, par apherèse de l'initiale, dit *Athair*.

C'est en changeant le P en V ou en F que les peuples du nord expriment la même idée par

        fader,
        fater (all.),
        father (angl.),
        et vader (néérl.).

On retrouve, à ne pas s'y tromper, la forme exacte du mot sanscrit *matar* ou *mater*=*matre* dans le

mader	du persan,
le μητερ	» grec,
le mater	» latin,
le mathair	» celtique-irlandais,
le meder et mutter	» mæso-gothique,
et le moeder	» néerlandais.

Il en est de même de *bhratar* ou *bhratre*=frère, qui fait :

braudur	en persan,
brawd	» celtique,
brathair	» irlandais,
brodyr	» welsch,
brothar / bruder / brother	» mæso-gothique,
et broeder	» néerlandais.

Le gaëlique de l'Écossais n'est qu'un dérivé de l'erse irlandais qui y a été introduit à la suite de la conquête de l'Écosse par l'Irlande ; mais qui s'est affaibli avec elle. Le langage des habitants de l'île de Man, diffère beaucoup du celtique irlandais.

Dans nos abréviations, *welsch* signifie en général les dialectes de la Grande-Bretagne. *Erse* celui de l'Irlande. *Gaëlique* concerne à la fois l'irlandais et l'écossais. Le *bas breton* est celui des habitants de l'ancienne Bretagne française. Et enfin le wallon est un autre dialecte celtique, dont il existe un dictionnaire raisonné qui malheureusement ne paraît pas avoir été achevé par son auteur M. Grandgagnage, membre de l'Académie de Belgique ; la première partie a paru en 1838.

Par méthastase, le Grec et le Latin disent φρατήρ et frater :

Le *swasre* [1] du sanscrit=sœur, a passé avec la même signification dans le *sestra* du russe.

le suistra et schwester	du mæso-gothique,
le zuster	» néerlandais,
le chwaer	» celtique irlandais,
et le chuar	de l'armoricain (1).

Duhtre (nom. *duhita*, acc. *duhitaram*) pour fille fait :

dokhter	en persan,
dauhtar	» mœso-gothique,
tochter	» allemand,
et dochter	» néerlandais.

Beau-père qui en sanscrit fait *swasurah* (acc. *swasurum*), devient :

suékor	en russe,
schwæher	» allemand,
chwegrwn	» celtique-welsch,
et zwager	» néerlandais.

De belle-mère, en sanscrit *swasruh* ou *shwashrus*, le celtique ghadélique ou écossais a fait *chwegyr* ou *chwegrau*, pron. *sueguir* et *suegrau*. Le néerlandais *zwageres*.

Naptre et *naptri* pour beau-fils et belle-fille font :

nepos et neptes	en latin,
naib et nith	» celtique-welsch,
noi et noith	» ghadélique.

C'est du *nith* welsch, que le flamand a fait le mot *nichte* pour fille d'un frère et une belle-sœur, réciproquement oncle et nièce.

---

(1) La signification de ce mot *swasre*, qui se prononce *suar* en sanscrit, est reproduite dans les langues *greco-latines* par les mots *soror*=sœur. L'expression française est phonétiquement la même que celle du sanscrit, et surtout du *chwaer*, (pron. *suar*) du celtique irlandais.

— 70 —

Les mots de parentèle sont surtout importants au point de vue de la philologie et de l'ethnographie anciennes.

Car un peuple qui, il y a plus de cinquante siècles, a pû d'instinct, et par la seule puissance de son génie, coordonner ses lois du langage de telle manière que, — malgré notre état avancé de civilisation, — nous sommes obligés de les adopter et de les suivre, un tel peuple mérite bien le nom de *race puissante des Indiens*, qu'un des orientalistes les plus célèbres lui a donné dans ces derniers temps.

La double filiation du sanscrit et des langues greco-latines et celtiques résulte à toute évidence des mots et de la comparaison que nous venons de faire.

La ressemblance des langues indo-germaniques avec le sanscrit n'est pas moins frappante; il suffit de citer les noms :

uksha	= taureau,
nischa	= la nuit,
manuschi	= homme,
lagh ⎱ lauk ⎰	= mensonge,
cuddhas	= Dieu.

A l'égard de ces mots les langues greco-latines ont déviées de la source sanscrite; les Indo-germaniques au contraire y sont restés fidèles.

Quant aux noms qui indiquent les éléments de la nature, nous n'en avons pû donner que quelques-uns des plus simples et de ceux qui ont du frapper le plus vivement l'esprit des peuples primitifs.

D'*jwala, jwalah-haïlih=hailis*, dont les deux premières formes signifient *flamme=lumière*, et les dernières *chaleur solaire*, le celtique irlandais a fait *gwawl*, pron. *guaul*, qui signifie soleil.

Les Grecs au contraire ont suivi la forme sanscrite *hailis;* ils ont dit Aέλιος=Hέλιος pour soleil et Eλη pour chaleur solaire.

Il est en outre à remarquer que l'Indien avait pour désigner le soleil un nom spécial, dont les peuples du nord ont exactement suivi la forme.

En effet, le sanscrit *sunuh* a passé dans les langues allemandes et néerlandaises sous les formes de *sunno, sun; sonne, zon, zonne*.

Ainsi soit qu'on recherche les origines des langues dans le celtique, dans les langues greco-latines, où dans celles du nord, ou même dans les langues d'origine esclavonne ou slave, on trouve partout des preuves nombreuses de filiation avec le langage de l'Inde.

En sanscrit *Klaida* = la lune n'a pas de noms analogues de forme dans les langues indo-européennes.

On dit, pour désigner la lune :

σελήνη	en grec (1),
luna	» latin,
moen	» allemand,
maan	» néerlandais.

Au contraire *tara*, qui veut dire étoile, a passé avec sa forme graphique dans le τευριον des Grecs et avec l'adjonction de l's initial dans les langues celtiques et mæsogothiques.

Ainsi pour *étoiles* on écrit et on prononce :

sèren	en welsch,
steren	» armoricain,
sternen	» allemand,
et sterren	» néerlandais.

Le Persan qui ajoute au mot sanscrit la particule *si*, dit *sitauren*,, et ne s'écarte pas pour cela du sanscrit *tara*, dont il a conservé la signification.

Le jour, qui s'appelle *dyu* en sanscrit, s'écrit :

Di, dia	en celtique irlandais,
dies	» latin,

(1) Les Grecs appelaient du nom de Ρροσεληνν, les anciens habitants de la Grèce qu'on supposait avoir vécu avant la création de la lune. C'était chez eux une tradition en rapport avec l'idée que la lune s'était un jour détachée de la terre à la suite d'un cataclysme.

dags	en mæso-gothique,
day	» anglais,
dag	» néerlandais.

D'*aashtra*=air (mot évidemment composé des racines *aash* et *tara*=étoiles).

Le celte irlandais a fait		athair,
le grec	»	Αιτερ,
le latin	»	aër,

tandis que les peuples allemands et néerlandais ont puisé le mot *lucht*=air à d'autres sources.

Le nom sanscrit *druh* a joué un grand rôle dans l'histoire religieuse des Celtes.

En sanscrit comme en grec, *druh*=Δρυς signifie arbre, et il porte chez ce dernier peuple la même forme et la même signification.

On dit

Δρυς	en grec,

comme on dit

derucht	en persan,
deru ou derw	» celtique,
et dair	» celtique irlandais.

C'est du mot *druh* qu'on a formé celui de *Druïdes*, nom de prêtres ou de pontifes chez les Celtes-Arioi.

Dans les anciens dialectes, il s'écrit invariablement avec un *w*, qui se prononce comme *u;* ainsi on dit *Druïdes* et non *Derwides*, comme on devrait dire *Deruïches* au lieu de *Derwiches*, qui est de même origine.

Le latin en a fait le mot *Drusides*, et les dialectes gaëlique et bas-breton en ont formé *Draoï* ou *Draoidt*, qui signifient la même chose.

Ammien-Marc. emploi indifféremment Δρυιδυς ou Δρυιδαι pour signifier les pontifes de la religion celtique.

Les scholiastes de Diodore de Sicile et de Callimaque (hymne à Jupiter) confondent les *Druides* avec les *Saronides;* et Boxhorn regarde ces derniers comme des prêtres cimmériens, investis des mêmes fonctions chez les nations du nord comme les Druïdes l'étaient chez les nations celtiques.

Aussi le kymris [1] admet-il les mots

ser	pour	étoile,
seron	»	système stellaire,
seroni	»	astrologie,
et seronnyddion	»	astrologue.

On connaît du reste le parti qu'ont tiré les prêtres de tous les temps, de la faculté qu'ils s'attribuaient de connaître l'avenir et de pouvoir prédire le bon et le mauvais temps d'après l'inspection et le cours des étoiles.

Nava ou *navah* du sanscrit = nouveau, s'écrit :

Νεος	en	grec,
novus	»	latin,
neu	»	allemand,
new	»	anglais,
newydh	»	celtique,
nevez	»	bas breton,
neuyd	»	celtique écossais,
nuadt	»	gaëlique,
et nieuw	»	néerlandais.

[1] Les Kymris ou *Cimmériens*, qu'il ne faut pas confondre avec les *Kimmerii* d'Homère, étaient un peuple du Jutland qui fut toujours l'allié et l'ami fidèle des Belges de l'ancien temps; les Belges mêmes de l'aveu des philologues allemands n'étaient qu'une fraction de la horde primitive des Cimbres. Avant que ceux-ci passèrent en Italie, ils demandèrent à traverser la Belgique, dont le Rhin formait alors la limite naturelle au nord-est; mais sachant l'esprit de rapine des peuples germains en général, nos ayeux leur conseillèrent de respecter nos frontières et de passer en Italie par la Suisse; ce qu'ils firent.

L'armée combinée laissa néanmoins une partie de ses bagages aux bords du fleuve sur territoire belge et en confia la garde à six mille soldats du train. Lorsque ceux-ci apprirent la double défaite de l'armée cimbre à *Aquœ-Sextiœ* et à Vérone par Marius, ils se retirèrent chez nous et y reçurent un asyle et des terres à cultiver.

Tite-Live, ép. LXIII appelle les Cimbres : *gens vaga, populabundi in ylliricam venerunt*. *Festus* dît que le nom de *Cimbre* est d'origine gauloise et signifie *voleur*. Strabon les appelle des vagabonds et des courreurs. Tacite les a mieux

— 74 —

On voit, par cet exemple seul, le respect que témoignent en général les peuples pour les racines primitives du langage, et comment les mots, — tout en s'altérant quant aux formes dans leur passage d'un dialecte à l'autre, — conservent néanmoins leur aspect général et primitif, facile à reconnaître encore aujourd'hui.

Pour compléter cette étude abrégée, il ne nous reste que quelques noms à faire connaître, qui se rapportent à l'agriculture et au règne animal.

En général, ces matières ne nous offrent que peu d'exemples à citer. Les essences d'arbres et les espèces de plantes et d'animaux, n'étant pas en tout point les mêmes, les analogies ont dû être d'autant moins fréquentes, et les identités des noms plus rares.

Les premiers émigrants n'auront guère amené avec eux que des chevaux de bataille, des cavales de trait, une chèvre ou une vache, et des porcins qui ont servi à multiplier les espèces [1].

Néanmoins du mot *carras*, que nous avons déjà indiqué

---

appréciés : *Nunc civitas parum spectata*, dit-il, *sed gloria ingens, lataque manent veteris vestigia famæ.*

Il existe encore des traces de mœurs cimmériennes chez les populations des bords de la mer du nord, et leur langage ancien est aujourd'hui représenté par le dialecte celtique welsch et le bas breton des Armoriques français.

(1) C'est encore ainsi qu'en agissent les *Zigeuners* ou *Jypsi*, nomades des bords de la Mer noire, sauf que n'ayant plus d'autres ennemis à combattre que la faim et la soif, ils n'ont plus de chevaux de bataille, mais des chevaux de trait aussi misérables qu'eux-mêmes. Souvent une chèvre, une chétive vache et parfois des moutons forment tout leur avoir. On les voit ainsi campés le long des Balcans dans les parties désertes de la *Dobrouscha*, où ils trouvent à peine de quoi nourrir leurs attelages.

Quant à la famille elle vit de ce qu'elle trouve sur la terre, de ce qu'elle sème et récolte ou de ce que le vol peut lui procurer.

Ces nomades sont originaires de l'Asie et ne connaissent guère d'où leurs ancêtres sont venus. Quand on les interroge à ce sujet, ils repondent invariablement qu'ils sont venus de l'Égypte du temps des Pharaons. C'est ce qui leur a fait donner le nom de *Gypsi* ou *Egyptiens*.

au tableau (p. 50) avec ses nombreux dérivés du vieux allemand et de l'anglo-saxon :

L'Arménien a formé garhkh pour char,
l'Albanais » cara » chariot,
l'Italien » carossa » voiture,
le Néerlandais » kar=karre=kerre,

pour désigner cette foule d'instruments de traction dont nous avons toujours fait usage en Belgique.

Comme les peuples nomades ne traînent ordinairement avec eux que les animaux domestiques qui leur sont utiles, on peut regarder les quelques noms que nous avons déjà cités et ceux qui vont suivre, comme appartenant à des espèces qui ont existé de toute ancienneté en Asie.

Ainsi *shunah* ou *shuni* qui en sanscrit signifie chien, fait :

Κυνη en grec,
canis » latin,
chana » celtique irlandais,
et chien » français.

En supprimant l'initiale il reste *huni* dont :

le mæso-gothique a fait hunts,
l'allemand » hunt,
et le néerlandais » hond.

La même chose s'observe à l'égard du sanscrit *shukarah*, qui signifie *porc;* mot dont le grec a fait ξυς en supprimant la finale; le latin *sus*, et le celtique *hwch*, pron. *usch*.

D'*ashwah* ou *eshuus*=cheval,

le latin a fait equus,
le grec (éolien) ικκος pour ιππος.

Le nom sanscrit du bélier *uranah* ne se retrouve dans le *hwrot=hurdt* du celtique, et dans l'aries du latin, que sous une forme alterée.

Il en est à peu près de même du nom de la génisse *ukshan* ou *uxan* qui ne se retrouve ni dans le βους des Grecs ni dans le *bos* des Latins.

L'anglais et l'irlandais actuels en ont exactement suivi les formes en écrivant *oxen* et *ochs*.

Il n'y a du reste aucune analogie de formes entre le sanscrit *go* pour vache et l'allemand *kuh;* non plus qu'avec le néerlandais et l'anglais *koe* et *cow*.

On ne trouve non plus dans le sanscrit aucuns noms qui aient quelques formes analogues aux mots actuels : Poisson, cygne, pigeon, grenouille, élan, agneau, coucou.

Le genou de l'homme s'appelle en sanscrit *januh*. Les Grecs en ont fait Γωνυ et les Français *genou*.

Jarami = je vieilli, se traduit en grec par Γέρνμι et le feu *agnis* se dit en latin ignis.

De *Ratha*=roue [1], le Celtique et après lui le latin ont fait Rheda=chariot.

Quintillien (Jnst. c. 1-5) a dit : *has antiqui retas dicebant, propterea quod haberent rotas*. C'est la raison d'être que cet auteur indique, mais il ne donne ni l'étymologie vraie ni la forme originaire du mot.

---

(1) L'usage de la roue comme moyen de traction (Ratha) ne fut connu que très tard chez les romains; c'est aux Celtes (Gaulois) qu'ils l'empruntèrent.

Camille fut le premier qui, après ses victoires sur les peuples Celtiques de l'Italie du nord, l'introduisit à son triomphe où il se fit conduire monté sur un char attelé de quatre chevaux blancs; faste inconnu jusqu'alors à Rome et qui excita l'indignation des habitants pauvres de la ville éternelle. (PLUT. *vie de Furius Camillus*.)

Lorsque les Romains, après la conquête de la Belgique, introduisirent la charue, celle-ci n'avait pas de roues et se trainait lourdement à terre.

En la perfectionnant nous y avons ajouté une paire de roues et avons rendu son usage plus facile.

Pour avoir une idée nette des chariots dont se servaient les anciens peuples, d'origine indo-germaniques, il faut voir les chariots dont se servent encore aujourd'hui les Zigeuners (Gypsi ou Égyptiens) race de Scythes nomades descendus des hauteurs du Caucase indien, et qui font de leurs chariots des demeures.

Le paysan russe des bords du Wolga et du Don n'en connait pas d'autre; et la poste en Russie — du moins dans certaines contrées de l'empire comme le Caucase — ne se fait, sous l'autorité de l'empereur, qu'à l'aide de voitures que nous estimerions en Belgique tout au plus dignes de servir au transport des engrais.

Le voyageur qui veut se servir de la poste russe, est obligé d'acheter au lieu du départ une voiture plus commode et de la revendre au lieu de sa destination.

Si les Indiens n'avaient pas donné à la roue le nom de *Ratha*, nous n'en aurions pas moins construit des chariots; mais il est très probable qu'ils auraient porté d'autres noms.

Maintenant que nous croyons avoir démontré la partie de notre thèse indiquée au commencement de cette étude, nous nous arrêtons.

Pour celui qui jettera un simple coup d'œil sur le petit nombre de mots que nous venons de transcrire, il ne peut rester de doute dans son esprit que toutes les langues Indo-Européennes n'aient une source commune et que cette source ne soit la langue sacrée des Brahmanes de l'Inde.

Cette dispertion du langage ne peut s'expliquer que par les migrations successives des peuples de l'*Altaï* et de l'*Hymalaya* indiens soit à l'est vers la Chine et le détroit de Bhéring; soit à l'Occident vers la Mer noire et la Sibérie.

En effet, du pays des Marathes, centre du brahmanisme indien, le langage populaire de l'Inde a passé dans l'Arie, de là en Perse, en Arménie et dans le Caucase d'Europe; puis aux bords de la Mer Caspienne où les nations émigrées, forcées de faire halte, ont vécu pendant des siècles à l'état de peuples quasi-nomades agricoles et pasteurs.

Du côté opposé vers le Nord, les races belliqueuses de Scythes ont quitté les montagnes du nord de l'Asie et sont descendus le long des fleuves de la Sibérie.

Ces nations — qui appartenaient aux souches diverses de Tatars, de Mongols et de Mandschous, — n'étaient pourtant connues, du temps des Grecs et des Romains, que sous le nom générique de Scythes nomades.

C'est eux qui ont primitivement peuplé les bords du grand fleuve (Wolga)[1] et ceux du Don; et qui plus tard sont allés

---

[1] Les Grecs ne connaissaient le Wolga ou *Seitza*, que sous le nom de grand fleuve.

Ces noms sont d'origine tatare et le pays qui entoure le fleuve, comme la ville s'établir dans la Tauride, après avoir chassé devant eux, les Cimbres et les nations Gothiques de la germanie orientale.

Tous ces peuples émigrants ne parlaient primitivement qu'un langage qui plus tard, s'est modifié en une infinité de dialectes, comme les Mongols de nos jours qui ont conservé la langue populaire de l'Inde nommée Pali [1]; mais qui ne se comprennent pas toujours entr'eux lorsqu'ils appartiennent à des familles diverses.

On a pu suivre les traces de ces migrations successives et en calculer les conséquences, sans que l'esprit ait dû faire de grands efforts ; l'on est ainsi arrivé, à l'aide de traditions de faits constants et d'événements historiques à savoir que l'Asie centrale fut jadis le berceau du genre humain, tandis que l'Europe entière était encore déserte et inhabitée.

Liby phéniques, originaires de l'Afrique. Peuple ainsi nommé parce qu'allié ou sujet des phéniciens, il passa de bonne heure en Espagne où a raison de sa férocité, les anciens auteurs lui ont donné le nom de *feroces-liby phenices*.

---

d'Astrakhan sur la Mer Caspienne, sont encore, en grande partie, habités par ce peuple.

Entre les deux sexes, l'étranger a quelque peine à trouver de la différence. Les lourds travaux dont se chargent les femmes ne leur laissent presque aucun signe extérieur de leur sexe ; leurs visages ne diffèrent en rien de ceux des hommes.

Parmi les Tatars du Wolga, il y a beaucoup d'hommes et de femmes a yeux bleus et à cheveux roux ou chatains clairs.

(1) Le Pali fut admis par les dissidents de la secte du Boudhisme. Lorsque ceux-ci eurent été chassé de l'Inde par les Brahmanes, ils passèrent le Gange et portèrent leur littérature chez les peuples du Thibet et de la Chine.

La diversité des idiômes de l'Hindostan actuel est le résultat des révolutions et des invasions multipliées que ce pays à subies depuis son existance. Le sanscrit toutefois, mélangé d'arabe forme aujourd'hui le langage indien le plus répandu.

C'est le *bengali*, parlé aux bords du Gange par les peuples soumis au culte de Brahma, qui s'est le moins écarté de l'Hindoustan primitif.

Le *cachemir*, le *scheik* et le *mahrate*, appartiennent aux peuples du nord de l'Inde, comme le langage des Zingharis ou Zigeuners, qui furent contraints d'abandonner l'Inde et de s'enfuir en Europe où on les retrouve encore à l'état nomadique le long des rives de la Mer noire et à l'état quasi sédentaire chez les Roumains.

Rudiger [1] parle des colonies que les Liby-Phéniciens, fondèrent dans la Bétique et dont quelques-uns, sous le nom de *Libies*, furent incorporés avec les Ligures dans l'armée des Carthaginois.

Ces Liby-Phéniciens peuvent avoir occupé quelques côtes méridionales de l'Espagne, mais ils ne leur ont pas donné leur nom et se sont finalement dispersés sans laisser d'autre souvenir.

Avienus [2] en parle comme d'une colonie commerçante, fort avancée en civilisation ; mais cela n'a pas plus de fondement que ce que dit M. Bory de St. Vincent [3], de l'atlantide submergée, d'où il conclut que les Ibères étaient une nation d'origine *atlantide* de la même manière qu'on regardait jadis la Grèce et la Toscane comme des colonies *Pélagiques*.

Les légendes et les Triades irlandaises parlent également de migrations de peuples Africains en Espagne; mais sans trop nous arrêter à ces souvenirs confus — qui reposent sur des traditions si anciennes, — bornons nous à citer :

Niebhur [4], qui croit très possible que les Ibères, habitants primitifs des côtés de l'Afrique, ont été chassé en Espagne par les compagnons *de l'Hercule Ogamiain*.

Il ne faut même pas supposer qu'ils aient été chassés, il suffit d'admettre la possibilité de leur passage en Espagne de bon gré ; mais dans l'une comme dans l'autre hypothèse, cela ne fait remonter les Ibères qu'au IXe ou Xe siècle avant l'ère actuelle ; et l'Espagne, me paraît-il, avait déjà depuis longtemps des habitants ; cela paraît du reste répugner à ce que nous avons déjà dit à l'art. *Kaukase* de ce peuple et des stations où le souvenir de son nom est resté vivant.

Ligures, *Lygies* des anciens *Ligor=Ligu;* lat. *Liger*,

(1) Dans son livre *Von der Sprache*, § 168.
(2) O. M., 421.
(3) Voy. GRASLIN, 168.
(4) It. R II, 585, 2me éd.

fém. *Ligeris*, et par application à des pays, occupés par les Ligures : *Ligustikœ, Ligustinœ, Ligustinoi, Ligustini*.

Les Ligures, connus des Grecs, sous le nom de *Lygies* habitaient déjà les côtes septentrionales de la Méditerranée, aux temps d'Hérodote et d'Hécatée, c'est-à-dire 500 ans avant l'ère chrétienne; mais des renseignements authentiques nous montrent ce peuple en Europe bien avant cette époque, puisqu'on leur est redevable de la fondation de la ville de Gênes en Lygurie dès l'année 700 avant J.-C.

Silius-Italicus, dans son poëme sur la Sicile, nous montre les Ligures succédant aux habitants primitifs de l'île et conduits par un de leurs chefs nommé Siculus, ils changent l'ancien nom de *Trinacria* en celui de Sicile que l'île porte encore :

> Post dirum antiphatæ regnum et cyclopia regna,
> Vomere verterunt primum nova Sicani,
> Pyrene misit populos, qui nomen ab amne
> Ascitum, patrio terræ imposuere vacanti.
> Mox Ligurum pubes, Siculo ductore novavit
> Possessis, bello mutata vocabula terris (1).

Dion d'Halicarnasse regarde les Ligures comme un peuple d'origine Ibérienne : Σικελοι=(Σικελιαν) Σικανοι γενος ιβερικον, et il se fonde, à ce sujet, sur les assertions de Thucydide et de Philostosis.

Nous avons déjà observé dans le cours de cet essai que, d'après Diodore de Sicile (2), les Ligures avaient la taille plus petite que les Celtes et étaient autrement vétus.

Mais cette dernière circonstance ne prouve rien. Thierry [3], ne fait aucune distinction entre l'Ibérien et le Ligure; il avoue néanmoins « que les Ligures ne portaient pas dans » leurs mœurs le caractère Ibérien aussi fortement accusé

---

(1) Sil. It. XIV, 33 ff. sur la Sicile.
(2) V. 39 c. IV, 6.
(3) *Hist. des Gaulois*, vol. XXVI, XXVII, d'après HEYNE, etc. 1. *ad œn*, VII.

» que les Aquitains [1], c'est qu'ils ne sont pas restés aussi
» purs, dit-il, et que, entre le Rhône et les Alpes, ils se sont
» mêlés aux Celtes, tandis que du côté de l'Espagne, les
» *Volkes* ont envahi tout le midi de la Gaule entre le Rhône
» et les Pyrennées [2] et en ont subjugés les habitants. »

Ces *volkes* ortographiés arbitrairement sont les *volcæ* ou *tectosages* dont nous avons déjà souvent parlé; ce sont tout bonnement, les peuples Belges de l'antiquité, mais comme il plait à M. Thierry de ne faire apparaître les Belges sur la scène du monde que deux siècles avant l'ère chrétienne, il commet une double erreur historique toujours dans la vue que nous avons déjà plusieurs fois indiquée dans cet essai.

« La datte de cette invasion, des *volkes* dans le languedoc,
» dit l'auteur de l'*Histoire des Gaulois*, ne saurait être fixée
» avec précision »; dans ce cas on cherche à la fixer d'une manière approximative.

Ce n'est pas ce qu'il fait. « Les *volkes*, dit M. Thierry,
» n'étant compris ni dans les plus anciens récits mythologi-
» ques ou historiques, ni dans les Péryples avant Scyllax, ni
» dans le Péryple de » ce dernier, il donne pour conclusion un fait entièrement controuvé, à savoir : « que vers l'an 281, des
» *volkes-tectosages*, habitant le haut languedoc, auraient
» été signalés tout à coup et pour la première fois (?) à propos
» d'une expédition qu'ils envoyent en Grèce. »

Il ajoute que : « vers l'an 218, lors du passage d'Annibal,
» les *volkes-arecomikes*, habitant le bas languedoc, étaient
» cités comme un peuple nombreux qui faisait la loi dans
» tout le pays; ce ne peut être qu'entre 240 et 281 qu'il
» convient de placer leur arrivée et la conquête de l'Ibéro
» Ligurie par eux. La conclusion de tout ceci d'après l'his-
» torien français, c'est qu'il faut retrancher les *Volkes* ou les

[1] Voy. les détails, t. II, p. 15 et 159.
[2] Le nom de *volkes* qui dans les langues du Nord, veut dire peuple-populace =volk, n'a jamais servi, que je sache, à désigner un nom générique de nation. M. Thierry a traduit *volcæ*, *vulcæ*, par Volkes.

» *Belcæ* de la population ligurienne, avec laquelle ils n'ont
» eu rien de commun. »

Voilà l'opinion de M. Thierry, au sujet de l'origine des Belges, opinion aussi fausse dans ces conséquences qu'elle est contraire dans son principe aux faits historiques établis.

Nous avons montré les Ligures, fraction de l'ancienne horde cimmérienne, passant avec cette dernière d'Asie en Europe ; nous avons démontré leur séjour en Belgique autour de la rivière, la Lys, qui en a conservé le nom.

Nous avons prouvé leur passage en Angleterre sous le nom de llowgwrueis et avons établi, d'après le témoignage de Plutarque, leur identité avec les Ambrons belges à raison de la conformité de langage des uns et des autres : tout cela ne cadre en rien avec l'assertion que « les Belges » n'ont eu rien de commun avec les populations ligurien- » nes du midi de la France. »

Quant au passage des *Volkes-Tectosages* de la Gaule en Asie mineure, nous le dénions absolument.

Les Tectosages de l'expédition en Grèce et en Asie n'étaient pas originaires de la France, mais de la forêt hyrcinienne et les prétendus *Volkes* qu'y ont pris part ne sont pas les Volkes du Languedoc, mais les Belges des bords du Rhin, spécialement les peuples des environs de Trêves.

Le nom de *Volkes* est un vocable corrompu par l'ignorance des copistes ; c'est celui de *Volcæ, Volgæ, Bolgæ, Belgæ*, comme l'attestent tous les auteurs anciens.

Dans les langues du Nord, le nom de *Volk* signifie peuple ; on aurait donc dit : le nom de ce peuple est Peuple. Où est donc l'objet attributif de ce nom, ce n'est certes pas dans l'abstraction du nom de *peuple* que les nations nomades n'ont jamais comprise ; ils n'ont jamais été au-delà de la *Civitas* = rassemblement de plusieurs familles vivant ensemble. Ils n'ont donc pas pû se servir du nom de *Volkes* pour désigner une nation, puisqu'ils ignoraient en quoi consistait un peuple ou une nation prise collectivement.

Je ne me préoccupe que médiocrement de l'opinion de Senèque dans ses consolations *ad Helv.* qui soutient que la langue des Ibères était différente de celle des Ligures.

Mêlés aux Celtes du midi de la Gaule, les Ligures ne paraissent pas en différer autant qu'ils ne différaient de la race Ibérique, et leur langue ancienne — dont il ne reste aucun vestige écrit — ne doit pas avoir différé beaucoup du celtique ancien, puisque plusieurs noms d'endroits de l'Italie septentrionale, où les Ligures ont vécu, portent l'empreinte celtique, témoins : les noms de *Bodinco-magum*, d'*Eporédium* ou *Eporédica* indiqué par Ptolémée comme une contrée de la Ligurie située dans le pays des *Salasses*.

Owen, en parlant des *Lloegrwijs* d'Angleterre, regarde ce nom de peuple comme spécialement applicable aux Belges et il n'établit aucune distinction entre les deux peuples.

Dans le tôme XIX des mémoires de l'Acad. des Jns. de France, p. 618 et 619, M. Freret pense que les *Ambrons* et les *Ligures*, de même que les *Umbres* (anciens habitants de l'Ombrie) étaient des peuples alliés qui passèrent avec Bellovèse en Italie.

Mais le judicieux Dieffenback — le critique allemand qui a fait sur les Celtes, l'ouvrage le plus complet et le mieux raisonné, — remarque au sujet de ce passage que si le fait de la triple alliance est admissible comme il le pense, il ne peut avoir eu lieu que bien antérieurement à l'expédition de Bellovèse et lorsque les hostilités, qui ne survinrent que plus tard entre eux, n'eussent pas encore formé un obstacle à une telle alliance ; plus tard et surtout au temps de Belovèse il ne fallait plus y songer.

Du reste, Ukert [1] et Müller [2] admettent l'existance d'une horde ou fraction de peuples qui comprenait autant de

---

(1) *Géographie*, II, 2, § 289 et 290.
(2) *Marken des Vaterlandes*, M. 108 ff.

Ligures que d'Ambrons et que, pour ce motif, on appelle *Ambro-Ligures*. Mannert [1] et Ricardi Corinensis (Richards von Cirencester) Itinerarium sont du même avis, mais ils leur donnent exclusivement le nom de *Ligures*.

Les *Bebrykes*, dont parle M. Thierry, étaient, dans la Gaule méridionale, les plus proches voisins des Ligures, mais paraissaient appartenir à un peuple d'origine différente quoique forts anciens [2].

En résumé, les Ligures peuvent avoir appartenu à une race de peuples caucasiques, — ayant la tête ronde, les yeux et les cheveux noirs,— qui de la Tauride ou du Caucase où ils vécurent au milieu des Cimbres seront passés, avec ceux-ci, au nord de l'Europe et delà en Belgique alliés aux Ambrons et comme eux d'origine *Celto-Scythique*.

Mais la horde ligurienne ne nous serait qu'imparfaitement connue, si nous passions sous silence les peuples divers qui, d'origine ligurienne, figurait dans l'histoire sous plusieurs autres noms.

Il y a d'abord les *Sallussi*=Σαλασσοι;

Les *Sallues* d'Étienne de Byzance;

Salikoi de Ptolémé;

Sallyi de Pline;

Salii, Salvii, Salyes de Tite-Live (dans la Gaule narbonaise) et *Salluvii* (Salossoi) *Salassi* dans la Gaule cisalpine.

Pline III, 7, donne aux *Salluvii* de l'Italie cisalpine le nom de Ligures.

Et Caton, 20, les regarde avec les *Lepontii* comme des peuples d'origine Taurisque, appartenant à la fois à la double souche celtique et ligurienne : *Gens Taurica, Lepontios et Sallassos Tauriscæ Gentis idem Cato arbitratur* : de son côté, Pline dit que : les *Salassi* parlaient le Gaulois (le Celtique).

(1) *Géographie*, III, p. 37.
(2) Dieff, celt., II, p. 43.

Mannert⁽¹⁾ les regarde comme des Ligures; et Zeuss, 230, comme des Celtes. Les *Sallassi* se retrouvaient dans la Gaule cisalpine où, de l'aveu de Tite Live, ils avaient passé à la suite des Ligures, des Insubres et des Boyens.

Parmi les clients des Ligures on trouve encore les *Cavares*, les *Laii* ou *Lœvi*, les *Libikes* (libiques), les *Orobii*, les *Marici*, les *Lepontii*, les *Vagienni* ou Bagitenni, également connus sous le nom de *Montani*, et finalement les *Lingones*.

Les *Cavares*, en Grec Καωαροι, Καναριοι, étaient un peuple de la Gaule méridionale qui, avec les Sallassi, admirent de bonne heure les mœurs et les habitudes des Romains: ils se romanisèrent, comme disent les auteurs, au contact du peuple-roi de la province Narbonnaise.

Les *Laoi* sont mentionnés par Polybe ⁽²⁾, à côté des *Libekioi*, comme peuple d'origine celtique (*ex Gallia advenis*), qui chassa les Thyrrhenéens de leurs demeures; et Tite Live ⁽³⁾ met les *Salvii=Salluviens* au nombre des Celtes qui envahirent l'Italie.

Les Lebecques (*Lebekioi*) étaient connus de Ptolémée (III. 1.) sous le nom de *Libikoi* et l'ensemble de leur cité ou Civitas en Italie, portait le nom de *Ouerkellai* et *Gaumellon*, aujourd'hui Vercelli; Vercellæ libicorum ex Sallyis ortæ, dit Pline (III, 7), ce qui, d'après Mannert ⁽⁴⁾, signifie origine ligurienne. Tite Live (XXXIII, 37) les considère comme ayant été les ennemis des Gaulois. Ils furent détruits à la suite d'une guerre intestine par les Boyens de l'Italie.

En parlant des *Lœvi=Laioi*, Polybe dit : *prope antiquam gentem, Lœvos, Ligures incolentes circa Ticinum-*

---

(1) Géog. IX, I. § 178.
(2) II, 17, éd. cas. p. 105.
(3) V. 31.
(4) (IX, 1. §§ 181).

amnem considunt et Caton affirmait que les *Lævi* et les *Marici* appartenaient au sang ligurien [1].

Les Lævi et les Libici, étaient des peuples anciens qui, avant l'invasion des Sénons dans l'Italie du nord, avaient passé dans la Péninsule italique.

On trouve les Lævi établis en Italie avant les Salluviens= Sallassi. Ce qui fait présumer que ces peuples appartenaient à une émigration de Ligures antérieure à celle des *Sénons*.

Rien à cet égard ne doit nous étonner. Les Ambrons que des autorités très considérables regardent comme les ancêtres des peuples de l'Ombrie, appartenaient, comme les Ligures, à la race cimmérienne du nord. Ils auront passés ensemble de bonne heure dans le nord de l'Italie, longtemps avant la triple confédération des Ligures, des Insubres et des Boyens.

La circonstance que ceux-ci trouvèrent des peuples celtes depuis longtemps établis en Italie, vient confirmer cette présomption. Quant aux *Marici*, on n'est pas sûr s'ils étaient d'origine ligurienne. Zeus pense que ce sont les mêmes peuples que les Αναμαρες de la Gallia cisalpine dont les premiers ancêtres auraient bien pu être les Armoriques de la Gaule du nord-ouest.

Les *Lepontii*, Λιποντιοι Λειποντιοι, si l'on en croit Caton, avaient vécus dans la Tauride avant de passer dans la Gaule ; mais Mannert (IX, 1. § 181) et Zeus (231) les regardent comme clients ou alliés des Ligures sans fournir de cette alliance aucune autorité ancienne ni document authentique.

Viennent ensuite les *Vangienni*, les *Elysiques* et les *Salues*, mélange de Celtes et de Ligures connus dans l'histoire sous le nom de *Celto-Lygies*.

D'après la table de Peutinger, les Vangienni portent le nom de Bagitenni ; ils occupaient la Ligurie et Pline qui en

---

(1) *Cato œstimat Ligures, ex quibus Lævi et Marici, condidere Ticinum, sicut Insubres Mediolanum.* — Voy. en outre, PLINE, III, 21.

parle (III, 20), les considère comme étant de race ligurienne; ils portaient aussi le nom de *Montani*.

Mannert (IX, 1. § 256) est du même avis pour les *Elysiques* qui avec les Libiques, les Ibères, les *Sardainaïs* (Σαρδονιων et les Kurniens (Κυρνιων), faisaient, d'après Hérodote (VII, 165), partie des troupes soudoyées de l'armée d'Amilcar ; on les trouve établis du temps d'Aviénus dans la Gaule méridionale; leur capitale était Narbonne.

Quoique facilement portés à se romaniser, lorsque Rome fit ses premières invasions dans la transalpine, ils avaient longtemps vécus dans la Gaule à l'état de barbarie, témoin le passage d'Aviénus (O. M., 585) où il dit :

.....Gens Elesycum prius
Loca hæc tenebat, atque Narbo civitas
Erat ferocis maximum regni caput.

Ces *Elysiques* étaient d'origine ligurienne et Étienne de Byzance l'affirme positivement en disant : Ελυσικοι έθνος Λιγυων, Εκαταιος Ευροπέ.

Leur nom a passé dans les Champs-Élysés de l'Aquitaine, *Elisii campi*, ville des Elusates ou *Elusani*.

Quant aux *Celto-Lygies*, ce mélange de peuples voisins a dû avoir pour résultat, la formation, dans le midi de la Gaule, de plusieurs cités secondaires qui tour à tour engagés dans les démêlés de leurs voisins ou patrons ont disparu ou se sont fondues dans d'autres cités plus puissantes, souvent sans laisser de traces de leur nom primitif.

C'est encore Tite Live, qui nous apprend par les vers d'Aviénus que les Ligures, continuellement en guerre avec les Celtes, en furent chassés et finirent par jeter les fondements d'une nouvelle puissance :

.....Namque celtarum manu,
Crebrisque dudum prœliis,
Ligures..... pulsi, ut sæpe fors aliquos agit
Venere in ista quæ per horrenteis tenent
Plerumque Dumos.

Tite Live, dans ce passage, aura probablement eu en vue l'influence puissante, exercée longtemps par les Ligures en Espagne; car de son temps Eratosthènes regardait encore le continent espagnol, comme une terre ligurienne qui portait les noms de *Ligustina=Ligusticum*. (Voy. Dieff, II, 27, Celt.) *Eratosthènes*, dit cet auteur, *heist erst ganz Hispanien ligustische Halbinsel, doch auch andere Quellen bezeugen Sikana, etc. in Hispanien.*

Les *Sicaniens* étaient du reste des Ibères d'origine, comme cela se prouve par un passage de Dion d'Halicarnasse, où, cet auteur se fondant sur l'autorité de Thucidide et de Philistos, dit : Σιχανιοι Γενος Ιβερῖκον, Σιχελοι Γενος Ανδιγενες.

Et Eustath. sur un passage de l'Od. XXIV, 304, d'Homère observe : Σιχανιες, Σιχελιας αχεσαν γαρ αυτεο Ιβερες Ελτοντες απο Σιχανου ποταμω. Car les noms de Sicaniens et de Sikules ne sont vraisemblablement que des expressions de formes diverses qui expriment le même nom, *nur Modificationen einer Urform* [1].

L'histoire primitive des Ligures et des Ibères a exercé longtemps la patience des critiques; d'anciennes opinions erronées ont souvent égaré les esprits les plus élevés et pas plus loin qu'au temps où Niebuhr écrivait son histoire Romaine, ce célèbre auteur — séduit par un passage de Gail, — croyait que les Ligures avaient expulsé les Ibères de l'Espagne; mais dans sa seconde édition il est revenu à la thèse contraire, rendant ainsi hommage à la vérité et donnant un remarquable exemple de respect pour la critique.

C'est d'après M. Fréret [2] en 1400 avant l'ère chrétienne que les Sicaniens dûrent s'enfuir en Italie et dans la Sicile. D'après M. Gail [3], ce serait seulement vers 1036 de l'ère antique.

Les *Sikaniens* ou *Sicules* habitaient avant leur expulsion

(1) Dieff., *loco citato.*
(2) *Œuv. comp.*, t. IV, p. 200.
(3) *In Scymni*, V, 265 ff.

les côtes méridionales de l'Espagne faisant face aux îles Majorque, Minorque et Ivica.

Voyez sur cette question, outre les auteurs que nous venons de citer : Hellanikos; Philistos; Thierry, tom. Ier, p. XXVI; Servius, ad. œn. VII; Ephor., ap. Strabon VI, et Muller, *Marken des Vaterlands*, 167.

Wernsdorf, en citant le passage d'Aviénus, que nous avons transcrit ci-dessus, observe qu'il ne sait où chercher la patrie d'origine des Ligures, si ce n'est dans la partie septentrionale de la Gaule, c'est-à-dire en Belgique.

Hos Ligures, dit-il, *equidem nesciam quærere, nisi in ora Galliâ septentrionali.*

Et Silius Italicus avait déjà dit avant lui, en parlant de l'origine du même peuple : *Draganum proles* (Ligures) *sub nivoso septentrione maximè collocaverunt Larem* [1].

Nous n'avons insisté si longtemps sur cet article que parce que les Ligures et les Ibères ont toujours été regardés comme des nations anciennes, sur le compte desquelles l'histoire est demeurée fort obscure. Leur origine n'est pas encore bien fixée, le pays où ils ont vécu avant d'atteindre l'occident de l'Europe, ne paraît pas pouvoir se déterminer d'une manière bien exacte.

Les uns croyent devoir leur assigner pour souche commune celle des *Cimmériens*, d'où sortit la tribu *Ambra* et le peuple des Ambrons; d'autres comme *Niebuhr*, pensent que les *Ibères* sont une race africaine qui, de bonne heure, a franchi le détroit de *Gades* pour passer dans le midi de l'Espagne; à qui croire ? à qui se fier ?

Ne vaudrait-il pas mieux se soumettre au doute et ne rien hasarder de positif ?

Quoiqu'il en soit, les Ligures et leurs clients, de même que les différentes cités qui tirèrent de la souche commune leur existence, furent incontestablement la plus grande

---

[1] Voy. Sil. It. VIII, 607.

nation parmi les nomades avant l'arrivée des Celtes. — Les *Lygies* figurent dans la géographie antique sur la carte d'Europe avant ces derniers. On ne connaissait au nord et au midi de la Gaule que les *Cimbres* ou *Cimmériens* et les *Ligures*, les *Scythes* et les *Celtes* n'y apparaissent que plus tard, et le passage des Ligures sous le nom de *Sicules* en Italie et dans la Sicile (1300 ou 1400 ans avant l'ère chrét.) est un fait attesté historiquement, et une preuve qui démontre la grandeur et l'énergie de ce peuple primitif, dont l'histoire est encore si peu connue.

Les Grecs, qui appellent les Celtes du nom du climat froid qu'ils occupaient, nommaient de même les Libies et les Maures des pays chauds qu'ils habitaient, ainsi : Λιβυας et Μαυρως *a colore vultus*, *quod nigri essent,* dit un auteur; les Phéniciens n'étaient connus en Afrique que sous le nom de *Pœni*.

Du temps de Josué (1451 avant notre ère), ils occupaient une grande partie des côtes de l'Afrique septentrionale, ils s'en étaient emparés à la suite de la guerre d'extermination qu'avait déclarée ce chef des Israélites aux Cananéens et aux peuples des côtes de la Méditerranée.

A cette époque, le langage des Phéniciens ne s'était pas encore corrompu en se pliant aux idiômes des peuples barbares, chez lesquels ils portèrent depuis leurs pas.

On a naguère trouvé dans la Tingitane africaine [1], deux colonnes avec des inscriptions pœniques ou phéniciennes en lettres, portant :

ΗΜΕΙΣ ΗΣΜΗΝ ΟΙ ΦΥΓΟΝΤΕΣ ΑΠΟ ΠΡΟΣ· ΓΩΠΟΥ ΙΗΣΟΥ ΤΟΥ ΛΗΣΤΟΥ ΥΙΟΥ ΝΑΥΗ : ce qui signifie : *nos sumus fugientes a facio Jehosuæ prœdonis, filii Nun.*

---

[1] Salluste, de Bello Jug$_a$, confond la Tingitâne avec la Mauritanie; d'après Strabon et Ptolémée, elle en était néanmoins séparée par le fleuve *Mulacha* ou *Molochath*.

La langue phénicienne avait beaucoup d'analogie avec celle des Hébreux de l'avis de St-Augustin (de civitate Dei, lib. XVI, cap. VI).

Et Arnobe, dans le psaume CIV, dit qu'elle était fort répandue sur les côtes d'Afrique et parlée en commun avec la langue originaire du pays qui était celle des peuples aborigènes de cette partie du monde.

Ceux qui seraient curieux de s'enquérir des vestiges de cet ancien dialecte et de pénétrer plus avant dans la question encore douteuse de l'origine des Ibères et des Ligures, peuvent consulter un livre intéressant intitulé : *Varias antiguedadas de España, Africa y otras provincias*, de Bernard Alderbret, de Cordoue (lib. II, c. 11). L'auteur y a recueilli une foule de noms, appartenant à l'ancien idiôme des Phéniciens, en usage sur les côtes africaines du nord.

Luagar est un mot roumain, qui signifie *corps d'armée*, spécialement un campement d'hommes réunis sur un point quelconque, dans le but de s'exercer au maniement des armes et aux évolutions militaires, tels en France l'ancien camp de Chalons et en Belgique le camp de Beverloo.

Luagar ne vient pas du latin, mais des langues du nord, du slave peut-être ou langue scythique ancienne. En allemand on dit *Lager*, en flamand *leger* (pron. *léguer*) pour un corps d'armée. L'origine de ces mots, quoiqu'orthographiés différemment, réunit la même forme et comporte la même signification.

C'est une preuve entre mille autres que les races du nord se sont toujours avancées de plus en plus vers l'occident et n'ont été retenues dans leurs foyers pendant environ quatre siècles que par l'ascendant de l'empire romain; elles se sont de nouveau mises en mouvement, lorsque l'empire a fini par succomber à l'indiscipline des légionnaires, aux révoltes des prétoriens et aux efforts simultanés des peuples barbares du nord.

Madjiars, *Magiars, Majares,* peuples hunniques de race ouralienne ou finnoise, d'après l'ethnographie moderne.

Il ne faut point confondre les Finnois, dont nous venons de parler, avec les Finnois ou *Funnen* de la Finlande actuelle.

Les habitants de cette dernière contrée ont toujours été des peuples pêcheurs; les Finnois ou Madjiars étaient une horde essentiellement de cavaliers, ne combattant qu'à cheval comme les Huns leurs devanciers, armés de lances, d'arcs et de flèches, comme les *Kirghis* actuels de la Caspienne, qui occupent encore le pays jadis situé entre la partie supérieure des montagnes de l'Oural, la Mer Caspienne et le Caucase d'Europe, nommé avant le huitième siècle de l'ère actuelle, la Grande-Hongrie.

Les *Madjiars* ou la famille hongroise, qui s'est donné à elle-même ce nom, était la fraction la plus puissante des Hongrois ou descendants des Huns qui, après le renversement de l'empire, occupaient la contrée entre les Mers Caspienne, le palus méotides et le Caucase.

C'étaient les restes des Huns qui, après leur défaite dans les champs de Chalons par Ætius, s'étaient retirés dans leur ancienne patrie, et n'avaient plus recommencé leurs agressions contre l'empire romain depuis la mort d'Attila.

Mais, vers le huitième siècle, ces peuples reprirent leurs courses vers l'occident. Passant le Don sur des outres enflées, ils se répandirent en Europe et se dirigèrent du nord de la Crimée vers les provinces Danubiennes et les Carpathes. Leur séjour dans la Dacie est attesté par les récits de Constantin Porphyrogénète et autres auteurs contemporains; et les *acta sanctorum* font mention d'une irruption de Hongrois en 750 chez les Grisons, en Suisse, *impia gens hungarorum.*

Quoique nous n'admettions pas cette donnée, qui peut se rapporter à d'autres peuples barbares, il n'en est pas moins certain que les Hongrois ou Madjiars pénétrèrent en Europe vers le commencement du septième siècle et que leurs migrations des bords de la Couma, où leur ville principale portait le nom de *Madjia*, durèrent pendant plus de 70 ans, qu'ils pénétrèrent dans la Dacie jusqu'à la Theyes, où ils prirent le nom d'*Avares* ou d'*Abares,* et que, en 862, ils portaient déjà le nom de *Hungri,* comptés parmi les ennemis de Louis le Germanique.

Charlemagne qui porta ses armes dans la Hongrie et pilla le *ring* ou trésor de ce peuple, ne leur donne encore que le nom générique d'*Avares*.

La tribu hongroise ou hunnique, qui prit le nom de *Madjiars* de leur ville principale, était la plus célèbre et celle qui parmi ses congénères, avait le plus d'autorité.

On ne doit point rechercher ailleurs l'origine de la suprématie, exercée aujourd'hui par les *Madjiars* sur les Hongrois en général, et l'on ne doit point regarder ces deux noms comme le signe de deux peuples d'origine différente. Car quoique les Hongrois en général ne prennent pas le nom de *madjiars*, jamais le *madjiar* n'a prétendu faire une race à part, mais la famille la plus puissante entre toutes celles dont se composait le peuple hongrois tout entier.

Maelmurius et **Eochodius**. Bardes irlandais, qui vécurent dans le neuvième siècle. O'Conor, en parlant des ancêtres irlandais, dit : *Bardi Hibernici M. et E. qui sæc. 9 florii erunt, majores suos ideo Gaethluig dictos fuisse aunt, quia a Gethulia orti in Hispaniam primum atque inde in Hiberniam transierunt, conducente Hebero et Heremone filiis cujusdam Militis, cui nomen Golam qui a Fenio-Fear=Saoidh i. e a Phœnice viro sapiente genus suum traxisse dicebatur O'Conn. I. IX.*

Manou ou **Menou,** premier législateur indou, voy. *Dhar-masastra*.

Mèdes, en grec *Madioi*, peuple originaire, avec les Celtes et en général avec les Indo-Germains, du plateau central de l'Asie, aujourd'hui la partie orientale du *Kurdistan*. Dans l'Ancien Testament, *Madaï* ou *Modaï* est le nom du premier fils de Japhet, d'où la désignation générale des peuples japhétides ; le second fils était Gomer, d'où les descendants ont pris le nom de Gomérites ou Cimmériens= *Kimber* des Allemands et *Cimbre* des Français. Enfin le troisième fils de Japhet, Gog, donna son nom aux Caucasiens.

Dans les écrits cunéiformes, les Mêdes étaient appelés *Mada* et les Grecs leur donnaient le nom de *Medoi* ou *Madaioi=Madioi*.

Ils portaient dans l'antiquité tout à la fois les noms de Mèdes ou d'Ariens, et Hérodote appelle indifféremment leur pays l'*Aria* ou l'*Ariana*, dénomination qu'on rencontre fréquemment dans les écrits des anciens auteurs. Cette synonymie a souvent induit en erreur des auteurs modernes ; ainsi le nom d'*Iberia* — pour désigner l'antique Espagne, — est souvent remplacé par celui de Ligustica ou Ligustina, de la domination temporaire qu'ont exercée les Ligures sur une partie de ce pays.

Le nom d'*Hibernia*, pour désigner la vieille Écosse, se trouve souvent remplacé par celui d'*Albium=Albania*, de la nature montagneuse de ce pays, et pour ne pas aller plus loin, une grande partie de la population de Belgique n'était connu chez les habitants anciens de la Bretagne que sous le nom de Némèdes de la ville de *Nemetacum*, capitale de l'Artois.

On pourrait multiplier à l'infini ces synonimies, sans s'exposer à tomber dans la confusion, mais il est essentiel d'en connaître l'origine et la signification ; sans cela on est arrêté à chaque instant, et l'esprit se fatigue, alors qu'il n'en est pas instruit d'avance.

Les Grecs avaient une singulière propension à tirer tous

les noms de peuples du nom d'un chef ou d'un roi quelconque ; et les chroniqueurs de l'antiquité et ceux du moyen-âge ont, à leur exemple, inventé des noms propres qui n'ont vraisemblablement jamais existé, pour en dériver des appellations générales. C'est dans l'étude des chroniques anglaises que nous avons eu le plus souvent occasion de constater cette manière de traiter l'histoire, et nous avons observé, à ce sujet, qu'un mot mal compris ou mal orthographié, a souvent servi à la dénomination d'une caste qui — élisant domicile dans l'histoire, — s'y est maintenue en possession et ne peut plus en être expulsée aujourd'hui, quoiqu'on soit bien convaincu de l'erreur commise et de la conséquence erronnée qui en est résultée. Cela dit, revenons à notre sujet.

Le mot Mêdes avait, comme on vient de le voir, plusieurs acceptions. Comme cultivateurs et hommes des champs, ce nom, opposé à celui de montagnards, se trouvait répandu sur toute l'Asie supérieure à l'est du Tigre jusqu'au sommet de l'Hindu-kush. Sur cette immense région on ne connaissait les habitants que sous le nom de Mêdes=*Madioi*, et l'on sait comment d'abord, alliés aux Perses, ils finirent par les dominer.

A l'occident du Tigre et jusqu'aux côtes de la Mer Caspienne, les Mêdes portaient le nom de *Drangers* (Dranger).

La culture de la terre quelqu'imparfaite qu'elle soit, est le premier pas de l'homme vers son état de civilisation. Les Mêdes furent incontestablement l'un des premiers peuples de l'antiquité qui s'y adonnèrent, si l'on en excepte les Chinois, dont le respect pour l'agriculture est proverbial, et auxquels on attribue généralement la première invention des instruments aratoires.

S'il est vrai que l'agriculture fût pour les Chinois le fondement principal de ce vaste et antique empire, c'est aux Mêdes du plateau central de l'Asie qu'on doit d'avoir vu se repandre le goût de cet art si utile à l'homme, et sans lequel aucun progrès humain n'est durable ni réel.

Quoique les Mêdes n'aient guère été considérés comme ayant joué dans l'histoire un rôle égal à celui des Persans, ils excitent néanmoins un intérêt plus vif par la raison que leur pays, jadis une des provinces les plus considérables de l'empire Persique est aujourd'hui regardé comme la mère-patrie des peuples européens. C'est, en effet, de l'Arie, région occupée primitivement par les Mêdes, qu'une foule de nations de race indo-germanique descendirent vers l'occident; et l'Europe leur est redevable d'une partie de ses premiers habitants.

Les Mêdes furent bien plutôt civilisés que les Persans. Ils avaient déjà des institutions civiles et formaient entre eux des confédérations de petites peuplades, reliées par des alliances, alors que les Perses, horde nomade et pauvre, les subjuguèrent sous le commandement de Cyrus.

Leurs institutions religieuses avaient déjà contribué à les façonner à l'obéissance, et l'on croit savoir que déjà les prêtres du Magîsme répandirent parmi eux, leurs connaissances, leurs principes religieux et leur système de prédictions. Obermuller pense que les *Zigeuners* ou *Jypsi* de nos jours, ne sont autres que des démembrements partiels de peuples médiques, qui, du temps des Romains, s'étaient établis dans le voisinage de la Mer Caspienne, du Pont-Euxin et du Danube inférieur, jusqu'aux rives septentrionales de l'Adriatique. Et, en effet, ces nomades de nos jours qu'on trouve encore en grand nombre dans la *Dobrusca* turque, dans la Roumanie et même en Hongrie, se servent en général de dialectes dérivés de l'ancien Persan. Peuples vagabonds et nomades, ce sont les premiers qui ont introduit en Europe l'art de la devination par l'inspection du creux de la main. Ils portaient jadis et la plupart portent encore aujourd'hui le costume médique, qui consiste en des vêtements longs, amples et flottants. Ils se croient les descen-

— 97 —

dants des Mêdes et il y a quelqu'apparence que leur manière de prédire l'avenir provient de leur pays d'origine où le *magh* ou *mab* signifie *la main* de l'homme [1].

Les Mêdes comme les Celtes se répandirent sur tous les pays de l'Europe. On en trouve encore dans l'ancienne Thrace═Turquie d'Europe, dans l'Asie mineure où ils portaient naguère le nom de Mêdes de la Bythinie (Μαδιοι· βυθινιοι); en Espagne, où ils furent jadis fort communs, ayant passé dans ce pays à la suite des Perses et des Arméniens, — mais alliés aux Ibères ils sont restés confondus sous le nom de ces derniers.

On ne s'explique pas comment, au cœur de l'été, le pauvre Andalou soit couvert d'un almaviva en draps, dont il s'enveloppe le corps entier, si on ne considérait pas cet habillement moderne comme un reste des mœurs médiques, dont l'usage y est resté national, bien qu'il paraisse moins convenir au climat ardent de l'Andalousie qu'à celui du nord de l'Europe.

C'est Salluste, l'historien romain le plus exact et qu'à bon droit l'antiquité a gratifié du nom de *princeps historiarum*, qui, en attestant le fait du retour des Mêdes en Afrique, constate en même temps leur séjour en Espagne du temps des Phéniciens : *sed postquam in Hispaniâ Hercules sicut Afri putant, interiit, exercitus ejus compositus ex gentibus variis, amisso duce,...... brevi dilabitur. Ex eo numero Medi, Persæ et Armenii, navibus in Africam transvecti, proxumos nostro mari locos occupavêre* [2].

Après que les Mêdes, sous la conduite de Déjotare, se furent soustraits en l'an 708 avant J.-C., à la domination Assyrienne, ce roi fit fortifier Ecbatane, la capitale de son royaume, et l'entoura d'un septuple rang de murs et de remparts, de manière à la rendre inexpugnable. Il fit dit-on

(1) Pour l'Assyrie, voy. plus loin, art. *S'sur*.
(2) Salluste. *De bello Jugurthino in principio*.

occuper ces fortifications par des peuples *Asgares* et leur en confia la garde contre les invasions des Perses et des Assyriens, ses ennemis naturels. Cette place de guerre servit plus tard aux rois de Perse de dépôt à leurs archives et à leurs trésors. Alexandre le Grand suivit cet exemple en y cachant les richesses enlevées à l'Asie, qui dépassaient, à ce qu'on dit, en or et en argent la somme de 800 millions de francs.

Phraorte, le fils et le successeur de Déjotare, conquit, avec l'aide des Perses qu'il s'était soumis, tous les pays qui formaient l'immense plateau d'Iran. Jugeant qu'il lui serait difficile de gouverner tous ces pays sous un seul sceptre, il laissa aux princes vaincus leur autorité, les obligea à lui payer tribu, à le suivre à la guerre, se contentant pour lui du nom de *Roi des Rois*.

Ce fut sous son successeur Kyaxares (633-593 av. l'ère chrét.), que les Scythes passèrent du Turan dans la Médie méridionale, et puis dans l'Asie mineure où ils se livrèrent au pillage et à la dévastation pendant 28 ans.

Ce fut ce même *Kyaxares* qui, épouvanté par une éclipse de soleil, calculée d'avance par Thalès de Milet, conclut la paix avec Allyates, roi de Lydie sans essayer même de le combattre.

Pour cimenter cette paix qu'il voulait être durable et éternelle, comme disent tous les traités de ce genre, il fit épouser Ariene, fille du roi de Lydie à son fils Astyage et donna sa propre fille nommée Amylis en mariage a *Nœbukadnezar* fils de *Nabopolasser*, roi de Babylone, croyant par là avoir affermi et scellé l'alliance des Mèdes et des Babyloniens, contre la prétendue ambition des rois d'Assyrie. Il mourut peu de temps après laissant son trône à son successeur, qui ne tarda pas à envahir le royaume d'Assyrie et à l'incorporer dans ses États.

Ce fut là la fin du royaume d'Assyrie qui s'éteignit pour ne plus se relever ; mais le lecteur se souviendra, qu'il y eut deux empires d'Assyrie, le premier qui finit avec *Sardanapale* dont la mort, héroïque selon les uns, bestiale selon les autres, a été traité par un artiste moderne avec un rare talent d'intuition.

Le premier empire d'Assyrie compte des historiens modernes qui en font remonter la fondation à *Nemrod le chasseur*, c'est-à-dire, à l'an 1800 du monde ou 2284 avant J.-C., ce qui fait, en comptant jusqu'à Sardanapale, mort en 1088, une existance d'environ xii siècles.

C'est après la Chine et l'Egypte, la plus longue durée connue d'un État dans l'antiquité. On cite à l'appui de cette existance prolongée une série de 34 rois, à partir de Ninus dont aucun sauf le nom, n'est connu dans l'histoire par des actes utiles ou glorieux. On peut donc contester encore cette généalogie malgré la thèse d'un élève d'université de Hollande récemment soutenue en séance académique à l'université de Leide, présidée par le savant M. Van Lennep.

Hérodote, contemporain du temps de Xerxes Ier, ne donnait à l'Assyrie qu'une durée de cinq à 600 ans. A son époque cet empire avait déjà cessé d'exister depuis environ trois quarts de siècle.

Hérodote en parlait donc d'après d'anciens documents puisqu'il avait été à Babylone et jusqu'à ce qu'on ait démontré que cet historien se soit trompé il est bien permis de croire à ses allégations.

Au contraire le Grec Ctesias, qui vécut beaucoup plus tard à la cour de Perse, comme médecin, a pu à la vérité consulter des documents authentiques, mais on est généralement d'accord qu'il y a dans ses récits beaucoup d'exagération.

Les extraits de ses œuvres, qui pour la plupart ont péri, n'ont pas la valeur qu'il faudrait pour inspirer une foi complète, et Plutarque entre autres — quoique souvent luimême passablement crédule et superstitieux — rejette son témoignage comme suspect et ne l'en copie pas moins dans la vie d'Artaxerces — Mnemon à la cour duquel Ctesias avait longtemps vécu.

Cette histoire du premier empire d'Assyrie, fondée sur les inscriptions cunéiformes de Babylone, de Ninive, etc., ne pouvait manquer, à défaut d'autres annales, d'être incomplète; en général, ces inscriptions ne fournissent que des noms propres, des dates et quelques faits d'armes, sans aucun détail ni explication, et puis sommes-nous bien sûrs que leurs interprètes actuels ont toujours bien saisi le véritable sens de ces inscriptions?

Mésopotamie (bassin de l'Euphrate et du Tigre). Cette dénomination, donnée au pays et composée de deux mots grecs μεσος ποταμος=*milieu* et *fleuve,* n'est pas le nom primitif que lui donnaient les Anciens. Les Sémites appelaient le pays de la Mésopotamie *Naharaïn*, la Bible lui donne le nom de *Sennaâr* et les Arabes l'appelaient *aldjesira* (l'île).

Si l'on en croit des auteurs modernes, « le nord de
» la Mésopotamie est une contrée peu fertile aux endroits
» où elle manque d'eau et de sources naturelles; mais le sud,
» composé de l'ancienne Babylonie et de la Chaldée, est
» d'une fertilité extraordinaire, avantage que ce pays doit,
» comme la vallée du Nil, aux inondations périodiques des
» deux fleuves qui l'enceignent.

» Quoique situé à une lattitude moins méridionale que
» l'Égypte, la Mésopotamie offre un climat excessif en été,
» mais délicieux et tempéré en hiver. »

Cette appréciation géographique de la Mésopotamie, émise récemment par M. Lenormant, dans son *Manuel d'histoire ancienne de l'Orient,* (3 vol., Paris, 1869), ne cadre pas avec celle qu'a faite sur les lieux mêmes, le voyageur anglais Buckingham dans ses *Travels in Mesopotamia*, (Londres, 1827, in-4).

Ce savant assure, au contraire, que le nord de la Mésopotamie est fertile en blés, en vins et en paturages, tandis qu'au midi de l'Euphrate elle n'offre que des plaines sablonneuses et stériles. C'est en effet au midi, au-delà de l'Euphrate, que le pays aboutit aux confins de l'Arabie déserte. Quand on parle donc de la Mésopotamie comme pays fertile et plantureux, c'est surtout de l'île qu'il s'agit, formée par les deux fleuves, avant que leurs rives se rejoignent et forment la partie inférieure des deux cours d'eaux qui se jettent ensemble par un simple Delta dans le golfe persique.

C'est là qu'étaient situés Babylone, Ninive, Carrhaë (harun) où Crassus fut tué par les Parthes, et la ville d'Ur, demeure d'Abraham avant qu'il se rendit en Palestine.

Après avoir été successivement asservie par les *assures*= Assyriens, les Perses et les Macédoniens, la Mésopotamie tomba au pouvoir des Romains sous Trajan, vers l'an 100 de l'ère moderne et forma la limite extrême de l'empire du côté de l'est. Les conquérants Romains n'allèrent jamais au-delà de l'embouchure du Tigre et de l'Euphrate qu'à l'aide de la navigation sur le golfe persique.

Les plaines de la Babylonie régulièrement inondées par la nature rendaient anciennement, par des travaux d'art habilement dirigés, plus de 200 pour cent annuellement. Aujourd'hui abandonnées à elles-mêmes ce rendement se réduit à moins de 20 %.

On a là un exemple remarquable du pouvoir de l'intelligence humaine sur la nature. Aujourd'hui le voyageur qui traverse le midi de l'Espagne, est dans le cas d'observer les résultats contraires à Valence, à Alicante et sur les côtes de la Murcie, où la culture arabe existe encore dans son ensemble et y produit malgré l'absence de pluies, des résultats surprenants.

Dans l'antiquité, la Mésopotamie et l'Égypte ont eu une destinée presqu'analogue, ces deux pays en étaient redevables à l'identité de leur situation géographique et de leur climat.

Pays voisins de grands fleuves et sujets à des inondations périodiques, les premiers habitants qui s'y fixèrent, surent de bonne heure apprécier tout le parti qu'il y avait à tirer de cette situation. En dirigeant l'écoulement des eaux avec discernement, ils remédièrent par des coupures et des canaux artificiels à la trop grande abondance des eaux d'une part, et suppléèrent à leur défaut par l'excédent qui nuisait ailleurs à la culture.

Aujourd'hui, malgré la fertilité naturelle du sol, les rives du Tigre et de l'Euphrate n'offrent qu'une contrée stérile, ravagée périodiquement par les inondations; et la main intelligente de l'homme faisant défaut, la nature, — qui ne sait pas s'imposer des réserves, — abandonne ce pays naguère si fertile à l'action délétère des éléments nuisibles ou dangereux.

C'est dans la Mésopotamie pourtant que les nations primitivement nomades de l'Asie centrale se sont adonnées à l'état sédentaire. Jouissant d'une terre fertile qui, produisait presque sans peine tout ce qui constitue les premiers besoins de l'homme, elles s'y sont fixées, en ont fait une patrie, ont élevé leurs foyers domestiques, et en s'adonnant à la culture des terres, à la pratique des arts, à la contemplation des astres, aux révolutions successives des saisons, elles se sont attachées pour toujours à ce sol, qui les faisait facilement vivre, croître et prospérer.

Cette destinée, l'Égypte contemporaine l'a partagée avec la Mésopotamie et n'en a joui plus longtemps que parce que mieux à l'abri des invasions étrangères, elle a pu s'adonner aux perfectionnements de ses institutions civiles et religieuses, et élever tranquillement ces monuments prodigieux d'utilité publique, dont nous admirons encore la hardiesse de conception et la grandeur.

Moira de *Magh-Rath* (bataille de). Voy. v. I, p. 12.

Mongols. *Mongolie,* aujourd'hui en la possession

pour une partie de l'empire Russe, pour une autre de la Chine ; cet immense contrée, située au centre de l'Asie entre l'Himalaya et les revers septentrionaux de l'Altaï est un pays encore peu connu.

Son nom actuel de Mongolie paraît moderne ; car les Chinois l'appelaient naguère......

La race des peuples mongols a la face applatie, le teint plus ou moins foncé, les yeux bruns et les cheveux noirs, comme les Ligures et les Cimbres d'autrefois, se distingue donc des Chinois qui, appartenant à la race jaune, ont le teint plus ou moins cuivré, les yeux en amande, légèrement relevés vers les extrémités latterales.

Les Mongols se divisaient jadis en neuf familles ou sections, appelées peuples des *neuf couleurs*.

Quoique nous n'ayons sur l'antiquité de ces peuples que des renseignements vagues, il n'est pas douteux qu'ils n'appartiennent, avec les Tatars, aux souches les plus antiques des nations de l'Asie.

Vivant à l'état de nomades sur les plateaux les plus élevés de l'Asie centrale, les Mongols, moins civilisés que leurs voisins les Chinois et les Thibétains et longtemps placés sous la domination des premiers, ont vû leur histoire se confondre avec celle de leurs suzerains.

L'esprit de ce peuple inquiet et belliqueux a dû le pousser de bonne heure à entreprendre des migrations lointaines, et chaque fois que les Chinois ont tenté, de le soumettre à des tribus onéreux, ou à resserrer les chaînes de son assujettissement, on a vû des révolutions se produire dans son sein, que les *Annales chinoises* ont mentionnées, mais dont les détails ne sont pas encore assez connus.

Les migrations des Mongols ont néanmoins fixé l'attention des écrivains chinois.

Plusieurs tribus de Mongols, entre autres celles connues sous la dénomination *des cinq couleurs,* habitaient les bords du lac *Baïkal* et la contrée située entre ce lac et les monts

Altaï, que les Russes, maîtres actuels de ce pays, appellent la Sibérie Transbaïcale.

C'est un pays montagneux de la grandeur réunie de la France et de l'Espagne, où presque tous les grands fleuves de l'Asie septentrionale, comme le *Jenissei*, le *Lena*, le *Tunguiska*, prennent naissance et tirent leur source.

Les peuples qui demeuraient au nord-ouest du lac Baïkal n'étaient connus des Anciens que sous le nom générique de nations *Hyppophages*=mangeurs de cheval, tandis que les Mongols des bords du lac Baïkal étaient pêcheurs et se nourrissaient exclusivement de poissons, comme les Samoyèdes et les Lapons de nos jours.

On ne trouve dans l'histoire ancienne du commerce aucune route qui passait par ce pays; et aucun vestige ne subsiste qui démontrerait que les peuples de ce pays se soient jamais adonné au négoce ou auraient établi des relations internationales de commerce, ni avec les peuples de la Chine ni avec ceux de la Sibérie septentrionale.

Nomades et lithrophages, les Mongols des *cinq couleurs* vivaient du produit des eaux du lac Baïkal et des fleuves qui descendaient du haut de l'Altaï [1].

---

(1) Aujourd'hui c'est dans le voisinage de ce lac que passe la route encore imparfaitement tracée, qui va de St-Pétersbourg à Pékin, en passant les montagnes de l'Oural à *Ekaterinobourg*, de là à *Kiathta* et par la Mongolie supérieure à Pékin.

A Kiathta, dernière station russe, on entre dans le désert de Gobi, où l'eau manque généralement et où le voyageur est obligé de se la procurer à quelque rare source dans le voisinage, s'il n'a pas eu la précaution d'en faire provision pour plusieurs jours.

Aujourd'hui, malgré ces inconvénients, cette longue route de plus de 2000 lieues se fait d'une manière passablement commode.

Depuis que la Chine a établi des relais de poste dans le désert, le voyageur n'est plus obligé de se joindre aux caravanes; et moyennant un *podoronia* russe (autorisation de voyage) et des avertissements aux autorités chinoises à *Maimachin* et autres stations intermédiaires, de l'intention où il est d'aller à Pékin, le voyageur n'a rien à craindre. Cet avertissement se donne en Angleterre et est transmis à la légation anglaise en Chine.

L'établissement des courriers en Chine a été récemment organisé, le voyageur

Montagnes (système général des). En considérant les altitudes terrestres, on ne trouve sur le globe que deux systèmes de monts élevés, ce sont les chaînes de montagnes de l'Himalaya, en Asie, et celles des Cordillières dans l'Amérique du sud; toutes les autres chaînes, comme celles du Caucase, de l'Altaï, des Alpes, des Pyrennées et de la Sierra Nevada en Andalousie, ne sont que secondaires. Les Alpes mêmes qui, au mont Blanc, atteignent la hauteur de 14,000 pieds, ne sont rien en comparaison de l'Himalaya, qui s'élève au-delà de 27,000 pieds de hauteur.

Le Caucase, cette formidable chaîne n'a qu'un pic, l'*Elbrous*, qui monte à peine à 13,000 pieds de hauteur.

Les grandes convulsions de la nature ne se sont donc produites qu'en Asie et en Amérique; et c'est une remarque faite depuis longtemps, que plus on trouve parmi les systèmes montueux des hauteurs considérables, plus on est fondé à

---

qui veut traverser le désert, n'est plus tenu de se servir de chameaux ou de caravanes pour aller de Kiathta à Pékin.

Les Mongols du désert, avec lesquels on est obligé d'être en relation pour les vivres, qui consistent surtout en viande de mouton, sont d'un naturel hospitalier et font preuve d'une grande bonne foi dans leurs transactions. Le touriste se procure à Kiathta ou à Pékin, au retour, les autres denrées dont il peut avoir besoin pendant son voyage. Sa sûreté personnelle n'est du reste en aucun danger, et il traverse le désert comme on traverserait chez nous la France ou l'Allemagne, sans autre souci que les commodités de la vie, et les denrées qu'il est obligé d'acheter avant le départ.

La seule monnaie, en usage en Chine, consiste en des tranches de thé coupées et des boutons de métal, qui sont très recherchés. Il faut un mois pour traverser le désert par caravane, en marchant 16 heures par jour, mais la poste fait la route entière des frontières en 12 jours, de sorte, qu'en partant aujourd'hui de Bruxelles par la Russie, on ne mettrait pas au-delà de 48 jours pour arriver à Pékin, en voyageant constamment.

On conçoit, du reste, de quelle importance la route à travers la province *transbaïkale* doit être à l'avenir pour la Russie avec la Chine. C'est avec celle qui passe par la Mer Caspienne — à l'aide de bâteaux à vapeur, — les deux artères qui la mettent en communication avec l'Indoustan. Quand elle aura converti les routes actuelles à travers la Sibérie en chemins de fer et qu'elle aura engagé la Chine à relier Pékin par une voie ferrée à la Mongolie, on traversera l'Asie entière et une partie de l'Europe jusqu'à Pékin en moins de douze jours. (Voy. art. *Scythes*.)

les croire d'ancienne date. Les montagnes jouent dans la climatologie du globe un rôle important. Ce sont des rideaux naturels qui, d'un côté, concentrent la chaleur et de l'autre maintiennent une température froide. Dans tous les cas, ils établissent entre les deux versants nord et midi, une différence notable, que ne justifient point quelques lieues de distance qui, dans les plaines, n'opéraient aucune variation de température bien marquée.

Il n'est aucun touriste qui, même en y songeant le moins, n'ait été frappé par le changement subit qui s'opère dans la température de l'atmosphère quand il traverse les Alpes de la Suisse pour aller en Italie, et cela même au cœur de l'été, lorsqu'il semblerait que ce changement sur une distance de 25 ou 30 lieues, dût être imperceptible.

Cette remarque se fait du reste entre les collines les moins élevées; car même à leur égard, l'homme est si petit que sa personnalité physique disparaît en présence de quelques pieds de hauteur et qu'il en éprouve un changement instantané dans l'air plus ou moins échauffé qui l'entoure.

Mais le principal effet de ces rideaux naturels est d'amener deux climats forts différents sous une même latitude.

Je n'ai pas été aux Indes, mais je puis juger de l'effet que doit y produire la chaîne de l'Himalaya non interrompue sur plus de 400 lieues de longueur; au midi une température extrêmement élevée, au nord un abaissement de froid d'autant plus considérable que le plateau central de l'Asie est plus élevé; et cette différence de température n'est pas le résultat de l'écart plus ou moins prononcé du sud au nord; mais la conséquence des hauteurs voisines, qui d'un côté maintiennent et arrêtent les rayons du soleil, et de l'autre permettent aux frimats du pole boréal d'avancer vers le midi, sans trouver d'obstacle.

Nous n'avons pas besoin de nous arrêter à ces grands phénomènes; on éprouve dans la Crimée deux climats exactement différents, selon qu'on se trouve en hiver au nord ou au midi de la péninsule Taurique.

Dans le premier cas, les froids du nord-est y exercent toute leur intensité ; au sud, au contraire, — garanties par une chaîne peu élevée de montagnes, — les rives de la Mer Noire jouissent d'une température qui permet d'y cultiver la vigne et tous les arbres à fruits. Le myrthe et l'oranger y croissent en plein air et n'ont que rarement besoin d'être garantis contre le froid.

La chaîne du Caucase, qui est exactement à la même latitude, se trouve dans le même cas.

Au mois de septembre et d'octobre, il fait à Tyflis une chaleur insupportable, tandis que souvent sur le versant septentrional le froid sévit déjà avec une grande intensité.

Nous n'avons insisté sur ces faits, — d'ailleurs bien connus des géologues et des voyageurs, — que parce que les premiers peuples de l'Europe ont trouvé à la fois sur les plus hautes montagnes un refuge contre les agressions des hordes nomades plus puissantes qu'eux, et des climats appartenant à toutes les latitudes. Les Basques des Pyrennées sont entre mille un exemple, qu'en se réfugiant sur ces hauteurs, les nations qui s'y sont établies, ont pu y vivre et se soustraire aux atteintes de leurs ennemis ; car les Pyrennées qui séparaient des nations fort dangereuses, comme les Celtes, les Ligures et les Ibères, — qui se sont longtemps fait la guerre entre elles, — n'en ont pû expulser un petit peuple vaillant et courageux, qui a défendu dans ces montagnes ses institutions, son indépendance et son autonomie anciennes jusqu'à ce jour.

Le Basque est encore aujourd'hui ce qu'il était il y a près de 3000 ans : un peuple pasteur, agronome, excessivement jaloux de son indépendance, à tel point, qu'il ne reconnaît pas encore aux Espagnols le droit de lui imposer des lois antipathiques à la nation : comme le monopole des tabacs, la conscription militaire et l'introduction de règlements qui tendraient à diminuer ses anciens priviléges nationaux.

Mosinos, peuple chevelu du Japon ; c'est le nom que portent les plus anciens habitants de cet empire de l'est. Ils vivent aujourd'hui sur les parties les plus stériles de l'île de Jesso au nord du Japon, où ils ont été repoussés. Leur nombre actuel ne dépasse pas 50,000 âmes ; ils s'appellent eux-mêmes *Ainos*, et portent d'épais cheveux sur la tête, une longue barbe ; ont la poitrine, les mains et les bras, et pour ainsi dire tout le corps, couverts de poils chevelus.

Ils ont la peau plus claire que les Javanais, en général, les yeux d'un brun plus foncé. Les femmes sont moins chevelues que les hommes, et les enfants, remarquablement intelligents, témoignent par leur extérieur l'état de dégradation, où leur caste a été réduite par les proscriptions antérieures.

Ils sont obligés tous les ans d'offrir au Taïkum de Yeddo, des peaux et du poisson sec en guise d'hommage. A cette occasion on en voit quelques-uns sur les marchés des villes de Mats-Maï et de Hakodadi échanger des peaux et du poisson sec contre du riz et des armes de chasse.

Vers le sixième siècle de notre ère, lorsque le premier Mikado commença à régner, les Ainos formèrent la presque totalité des habitants de Jesso et du nord de Nippon. Les Javanais commencèrent dès lors à les persécuter, les chassèrent au-delà du détroit de Sangar, et puis plus au nord de l'île. Ils ne furent finalement subjugués et réduits à l'état actuel, que vers la fin du xive siècle de notre ère.

Il existe parmi ce peuple proscrit une tradition, qui fait venir leurs ancêtres de l'ouest, d'au-delà les mers ; mais on ne trouve les représentants de leur race primitive, ni dans l'île de Corée, ni dans la Mandchurie.

Leur culte religieux repose sur d'obscures traditions, qui remontent aux temps, où les hommes vivaient à l'égal d'animaux sauvages. (?)

Leur Dieu suprême est l'ours *(Bär)*; ce qui ne les empêche pas de l'abattre quand ils parviennent à l'approcher.

D'après leur croyance, la terre est née de l'eau ; le premier être humain était une femme, qui perdit le paradis terrestre en acceptant de l'homme la pomme symbole de la science du bien et du mal.

L'étranger qui visite les Ainos dans leurs huttes en est bien reçu et éprouve les effets de leur hospitalité ; on ne connaît point leur idiôme pour avoir quelque conformité avec la langue d'aucun peuple voisin ; seulement on pense qu'ils sont originaires du Thibet et par conséquent en rapport d'affinité ethnologique avec les peuples Anthropoïdes de cette contrée, qui, du reste, se vantent encore aujourd'hui de leur origine simiaque.

Nations de l'antiquité (nomenclature succincte des). Voy. infrà Tableau ethnographique des nations anciennes.

Nations pélagiques. πελασγοι, *Pélasgus;* hordes maritimes des anciens temps, dont il convient de dire un mot, lorsqu'il s'agit d'élucider la synonimie des peuples de l'antiquité. Nous en avons déjà parlé en particulier à l'article *Phéniciens* et *Philistins*. Nous allons ici considérer les Pélasgues d'une manière générale et absolue.

Nous n'avons pas besoin, pensons-nous, de prévenir nos lecteurs que par *nations pélagiques* nous n'entendons pas des peuples auxquels ce nom s'appliquerait comme nom propre, dénotant une spécialité d'hommes, ayant des mœurs particulières, des caractères ethniques *sui generis* et auxquels il serait possible d'assigner en aucun temps une demeure fixe, une patrie qu'ils auraient particulièrement habitée.

Il y a eu dans l'antiquité beaucoup de *Pélasgues,* il n'y a eu jamais de pays qui portât le nom de *Pélagie* [1].

---

(1) L'île de *Lesbos* dans la mer Égée s'appelait pourtant *Pélasgia*, mais elle ne peut pas avoir donné naissance aux peuples pélagiques proprement dits ; car sur

D'après les idées anciennes des Grecs, les Pélasgues ou Arcadiens, étaient un ancien peuple barbare qui, faisant irruption dans la Gréce (on ne dit pas d'où il venait), apprit aux habitants — qui jusque là couchaient à la belle étoile — à se construire des cabanes et des grottes dans les rochers, à se nourrir de glands de chênes et de fênes de hêtres, au lieu de racines de la terre, et à se vêtir de peaux d'animaux [1].

Selon Denys d'Halicarnasse [2], ce fut sous le règne de Deucalion que les Pélasgues se répandirent de la Thessalie en Epire, en Italie, — qu'ils nommèrent *Ænotria*, — en Thrace et dans les îles de l'Asie mineure.

D'après Hérodote — qui en parle comme d'un peuple déjà fort ancien, parlant une langue que les Grecs avaient en horreur, — les Pelasgues étaient originaires du Péloponèse ; du moins l'historiographe d'Halicarnasse le pense.

Ainsi, d'après lui, ce peuple simple et grossier, n'avait ni temples ni images des Dieux. Il rendait un culte à une

---

les inscriptions égyptiennes qui les premières en ont parlé, les habitants de cette île portent le nom de *Pélestas*. L'île elle-même s'y trouve mentionnée à côté d'une autre, portant le nom de *Tsekkari-ou* (?).

(1) Y avait-il des chênes et des hêtres à cette époque dans la Grèce? Aujourd'hui on n'en voit point. L'essence actuelle des arbres c'est l'*accacia* et le *poivrier*.

(2) L'historien par excellence des antiquités romaines, Denys d'Halicarnasse, vécut vers la 723e année de la fondation de Rome (36 ans avant J -C.).

A cette époque il se rendit de la Carie, sa patrie, à Rome et y vécut pendant 22 ans jusqu'à la publication de son grand ouvrage historique, intitulé : *Archéologia romana* ou *Antiquités Romaines*.

C'est l'histoire de Rome depuis l'arrivée d'Énée jusqu'à la troisième année de la 128e olympiade, époque à laquelle commence l'ouvrage de Polybe.

Il n'existe des 20 livres de ce grand travail que les 4 premiers. Le onzième, défiguré par plusieurs lacunes, va jusqu'à l'an 312 de Rome.

Les *excerpta Legationum* ou *Fragments d'Orsini* ; celles de *Virtute et Vitiis*, ou fragments de Piéresc., publiés par Henri de Valois et les *Excerpta de Sententiis* ont tous été recueillis par ordre de l'empereur Constantin Porphyrogénète dans le dixième siècle et se trouvent à la suite du deuxième livre, dans les œuvres de Denys qui existent encore.

Voy. éd. d'HUDSON, 2 vol. in-f°, Oxford, 1704. — Ed. REISKE, 6 vol. in-8°, Leipzig, 1774-1776.

divinité inconnue et pratiquait ses sacrifices sous la voûte des cieux.

A l'en croire ce sont les Pelasgues qui batirent les villes d'Agylla, de Pise, de Saturnie et d'Alsium, dont s'emparèrent plus tard les Thyrenéens, venus en Italie du côté de la mer.

L'Ombrie était un royaume Italique, fondé par les Pelasgues, à titre de Colonie. Chassés de là, ils se répandirent dans la grande Grèce, poussant les Sicules vers l'Orient.

Ceux-ci se retirèrent dans l'île de Trinacria qu'ils appelèrent *Sicile* du nom de leur chef.

Ces évènements, dit M. Denne-Baron, se passèrent deux générations avant la guerre de Troye (?).

Poursuivis en Italie, les Pelasgues dûrent à la fin quitter le pays et se retirer dans la Grèce d'où ils étaient venus en Italie.

Les fuyards, en petit nombre, s'établirent au pied du mont Hymette, puis sous les rochers de Lemnos d'où ils furent de nouveaux expulsés par Milthiade; après quoi, ils se retirèrent dans la Thrace et de là se répandirent sur le continent européen.

Leur genre d'architecture collossale, dont les Étrusques ont hérité et qui se voit perfectionnée à Florence et aux environs, a pris le nom de constructions pélagiques.

Remplacez le nom de *pélagique* par celui de *scythique* et rapprochez l'ignorance dogmatique et le mode de sacrifice en plein air des usages des peuples du nord-est; mettez en paralèlle les constructions des peuples Indous : leurs temples taillés dans le roc et les constructions herculéennes des Égyptiens, vous arrivez à une source commune qui est l'Indoustan. On comprend dès-lors que la Grèce, l'Italie, les Ombriens et les Tusques, les Égyptiens et les nations sémitiques anciennes, ont tous une origine identique, une patrie unique et commune (v. Pélasgues).

Cinq siècles avant Hérodote, Homère chantait ses

rapsodes illiaques, et cinq siècles avant ce dernier, les Pélasgues descendirent dans l'Attique et la civilisèrent en apprenant au peuple, l'art de vivre et de sortir de la barbarie. Dix siècles n'ont donc pas suffi à donner aux Grecs une civilisation supportable ; car du temps de la guerre de Troye, la manière de combattre était la même que celle des Celtes et des Germains, avant la fondation de Gênes et de Marseille.

Ainsi, vingt siècles avant notre ère, les Pélasgues arrivent en Grèce, on ne sait d'où ; ils occupent successivement la Grèce et l'Italie et dominent par la force ; c'était dit-on, une horde unique et compacte, car il y a dix rois ou chefs qui s'appellent du nom de Pélage (*Pelagus*) dans la Grèce seule (?).

D'après Denne-Baron, « ils ne sympathisent nulle part avec
» les Aborigènes, ils sont partout mal vus (?) et finissent
» par être entièrement chassés du sol grec sous Milthiade. »

Entre l'époque des guerres médiques — quand vécut Milthiade — et les premiers peuples Pélagiques, il s'écoula donc environ douze siècles et l'on veut nous faire comprendre qu'une nation qui dure autant, fut toujours traquée, poursuivie comme étrangère au sol où trente générations et plus l'ont vu se multiplier et se propager ?

Il en a été des Pélasgues en Grèce comme des *Scythes= Cymbres* ou *Cymbro-Scythes* dans l'Asie mineure, lesquels après y avoir dominé très longtemps, se sont mélangés aux habitants du pays, primitivement venus de l'est, et ont fini par se confondre avec eux.

L'Asie mineure plus voisine de l'Assyrie, de l'Arménie et de la Perse, — foyers primitifs de la civilisation moderne, — a dû être de bonne heure civilisée, bien plutôt que la Grèce.

De là, cette civilisation s'est propagée le long des côtes de la Méditerranée dans les îles de l'archipel à Sidon, à Troye, à Corinthe, en Chypre et à Rhodes.

Elle s'est ensuite répandue dans les pays de race sémitique-pélagienne, comme phéniciens, phocéens et en Égypte, et n'a été répandu en Grèce par les Pélasgues, venus par mer que plus tard.

Quand Platon disait que la philosophie avait pris naissance parmi les Barbares et que les Grecs se trouvaient scandalisés, il insista et ne disait qu'une vérité triviale que les Grecs, — qui méprisaient les Barbares sans les connaître, — ne pouvaient comprendre, ne sachant alors que peu de chose de ce qui avait eu lieu avant leur temps.

Les Pélasgues n'excitent plus parmi nous que cette espèce d'intérêt, qui s'attache aux plus anciens souvenirs de l'histoire; aux premiers vagissements de la civilisation naissante en Europe. C'est surtout la profonde et impénétrable obscurité dont ces peuples s'entourent qui excite notre désir de les connaître et de fixer nos idées à leur sujet.

Il n'y a aucun doute que ce nom n'ait emprunté sa signification du *Pontus-Pelagus,* nom que portait primitivement la Méditerrannée. Il est d'origine grecque et ce sont les Hellènes qui en ont fait usage les premiers, pour désigner les nations maritimes qui débarquèrent sur le sol de la Grèce. Il suppose en même temps des peuples venus du dehors, animés d'une pensée civilisatrice et n'ayant pour but que l'instruction de ceux chez qui ils vinrent se fixer.

C'étaient en d'autres termes des *navigateurs nomades,* comme étaient alors tous les peuples méditerranéens non encore fixés.

D'après Denys d'Halicarnasse, les premiers Pélasgues de la Grèce y arrivèrent du nord de la Thessalie, d'où ils débarquèrent dans la presqu'île de l'Attique, traversant le bras de mer nommé aujourd'hui *Golfe de Lépante.*

Les peuples navigateurs, qui de l'Arcadie grecque passèrent de bonne heure en Italie, portent également dans l'histoire le nom de Pélasgues, et il n'y a nul doute que les Grecs n'aient donné le même nom aux Égyptiens, qui sous la conduite de Cécrops et de Danaüs, passèrent successivement chez eux comme aux peuples qui jetèrent les premiers fondements de la ville grecque de Thêbes.

Pourquoi ne donne-t-on pas le nom de Pélasgues aux Phéniciens, (?) à ces loups de mer qui traversèrent la Méditerranée d'un bout à l'autre, batirent vingt villes sur ses bords et enseignèrent aux habitants de la Bétique espagnole l'art de tirer partie des richesses que récelait leur sol? C'est que pour eux, la Méditerrannée ne portait pas le nom de *Pontus-Pélagus,* et que leur civilisation était plus avancée que celle des Pélasgues primitifs ; du reste, les peuples africains et espagnols n'attachaient pas la même signification aux travaux des compagnons d'Hercule *Ogamiain*, que les Grecs à leurs premiers colons étrangers.

Il en est de même des nombreuses colonies grecques, fondées sur les côtes de l'Ionie, sur les îles de l'Archipel, sur les rivages de l'Hellespont et du Bosphore, en Colchide, en Crimée et jusqu'aux bords du *Tanaïs* : établissements qui ont valu aux Grecs, après les Phéniciens, la réputation d'avoir été le premier peuple navigateur de l'Europe méridionale.

Le nom de *Pélasgues* avait déjà vieilli et il n'était plus question d'arracher les peuples de l'Hellade à leur première abjection ; mais de répandre les arts et les sciences et d'éclairer le monde en disséminant leur civilisation.

Némètes, (*Némétie=Nemetacum,*) habitants de Némétacum, ville des Atrébates-belges, dans l'ancienne province d'Artois ; *Nemetocenna,* ville des Atrébates.

Ce *Nemetum* ou *Nemetacum*—que la table de Peutinger indique comme capitale ancienne du pays, — intrigue M. Desroches dans son *Histoire ancienne de la Belgique;* mais il n'a pas réfléchi que Nemetacum était le centre de la province de l'Artois et la capitale du pays ; que ce sont ces peuples qui reviennent si souvent dans les légendes irlandaises sous le nom de Némètes (*the Nemeten*).

Ils étaient voisins des Armoriques, de la Morinie et le *Por-*

tus Itius ou Boulogne-sur-Mer, où s'embarqua J. Cæsar, était sur la route que prenaient les Belges pour aller en droite ligne en Angleterre.

Némètes (Νεμετατοι) était aussi le nom d'un peuple d'Espagne dans le Tarragonais, et *Nemetobriga* celui d'une ville des Asturies.

En Irlande et dans le nord de l'Angleterre, il existait des clans appelés *Neimhid*=*Neamhaid*,=clans des Némètes, dont l'origine remonte aux nombreuses invasions des Belges dans la Grande-Bretagne.

Ainsi, quand on trouve dans les annales anciennes de l'Irlande et de l'Angleterre le nom de Némètes ou d'un chef de Némètes, cela doit s'entendre des Belges qui passèrent à différentes époques de la Belgique en Angleterre et en Irlande. De même on affirme que les Némètes donnèrent à l'Irlande ses premiers rois ; qu'un chef de Némètes du nom de Larthon [1], vînt le premier à la tête de ses bandes en Irlande, et que d'autres Némètes ou Belges occupèrent l'Albanie ou l'Écosse jusqu'au temps où ils en furent chassés par les *Pictes*.

Spener [2] croit, sur la foi d'un passage extrait *de Zonaras in Nicephoro Botaniate*, qui porte Εδνος οι Νεμετξοι Κελτικον, que les Némètes étaient des Celtes et malgré l'observation de Dieff., II, 329, qui peut être vraie, les Atrébates, dont les Némètes étaient les alliés, peuvent avoir conservé parmi eux assez d'éléments celtiques, pour qu'on ait pu les regarder à cette époque lointaine, comme un reste de l'ancienne population de la Belgique primitive, essentiellement d'origine celtique.

La particule *nemet*, du celtique, est entrée dans la composition d'une foule de mots et de noms propres. Elle a passé en Asie mineure à la suite des pillards de Delphes ;

---

[1] *Caput cohortium Belgarum primus vir qui fecit iter super vento.*
[2] *Notitia Germaniæ antiquæ.*

car d'après Strabon (XII, 17), le lieu du conseil où se tenaient les réunions de nuit chez les Galates s'appelait Λρυναιμετον, de la double circonstance que les Cimbres et les Celtes tenaient leurs conseils dans les bois, à la faveur de la nuit et à la lumière des flambeaux ou du bois flamboyant.

Noë ou **Noab**. D'après la Génèse, l'auteur des *Noachides* se refugia avec sa famille dans un navire qu'il avait bâti de ses mains et où, dit le Livre-Saint, il enferma un couple de chaque espèce d'*animaux purs et impurs,* attendant patiemment sur le mont Ararat le moment de l'abaissement des eaux, pour en sortir et travailler à la reproduction de l'humanité, détruite en punition de ses vices. Les circonstances de ce déluge, que rapportent les Livres-Saints, ne sont qu'une réminiscence d'un évènement survenu dans presque tous les pays jadis connus, et qui dès lors peut être regardé comme ayant passé d'un peuple à un autre. Faut-il pour cela considérer cet évènement comme un fait universel qui serait arrivé après l'immersion partielle de la terre et que des pluies durant trente jours (?) auraient entièrement replongée sous les eaux ?

La géologie répond victorieusement à cette question. Au point de vue de cet Essai, nous faisons seulement observer que le *sind*, en celtique *caint, cind*, signifie pays bas; que la partie de l'Arménie, où ce désastre paraît avoir eu lieu, est un pays de cette nature, au milieu duquel se trouve le mont *Ararat*, dépourvu de plateaux et d'éminences voisines et qui sort du sein de la terre comme un roc projeté dans l'espace, par une force souterraine irrésistible.

Quoiqu'il en soit, les Arméniens prétendent aujourd'hui que l'arche protectrice de Noë et de sa famille, se trouve encore ensevelie sous les neiges, dont l'Ararat est éternellement couvert.

Du mot *sind,* les peuples du nord ont fait *sindfluth,* pour déluge. En Belgique nos races germaniques disent *zond-vloet* pour désigner la même chose.

D'*artach*=navire, on a fait en flamand *arke,* en français *arche.*

Le nom même de *Noab*=Noé, signifie navigateur, du celtique *nae, noi, naebh, noibh*=navire, objet élevé au-dessus des eaux. Dieu, transporté de colère à la vue des crimes et des vices honteux des hommes, résolut de les en punir par un déluge universel. Noé, dernier des patriarches de la race de Seth, fut choisi à cause de sa vertu, pour être la tige d'une nouvelle race d'hommes et la terre fut submergée. Lorsque les eaux se furent retirées. *Noab* sortit de son navire, offrit un sacrifice et apprit de la bouche même de Dieu, qu'un semblable déluge n'aurait plus lieu à l'avenir; mais il imposa, en signe d'alliance, à la postérité de son patriarche chéri, la défense de repandre le sang des hommes et de manger la chair des animaux *égorgés dans leur sang.*

Dieu préconisa néanmoins la culture des champs et celle des vignes, et l'on sait que Noé lui-même, tout vertueux qu'il était, ne put se défendre de tomber dans un de ces pêches, qui avaient entraîné la perte des hommes antédiluviens. Il s'adonna à l'ivresse. La tradition du déluge, tel que le rapporte la Bible chrétienne, se retrouve littéralement dans les livres Indiens et chaldéens : dans l'*Xeisuthros,* le *Prichu* ou *Man-sotti-Wrata,* le *Dyonis* des fables asiatiques et grecques, d'où elle a été tirée [1].

Les mythologues indiens qui ont fourni à la Génèse le dénombrement des races humaines, ne connaissaient que trois espèces d'hommes : les *noirs*, les *blancs* et les *jaunes,* à chacune desquelles préside un fondateur sous les noms de *Cham,* de *Japhet* et de *Sem.*

Toutefois depuis l'apparition de la Bible, d'autres races

---

[1] Voy. *Urgeschichte des Menscheit,* de PUSTKUCHEM, Lemg., 1824.

ou des produits mélangés ont apparu dans le monde, et force a été d'abandonner cette division primitive purement fondée sur ce qui existait dans ces temps éloignés; car elle ne comprend ni les noirs à cheveux crépus, ni les malais de la Polynésie australe, ni les rouges-peaux de l'Amérique etc.

Depuis longtemps du reste, les géologues et les naturalistes ont abandonné la classification de l'espèce humaine, exclusivement fondée sur la couleur de la peau, bien qu'elle soit la seule qui frappe vivement la vue de l'observateur et ait pû suffire dans le temps aux connaissances naturelles des peuples Indous. *Cham, Chum* ou simplement *Ham*, était selon la Génèse le second fils de Noé, il est regardé comme le père ou l'auteur de la race noire; mais pour qu'il en fut ainsi, il aurait dû lui-même avoir appartenu à cette race dès son enfance.

Or, Noé étant de l'espèce blanche, ne peut d'après nos idées, — en le supposant marié à une nègresse, — avoir procréé que des enfants de l'espèce métis; par conséquent Cham n'a pû servir de souche à la race purement noire. On sait bien que les Chamites, composés d'Arabes et d'Égyptiens, ont les couleurs de la peau très foncées, mais ils ne sont pas des hommes noirs pour cela.

Quel a donc pu être l'élément prépondérant qui a le plus influé sur la diversité de couleur de l'espèce humaine? Ne serait-ce pas par hasard la température du globe, considérée dans tous les développements qu'elle a subis depuis l'époque où la terre est devenue habitable? L'influence du climat sur la constitution de l'homme ne peut être niée. Elle est si puissante que l'homme du nord a besoin d'une nature et d'une quantité d'aliments nécessaires pour vivre qui tueraient celui des pays chauds.

Quand l'Européen du centre observe pour la première fois la petite portion d'aliments d'une nature faible avec laquelle se nourrit l'habitant du midi de l'Espagne et de l'Asie mineure, il est tout stupéfait et son étonnement augmente lorsqu'il observe la bonne constitution de ces hommes du midi et les travaux ardus qu'ils exécutent.

L'arménien — l'homme de peine par excellence à Constantinople — se nourrit d'une gouse de maïs, frite à l'huile et d'une tranche de poitiron crue et porte néanmoins sur sa hotte des fardeaux, qu'un porteur de n'importe quelle ville du centre de l'Europe, refuserait de recevoir, bien que celui-ci se nourrisse de viande et boive de la bière forte. L'oriental ne boit que du café, mais il fume beaucoup, ce qui n'augmente guère la substance nourrissante de son alimentation. C'est donc le climat qui y est pour beaucoup, car il est fort alerte et puissamment ossifié.

Il n'est personne qui n'ait remarqué cette influence du climat sur les transplantations des hommes et des animaux d'un pays froid vers les contrées chaudes et vice-versa.

Les moutons du nord perdent leur laine dans les régions tropicales, et les lièvres et les renards gris foncé ou fauves, deviennent tout blancs sous la zone glaciale.

Ces effets ne sont pas le résultat d'une alimentation différente ; car en général l'animal plus sobre que l'homme plus raisonnable quand il s'agit de sa nourriture, refuse obstinément ce qui peut nuire à sa constitution.

Ces changements proviennent donc exclusivement de l'air qu'ils respirent.

Mais quelle influence peuvent exercer sur la couleur de l'homme les diversités de climat, de température, de froid, de chaleur, de sécheresse, d'humidité ?

Celle qui s'aperçoit, lorsqu'on abandonne un oiseau des tropiques à cinq degrés de glace : son duvet s'épaissit, son plumage se redresse, et au bout de quelques instants il tombe en syncope et meurt d'apoplexie.

Il faut croire que les anciens n'ignoraient pas cet effet du climat sur la constitution de l'homme ; car le mot *Cham* sous ses diverses formes hébraïques, chaldéennes, syriaques et arabes *(chaum, chom, chomaum, chomon)*, signifie invariablement chaleur et par extension noir, = ce qui est brûlé du soleil.

Les Égyptiens, à raison de l'ardeur du climat, s'appelaient *Ham* et leur pays natal *Chemia*=région noire.

Si les peuples primitifs n'avaient pas eu occasion d'observer l'effet de la chaleur solaire sur la peau de l'homme, auraient-ils comparé la couleur noire de leur peau à l'effet que produit le feu sur un objet qui brûle? Car on sait que tous les noms de substances ont été dans le principe simplement appellatifs, désignant les choses soit par leur aspect extérieur, soit par les effets qu'ils produisaient sur les sens.

Ce qui vient à l'appui de l'influence du climat sur la couleur des races d'hommes, c'est que les pays des tropiques offrent seuls des hommes parfaitement noirs; l'Éthiopie, la haute Égypte, l'Hindoustan, l'Abyssinie, une partie de l'Arabie et le centre de l'Afrique ont des hommes noirs et même des nègres (noirs à cheveux crépus), tandis que l'Europe entière n'en offre aucun exemple.

Les pays à climats intermédiaires comme la Chine, les hautes régions centrales de l'Asie, le nord de l'Afrique, présentent des populations jaunes, cuivrées, souvent de couleurs très foncées, mais jamais d'un noir de gais comme les Abyssiniens.

La race noire proprement dite, offre d'ailleurs tant de nuances, qu'il est évident que si les croisements y ont contribué pour beaucoup, les effets du climat n'y sont pas restés étrangers.

Quand on s'occupe de classification des races humaines, il ne faut pas confondre ce qui est de l'espèce avec ce qui n'est qu'un accident ou l'effet d'un croisement. Le produit du noir et du blanc est un métis, qui n'est ni parfaitement noir, ni parfaitement blanc. L'homme noir et la femme de même couleur engendrent bien des enfants de leur espèce, mais jamais des négrillons à cheveux crépus; de même deux nègres homme et femme, ne produiront que des enfants nègres, et non pas des noirs proprement dits.

En dernière analyse, les couleurs de la peau humaine sont si nombreuses, qu'elles se refusent à toute classificatien.

C'est donc aux caractères ethnographiques de l'homme qu'il faut s'attacher plutôt qu'aux nuances de sa peau, qui n'offrent en général qu'incertitude et confusion.

On a cependant donné dans ces derniers temps une explication scientifique, assez satisfaisante de ce phénomène, en l'attribuant à un corps répandu sous l'épiderme que, du nom de son inventeur, on a appelé corps muqueux de *Malpighi;* et l'on a dit : la masse d'oxygène que l'homme aspire dans les climats chauds, ne suffisant pas pour bruler la grande quantité de carbone qui s'introduisit dans le corps et le réduire à l'état d'acide carbonique, il en résulte que les vaisseaux sanguins, saturés de cette substance, la transmettent au sang et le teignent en noir; or, cette surabondance de carbone nuisible au corps, est évacuée à l'extérieur et se fixe invariablement dans le corps muqueux sous l'épiderme et y opère cette coloration en noir, qui fait que la peau de l'homme paraît noire plutôt que blanche.

Cette explication, dont nous sommes redevable au docteur Muller, peut nous suffire; elle s'explique du reste scientifiquement et concorde avec les données de l'histoire de l'humanité, ainsi qu'avec les principes de la chimie.

Les traditions Indiennes ont conservé le souvenir d'une race primitivement noire dans l'Inde intra-gangétique, avant que les sectateurs du brahmanîsme l'eussent chassée comme une caste impure. La terre d'un autre côté a été dans le principe surchargée de tant de carbone que les plantes et les arbres seuls pouvaient y croitre. Pour l'homme cet air était irrespirable. A mesure que cette substance délétère a diminué de volume, l'atmosphère s'est purifié; mais était encore surchargé de tant de carbone quand le premier homme a vu le jour, que la couleur de sa peau a dû en être imprégné aussi longtemps que l'équilibre ne s'est pas établi entre les différentes parties constitutives de l'air ambiant, tel qu'il est composé aujourd'hui.

De là résulte que la couleur du premier homme a dû être noire; et lorsqu'on considère que les peuples de bonne heure civilisés, tels que les Égyptiens, les Abyssins, les Arabes et les Sémites étaient des hommes de couleur plus ou moins foncée, on ne peut s'empêcher de reconnaître l'exactitude de l'observation, que nous venons d'énoncer et dont l'honneur ou le mérite appartient à l'auteur que nous avons nommé.

Nomades et **Numides** sont des expressions identiques, dont la première s'applique en général à des peuples primitifs, qui n'ont pas encore embrassé la vie sédentaire, et que pour ce motif on appelle des *nomades*.

L'expression de *numides*, s'applique spécialement à un peuple du nord de l'Afrique, qui du temps de la république Romaine vivait encore à l'état de peuple pasteur vagabond.

Quand je dis « les nomades sont en général des peuples primitifs, qui n'ont pas encore embrassé la vie sédentaire », j'entends par là des peuples novices en civilisation. Car il y a des nomades aujourd'hui dans la Sybérie orientale qui sont fort anciens et qui depuis plus de trente siècles, que l'histoire les connaît, n'ont pas encore changé de mœurs, d'habitudes et dont l'amour pour l'indépendance et la liberté ne connaît pas de bornes. Le gouvernement russe a beau les engager à quitter leur vie d'avantures et leur présenter des immunités temporaires, il ne parvient pas à dompter ces natures rebelles essentiellement libres comme l'air qu'ils respirent.

Les *Numides* sont donc les nomades du nord de l'Afrique. Salluste et Strabon les regardaient comme les descendants des Perses, qui naguère émigrant d'Espagne en Afrique, s'y allièrent aux peuples de la *Gétulie* africaine au nord de l'Atlas.

Ces persans émigrés d'Espagne en Afrique, étaient composés de Mèdes et d'Arméniens dont le nom composé *numed* ou *nu-mad*=numides, à servi à les désigner.

Quoiqu'il en soit Varron estime que les Mèdes n'arrivèrent en Espagne qu'après les Ibères, mais avant les Phéniciens (1100 avant J.-C.).

Quand on compare ce qui précède avec les légendes Irlandaises qui les font venir avec les Gadhêles ou habitants primitifs de ce pays, de la *Gétulie* d'Afrique, on se trouve en présence d'une question d'histoire, d'une extrême perplexité; et l'on se demande naturellement, comment il a pû se faire que des Mèdes, des Persans et des Arméniens aient pû venir d'Asie en Afrique; et comment d'une autre côté des Gétules sont venus d'Espagne en Irlande et ont donné leur nom aux peuples primitifs de l'île de *Ierne* ou antique Irlande? Nous ne cherchons pas ici à expliquer ces difficultés; nous en avons parlé ailleurs dans cet Essai.

Ce qui paraît certain c'est que les Grecs, sont les premiers qui ont donné le nom de Numides aux habitants de l'Afrique qui eux-mêmes s'appelaient du nom de *Métagonites,* prenant ainsi l'effet pour la cause et appelant du nom de Numides des peuples pasteurs qui changeaient continuellement de demeures, cherchant des localités différentes à mesure qu'ils trouvaient moins d'herbes à nourrir le bétail qu'ils traînaient avec eux; *Sed frequentius sedes permutare dicuntur (illæ Gentes aphricæ=Afriqui) undè illud : Numidæque Vagi.*

Car, ajoute le glossateur Marius-Niger sur Salluste (de Bel. Jugurt, éd. Lug. Bat. 1654) : *illi* Nomi, *nos Pabulum interpretamur : unde Nomades id est Pastores.*

Pline explique le nom de Nomades : *a permutandis pabulis mapalia sua et* festus; ajoute : *Numidas dicimus quos Greci nomades dicuntur.* Pomponius Mela et Plutarque, s'expriment dans le même sens.

Les Nomades ne sont donc pas tant en général des peuples qui, par esprit d'inconstance ou de légèreté, contractent l'habitude de changer de demeures ; mais des peuples pasteurs, que la nécessité force souvent à changer les lieux de paturage, afin de mieux élever le bétail qui sert à les nourrir et forme tout leur avoir.

Ces Nomades pasteurs se trouvent encore en plusieurs endroits de l'Europe actuelle. Sur les Alpes supérieures et dans la *Sierra-Morena*, les troupeaux montent plus haut à mesure que par suite de la fonte des neiges, l'herbe leur offre des ressources plus abondantes en été. Vers l'hiver, ils en descendent et rentrent tout-à-fait dans leurs étables, quand toute trace de végétation à disparue et que les sommets des montagnes sont couverts de neiges et de glaces.

On comprend facilement que si tous les peuples pasteurs n'ont pas été essentiellement des Nomades dès le principe, ceux-ci n'ont pas dû se livrer à la vie exclusivement pastorale pour être taxés de nations nomadiques. Les mêmes effets ne sont pas toujours le résultat d'une cause identique.

Les conditions des premiers peuples d'Europe ne furent pas partout les mêmes.

Les uns livrés à la pêche et à la chasse, d'autres adonnés à la vie pastorale et d'autres encore plus ou moins enclins à la culture de la terre, n'avaient pas tous les mêmes besoins, ni les mêmes aspirations à satisfaire.

Leurs moyens de locomotion n'étaient pas les mêmes pour tous : les Mongols, les Huns, les Allains et les Ambrons étaient des peuples cavaliers toujours à cheval, comme aujourd'hui encore les Tatars de la Crimée et les Khirghis des Steppes de la Mer Caspienne.

Ces derniers, hommes, femmes et enfants des deux sexes, tous à cheval et vêtus de même ont pû donner lieu à ces prétendues armées d'amazones si répandues chez les peuples de l'antiquité.

Les Scythes et les Zigeuners se servaient naguère de chariots et n'ont pas encore abandonné cet usage dans l'Orient.

D'autres nations, comme les Celtes, les Cimbres et les Boiens, s'adonnaient indifféremment à la vie agricole et pastorale; et c'est ce qui les a mis à même de se soustraire, plus vite à une existence précaire et à se rapprocher plus promptement de la vie tranquille et sédentaire.

En outre, la fertilité de la terre a été pour ces peuples, en général, un véhicule puissant de civilisation. C'est pour ce motif que les nations du Nord se sont si prodigieusement multipliées autour de la Mer Baltique, vers l'embouchure des grands fleuves comme le Rhin et dans les contrées du midi de la France, de l'Espagne et des bords du Danube.

Je ne parle pas des climats jadis plus fortunés de l'Asie mineure, des bords de l'Euphrate, de la Palestine, du Caucase européen et de l'Arménie. Ces contrées, témoins des premières splendeurs d'une civilisation précoce ont parcouru depuis longtemps le cycle de leur existence et sont retombées dans l'enfance et l'apathie.

Ossian ou **Oisian,** barde gaélique, qui fit au troisième siècle de notre ère une collection des anciennes *Sagas* des montagnards d'Écosse, et donna à son récit une forme poétique.

Macpherson édita ces poésies entre les années 1762-1783. Le nom d'*Oisian* en gaélique signifie *collectionneur*=poëte d'anciennes traditions; du celtique *aois* ou *aos*=ancien, et *an*=homme=homme de l'antiquité. *Aois-dana* a la même signification et sert aujourd'hui de préférence en Irlande pour désigner les auteurs d'anciens recueils, de légendes. Nous avons eu occasion d'en citer plusieurs dans le cours de cet Essai, lorsque nous nous sommes occupés des anciennes Triades irlandaises.

Le père d'Ossian s'appelait Fingal et était roi de Morven. Il combattit pour l'indépendance de sa patrie contre les légions romaines sous Septime Sévère. Il batit son fils Caracalla et se signala, dit M. Philarète Châles, dans une guerre contre le ménapien Carausius, qui s'était emparé de l'Angleterre par trahison (?).

M. Ph. Châles ne songe probablement pas qu'en faisant combattre le roi de Morven contre les légions de Septime Sévère et les soldats de Carausius, il met entre ces deux faits historiques une période de quatre-vingt-treize ans. Ce qui donnerait à Fingal une carrrière d'à peu près 125 ans.

Ossian a chanté les exploits de son père dans le poème intitulé : *la guerre de Caros ;* mais si le poète n'était pas tenu expressément à respecter la chronologie, le critique pouvait du moins en faire l'objet d'une remarque, puisqu'il n'a guère épargné l'éditeur Macpherson, qui le premier nous a fait connaître les Poésies d'Ossian et a mérité de ce chef la reconnaissance des littérateurs de tous les pays.

Panka-Tantra (le) est une collection de fables indiennes en cinq volumes, traduite de l'indien en phlevi, ancienne langue de la Perse. L'occasion qui donna lieu à la traduction de ce livre remarquable, est assez curieuse pour être notée.

Vers 550 de l'ère actuelle, à l'époque où les Franco-Belges firent la conquête du midi de la France, le roi de Perse *Khosru Nushirvan,* ayant appris qu'il existait aux Indes des livres d'une grande sagesse, bien fait pour avancer l'instruction du genre humain, et curieux d'en connaître le contenu et de les faire servir à l'enseignement de ses peuples, dans le cas où il jugerait par lui-même de la vérité de l'assertion, chargea son visir de s'en procurer un exemplaire et d'en faire faire la traduction en langue du pays.

Le visir choisit un médecin nommé *Barzuyeh,* qui, après avoir accompli les désirs du roi, refusa toute autre récompense qu'un habit d'honneur et de pouvoir placer en tête de sa traduction la relation de sa vie et l'histoire de ses opinions philosophiques.

Il résulte de cette notice que l'homme de science était un

religieux, qui s'était adonné pendant sa carrière à l'art de guérir et, comme la plupart des savants de l'époque, ne s'était refugié dans la recherche de la vérité que pour échapper à l'instabilité de la fortune, en se consacrant au bonheur de l'humanité.

Les cinq livres des fables du *Panka-Tantra* sont perdus ; mais il en existe une traduction arabe d'*Abdallah iba almo Kaffa,* qui vécut à la cour du kalife Almansar de Bagdad, à l'époque de l'empereur Justinien.

Cette seconde édition du *Panka-Tantra* a été conservée et publiée par M. de Sacy, en 1816.

Entre autres fables cette collection contient l'histoire d'un brahmine, qui, en mendiant du riz, fit de cette denrée sa nourriture habituelle et mit le surplus dans un pot suspendu au-dessus de son lit.

Il lui semblait qu'une famine publique menaçait le pays, dans ce cas son projet était de vendre le riz surabondant pour cent roupies et d'acheter avec cet argent deux chèvres, qui, en multipliant, auraient fini par former un troupeau. Avec l'argent à provenir de ce troupeau, il se proposait d'acheter des vaches ; avec celui à provenir des veaux, d'acquérir des buffles et de cultiver la terre ; puis du produit de ses terres il aurait acheté des juments et aurait vendu les poulains qui en proviendrait pour de l'or, avec lequel finalement il avait formé le projet de se batir une demeure magnifique.

Il ne doutait pas qu'après ces acquisitions un *brahmine* ne lui donnerait sa fille en mariage, laquelle, en possession d'un riche douaire, lui donnerait un fils nommé Somosala, qui viendrait s'asseoir sur les genoux de son père.

Jusque-là tout alla bien, et les projets ambitieux du sectateur de Brahma s'étaient littéralement accomplis ; mais un jour que le père en prière s'en trouvait empêché par son enfant, il cria à sa femme de l'oter de ses genoux, et n'ayant pas obéi assez vite au gré de ses désirs. il s'approcha d'elle en colère et se mit à la battre avec tant d'ardeur, qu'il renversa le pot de riz et dispersa la farine sur sa personne et dans sa maison.

De cette apologue, le peuple indien tira l'affabulation suivante, à savoir : que ceux qui forment des plans ridicules de fortune, méritent de finir comme le père de Somo-Sala, et devenir tout blanc, c'est-à-dire privé de toute fortune.

Cette fable, comme tant d'autres fables indiennes, qui ont passé dans les littératures modernes de l'Europe, a été traduite en grec par Symon Seth, et du grec en latin et en italien. Elle a fait ainsi le tour du monde savant et prouve que la plupart des sciences sont venues de l'extrême Orient en Europe.

Le règne des kalifes arabes a, du reste, comme chacun sait grandement contribué aux VIe et VIIe siècles à éclairer le monde occidental. St-Jean de Damascène ne devînt un fameux théologien et un controversiste célèbre que parce que son père, nommé Sergius, avait longtemps occupé une place de confiance à la cour d'Almanzar, quoiqu'il professât la doctrine chrétienne.

C'est St-Jean Damascène qui écrivit un traité de morale chrétienne sous la forme d'un roman intitulé : *Histoire de Balaäm et de Josaphat*.

Ce dernier était un jeune prince à qui on avait prédit qu'il deviendrait chrétien et qui en effet finit par devenir *solitaire* et fut canonisé malgré que son père l'eut constamment habitué aux jouissances de la vie et exclusivement dévoué aux plaisirs mondains de sa cour.

Josaphat a eu le singulier privilège d'être canonisé par les deux églises grecque et latine, et sa fête est célébrée les 16 août (rite grec) et le 27 novembre (égl. latine) de chaque année.

Pannonie (*Pannonia* des Latins), Παῖωνια des Grecs.

Anciennement la Pannonie ne fut jamais bien délimitée ;

c'était pour les peuples nomades du nord-est de l'Europe une contrée de refuge, où ils croyaient tous pouvoir se maintenir à la faveur de l'immense étendue du pays, des eaux du Danube, (le grand fleuve,) et de ses nombreux affluents.

C'était, comme les bords du Rhin au nord de l'Europe et comme la Suisse du centre, une région où tous les peuples pillards et vagabonds du nord-est affluèrent, guidés par la même pensée et les mêmes sentiments de bien-être et de conservation.

Aussi la Pannonie comme la Belgique et la Suisse de l'antiquité, recélait-elle une foule de nations, dont les souvenirs s'y sont conservés.

Nous ne donnerons ici que la synonymie de ceux qui, à différentes époques, y jouèrent le principal rôle.

C'étaient les *Kotins,* Κυτυοι, Κοτινοι, les *Latovici=*Λατοβικοι.

Les *Varciani,* Ουαρκιανοι, nom qui fait penser à la ville belge de Varcia, mentionnée dans l'itinéraire d'Antonin et dans une inscription latine, portant le nom de Varcilenses.

Les *Boïi,* Boyens=Bohèmes.

Les *Colapiani,* Κολοτιανοι.

Les *Oseriates,* Οσεριατης, nom qui rappelle celui des Slaves qui habitaient les côtes de la mer nord-ouest de l'Europe.

Pline se sert du mot *Oserictæ,* (XXXVII, 2.)

Les *Hercuniates,* fraction de la famille des Tectosages-belges du midi, qui allèrent habiter la forêt hyrcinienne et dont parle Cæsar dans ses commentaires, en disant :

« Les Gaulois, qui jadis passèrent dans la forêt hyrci-
» nienne, contractèrent bientôt les mœurs et les habitudes
» des peuples de cette forêt; de manière qu'après quelque
» temps de séjour on ne pouvait plus les distinguer des
» aborigènes de la contrée. »

Cæsar avait dit auparavant qu'à l'exemple des Romains

il donnerait à l'avenir le nom de Gaulois aux *Celtes* de son temps.

Ces Tectosages étaient des peuples qui appartenaient à la horde scythique primitive des Belcœ, qui nous ont transmis leur nom national.

On rencontre souvent dans les auteurs anciens le nom de *Volcœ-Tectosages*, ainsi nommés de ce qu'ils furent les premiers entre les Scythes qui habitèrent des demeures fixes et penchèrent avant les Belcæ proprement dits, vers l'état sédentaire.

Ces *Volcœ-Tectosages* se retrouvent avant l'époque de Cæsar dans le cœur de la Gaule du midi aux environs de Toulouse, où ils allèrent s'établir en commun avec les Cimbres ou Kymris, leurs congénères ou alliés.

Belcæ, Volcæ-Tectosages, Belgites ou Kymris appartenaient donc tous à la horde fameuse des Scythes, dont Pomponius Mela a dit : *Scythici populi qui incolunt fère omnes in unum Belcœ appellati.*

Ausone affirme de son côté que dans l'antiquité les Tectosages s'appelaient *Belcœ* [1].

Il y a eu des Tectosages dans la Gaule narbonaise. Il y en a eu aux environs de la forêt hyrcinienne du temps de Cæsar et deux siècles avant lui dans l'Asie mineure.

Faut-il s'en étonner ? Quand on voit des peuples scandinaves en Italie, des Normands en Sicile, des Goths en Espagne et plus de soixante peuplades du nord avant notre ère en Belgique.

Il ne faut point s'arrêter à quelques erreurs des anciens dans la synonymie des peuples de l'antiquité. La géographie, comme toutes les sciences exactes, a eu à son origine de nombreuses erreurs à constater, la critique moderne les explique facilement. Ainsi Virgile confond la Scandinavie avec l'île de Thullé, qu'il appelle *ultima Thulé*.

---

(1) *Usque in Tectosages primœvo nomine Belcas.*

M. Desroches, vers la fin du dernier siècle, en s'occupant de la description de cette île par Procope, croit que cet auteur a visé la Scandinavie, où Jornandès et Paul Diacre connaissaient de leur temps les *Scrifinnes* pour habitants.

C'est Pline qui nous informe le premier que les Scythes avaient changé leur ancien nom en ceux de *Sarmates* et de *Germains*.

Mais il confond très souvent, de même que Tacite et Ptolemée, le pays des Scandinaves avec celui des Germains.

Quant aux migrations des Belges-Tectosages, Dieffenbach : *Celtica*, s'énonce de la manière suivante :

Die Tekto-Sagische Abtheyling der Volcæ=Belgi oder vielleicht das ganze Volk ware aber nich geleichtzeitig met den Belgæ nach Gallien (Belgica) gekommen, sondert bedeutend Spater.

C'est-à-dire que les Tectosages de la tribu des *Volcæ* ne poussèrent leurs migrations vers l'Occident que peu de temps avant la conquête de Delphes par les Cimbro-Belges. Une partie se porta, dit cet auteur, vers le nord-ouest dans la direction de la Gaule, et occupa les terres germaniques voisines de la Belgique et de l'embouchure du Rhin, une autre passa par la Pannonie et la Norique vers le sud, et prit dans le premier pays le nom de *Belgites pannoniens*.

Ainsi les Volcæ ou Belgæ formèrent la tribu principale; les Tectosages et les *Boii* des branches séparées.

Ce passage de l'érudit allemand exige une explication. Il ne faudrait pas en conclure comme le font des critiques modernes, que les Belges en général ne traversèrent le Rhin pour venir occuper la partie septentrionale de la Gaule, qu'un siècle et demi avant l'ère actuelle. Car l'histoire d'Angleterre fait mention des *Belgwys* et du *Belgiait*, leur pays. Plusieurs siècles auparavant les *Némèdes* et les *Fir-Bolgs* sont mentionnés dans les annales de ce pays depuis la plus haute antiquité. Des auteurs anglais légendaires parlent du xve siècle avant notre ère ; et bien qu'il n'existe de ce fait aucune preuve authentique, on ne peut s'empêcher d'ajouter foi à des invasions de Belges dans la grande Bretagne peu de siècles après l'arrivée des Phéniciens dans ce pays.

Ainsi, en résumant ce que nous avons établi dans les différents passages de cet Essai — où nous nous sommes occupés des Belges — il résulte que la tribu Belcæ et celle des Cimbres ou Cimmériens ont probablement donné lieu aux divisions de ces deux peuples en familles de *Tectosages*, de *Boïi*, de *Ligures*, d'*Ambrons* et de *Trères* ou *Tréviriens*, tous formant des familles congénères, issues de cette double souche et parlant un langage identique n'offrant dans leurs mœurs et leurs caractères ethniques que de légères modifications.

Les Ligures seuls — par leur stature moins colossale et la conformation plus orbiculaire de la tête, — paraissent avoir offert un caractère différent, ce qui peut être un effet de leur passage précoce dans le midi de la Gaule et leur long séjour dans les montagnes des Alpes et des Pyrénnées.

On compte encore parmi les peuples qui occupèrent l'ancienne Pannonie les *Eravisci*, dont parle Tacite [1], et auxquels il prête un langage qu'il regarde comme l'idiôme naturel du pays. Les auteurs grecs les appellent Αραβισκοι.

Les *Arivates*, propablement le même peuple ainsi appelé par Corruption.

Les *Belgites*, fragment de la horde Belcæ ou Volcæ-Tectosages de l'est de l'Europe, d'où est provenu le nom de *Belg*, *Belgius* ou *Bolgios*, un des treize chefs de l'armée Cimro-Belges, qui envahit la Macédoine et tua son roi Ptolemée, usurpateur du trône.

Les *Catari* ou *Cornacates*.

Enfin les *Squordisques* ou *Scordisci*, nommés par Athen.

(1) Ch. XVIII, *de Mor. Germ.*

Κορδιστοι : Celtes de la Pannonie, d'après l'opinion d'Étienne de Byzance, εθνος Ηαιωνιος.

M. Amédée Thierry ajoute à cette énumération les *Carnes*, les *Tauriskes* et les *Japodes;* mais ceux-ci habitaient plutôt les provinces Illyriennes des bords de l'Adriatique et faisaient par conséquent partie des peuples celtiques de l'est ou de l'Illyrie.

Ne confondons point ces deux pays, qui ont toujours été séparés et, à l'exemple de l'auteur que nous venons de nommer, ne donnons point à tous ces peuples et à une foule d'autres que récélait la Pannonie proprement dite, le nom général de Gaulois ou de Galls, que ces peuples n'ont jamais porté et qu'aucun auteur avant M. Thierry, ne leur a donné.

Paria, au pluriel *Parias,* mot formé de deux racines Hindoustaniques, qui signifient *aller* improprement; au figuré : méner une conduite irrégulière.

L'on dit et l'on écrit souvent la caste des *Parias;* cette locution est vicieuse; le Paria aux Indes est la négation de la caste.

C'est un individu qui, à cause de ses méfaits, a été rejeté de sa caste ou tout au moins a perdu le privilége de sa caste primitive et supérieure, pour entrer dans une classe inférieure d'habitants.

La division des castes a probablement été un effet du hasard, le résultat inévitable de la division des hommes dans un gouvernement plus ou moins développé. Partout en effet on rencontre des grands, des prêtres, des soldats, des artisans et des cultivateurs.

Ces divisions s'établissent d'elles-même sans le secours des lois.

C'est aux Indes et probablement aussi en Chine qu'on les a rencontrées pour la première fois.

De là cette institution des castes a passé chez les Éthiopiens en Égypte et chez les Juifs, et avec certaines modifications très importantes, chez tous les peuples européens; sans que ces derniers aient crû devoir y attacher les mêmes sanctions pénales et religieuses comme l'avaient fait et le font encore les peuples de l'Hindoustan.

Ce fut Manou, le premier législateur Indien, qui convertit cet ordre d'idées en institution politique et religieuse, affirmant que les quatre castes de son pays étaient primitivement sorties des quatre parties essentielles du corps de *Brahma* et réservant pour la caste religieuse la tête du Dieu comme le siége de l'intelligence divine, dont les Brahmanes prétendaient tirer leur origine.

Le Mythe religieux de *Minerve*, sortie de la cuisse de *Jupiter*, n'est qu'une réminiscence de cette doctrine Indienne.

Nous n'avons pas besoin d'énumérer ici les différentes causes qui, chez les peuples de l'extrême Orient, firent descendre les membres d'une caste supérieure dans une caste inférieure ou même — ce qui était le cas le plus fréquent, — les rejetèrent tout-à-fait en dehors des castes, ce qui les réduisait à la condition de Parias; ces causes sont assez connues, nous ne voulons nous occuper ici que de l'influence que l'Orient exerça de tout temps sur les peuples de l'Occident.

Il y eut dans l'antiquité des peuples parias comme les Juifs que Moïse délivra de l'esclavage égyptien pour en faire une nation indépendante, qui a traversé des siècles et qui au commencement du xixe, ne jouissait encore en France d'aucun droit politique ou civil.

Ce qui est arrivé au peuple de Dieu en Égypte, peut être arrivé à des peuples Indous longtemps avant cette époque dans l'Orient.

On tient généralement que les *Zigeuners*=Bohémiens, ou Égyptiens=*Gypsi* de nos jours, ne sont qu'une ancienne confédération de Parias Indiens qui, fuyant l'esclavage des dominateurs de l'Inde, se réfugièrent dans les montagnes de l'Afghanistan et de là passèrent en différents temps sur le sol de l'Europe où on les trouve encore quoique considérablement affaiblis et diminués en nombre.

Il faut cependant remarquer que telle caste établie dans une localité de l'Inde, ne se retrouve pas dans une autre; c'est une preuve que le besoin seul les a fait établir et que ce n'est pas *à priori* que ces divisions se sont introduites.

Dans les pays de montagnes où les pâturages manquent; dans les lieux stériles où l'agriculture est impossible, il ne dût exister ni peuples pasteurs, ni peuple agriculteur, la caste des paysans y devait faire défaut.

Sur des montagnes arides où les métaux abondent on a pû trouver des artisans qui se sont occupés de leur fabrication ou ont recherché les métaux précieux que ces montagnes récélaient dans leur sein, et c'est ainsi que les Zigeuners d'aujourd'hui travaillent encore le cuivre avec une certaine adresse et que les *Arimaspes* d'autrefois avaient la réputation d'être d'habiles chercheurs de métaux précieux.

Mais les institutions d'origine purement humaine, entraînent partout à des abus.

Entre les mains des prêtres du brahmanisme, la division en caste ne pouvait échapper longtemps à ces conséquences fatales.

Le nombre des parias devînt si grand que alors même que l'histoire de l'Inde ne ferait pas mention de peuples indiens qui, — comme les Juifs sous Moïse, — se soient volontairement exilés, il est très probable que des nations de cette espèce ont dû appartenir à celles qui, dès la plus haute antiquité ont passé en Europe pour se soustraire à l'esclavage et chercher un pays ou leur liberté fut mieux assurée.

Les *Ligures* et les *Basques* primitifs peuvent avoir appartenu à cette catégorie; car jusqu'ici on n'a pû constater avec certitude leur origine, ni la souche à laquelle ces peuples énigmatiques ont primitivement appartenu; quoi d'étonnant que des Parias indiens eussent passé dans la Scythie d'Europe avant que Moïse passa avec les siens dans la Palestine?

N'est-il pas même à supposer que les premières migrations d'orient vers les pays de l'ouest et du nord ont servi d'exemple à Moïse pour essayer en faveur de ses coréligionnaires un déplacement qui pouvait leur procurer une indépendance absolue et un moyen pour se soustraire à jamais à la domination égyptienne?

Les quinze siècles qui se sont écoulés avant J.-C. depuis ce législateur, ne suffisent pas pour expliquer la durée des nombreux passages de peuples en Europe, car vers le XIe ou XIIe siècle, lorsque les Phéniciens visitèrent les côtes d'Espagne, d'Angleterre et de la Baltique. Les *Celtes,* les *Scythes* et les *Cimmériens* formaient déjà des nations nombreuses, occupant d'immenses espaces de terre en Europe et dans la Sibérie asiatique.

Plusieurs siècles ont dû s'écouler avant que les premiers nomades aient pu se multiplier à ce point.

Ce qui vient en outre à l'appui de cette conjecture, c'est l'état d'instruction dans lequel ces premiers peuples émigrés se sont trouvés.

Ni les Ligures, ni les Basques, ni les Cimmériens n'ont présenté dans leur organisation première le concours des prêtres indiens comme instituteurs ou législateurs.

On ne leur a jamais connu un corps de doctrine religieuse ou philosophique. Bien plus ils ne semblent avoir amené de l'Inde aucun bétail, aucun outil aratoire; tandis que les Celtes venus postérieurement sont accompagnés de prêtres et de sacrificateurs, de poëtes et de devins. Ils amènent de leur patrie primitive le gros bétail, et les réminiscences des mœurs de leurs ancêtres, leur organisation politique, leurs lois, leurs préjugés et leurs superstitions rappellent les lois, les mœurs et jusqu'aux superstitions des Hindous.

Leurs cérémonies religieuses, leurs enterrements, leurs

mariages rappellent les cérémonies religieuses, les enterrements et les mariages des Indiens.

De même que la fille d'un Brahmane ne pouvait s'allier qu'à un prince royal ou à un membre de sa caste, de même aussi la fille d'un Druïde ne pouvait renoncer au privilége de sa caste sans commettre le crime qui la réduisait à la condition d'une Paria.

Pourquoi n'avons-nous par les traditions que quelques données incomplètes sur l'astronomie, le système philosophique et les connaissances hygiéniques des prêtres celtiques ? N'est-ce pas, ou parce que ces chefs étaient naturellement peu instruits, ou que, n'ayant aucune habitude de l'écriture ils n'ont laissé aucun monument graphique de leurs sciences ?

N'écrivant rien et enseignant tout à l'aide de la mémoire, n'est-ce pas là une preuve qu'ils ont quitté leur patrie primitive sans avoir pris les précautions pour laisser de leurs pensées des traces vivantes et impérissables ?

Une fois hors de l'Inde, ils n'auront plus eu le moyen d'améliorer leur condition et seront demeurés dans l'état d'imperfection, où ils l'avaient quittée.

Bien plus éloignés que Moïse et son peuple, du centre de la civilisation, ils n'auront pû se perfectionner, et les peuples confiés à leurs soins, n'auront pû faire les progrès qu'ont fait les Israélites depuis leur départ de l'Égypte.

Ainsi s'explique la longue période d'éducation qu'ont forcément subie les peuples de l'Europe et l'époque éloignée de leur première apparition dans cette partie du monde.

Il est très certain que les premiers habitants de l'Europe ont été des Indiens ; et il est d'un autre côté très probable que ceux-ci furent des *parias* ou bannis volontaires, qui cherchèrent, comme le peuple du Dieu d'Israël, une liberté qu'ils ne possédaient plus dans leur patrie d'origine.

Pélasgues, *Dauniens* (Grecs [?]) *Séucles, Sardai-*

naïs etc., tous peuples de race italo-grecque qui envahirent l'Égypte à une époque qui remonte au moins à treize siècles avant l'ère actuelle [1].

Après la victoire de Ramsès, cette date est constatée par les bas-reliefs de Medinet-Habou où ce Pharaön est représenté faisant offre des captifs au temple d'Ammon à Thèbes. Sur ces mêmes bas-reliefs est figurée une autre scène, qui représente le même Pharaön, menant à la triade thébaine, le chef des Lybiens et celui d'Amaor, les bras liés sur la tête et figurés en dimensions exiguës derrière leur colossal vainqueur; mais aucune date n'est assignée à ce dernier évènement.

Les Pélasgues s'appellent dans les inscriptions hiéroglyphiques égyptiennes *Pélèstas*.

Leur costume figuré rappelle le costume moderne des Grecs : la coiffure évasée du haut, le corps nu et une légère tunique serrée sur les hanches qui descend jusqu'aux genoux et rappelle à ne point s'y méprendre la *fustanelle* grecque en toile d'aujourd'hui.

Les *Pélèstas*, prisonniers, sont représentés sans barbe ou n'ayant que peu ou point de poil au menton.

Ces *Pélèstas* de l'Égypte, ainsi nommés de la *grande mer* (Méditerranée), n'ont pas encore entièrement perdu chez les égyptologues modernes la signification générale de peuples maritimes; et l'auteur tout récent des excellentes *Études sur l'antiquité historique, d'après les sources égyptiennes et les monuments reputés préhistoriques*, M. F. Chabas [2] cherche encore envain à former des peuples pélagiques une nation distincte parmi les riverains de la Méditerrannée; il s'appuie comme M. Denne-Baron sur cette circonstance qu'OEnotrius, petit-fils de Pélagus, a colonisé l'Ausonie et sur cette autre circonstance, rapportée sur la foi de Solyn, qui attribue à ce peuple l'introduction

---

[1] Cette date correspond au règne de Ramsès III, surnommé *Osur-meriamon*, le Sésostrys des Grecs.

[2] *Chalons sur Seine*, 1 vol. in-8°, 1872.

de l'écriture dans le Latium. Tout cela accuse de grands et antiques tatonnements que l'autorité des classiques a contribué à propager et dont la critique moderne n'ose pas encore complètement s'affranchir.

Pharsistan voy. *Elam*.

Phéniciens et Philistins (nations pélagiques). Ces noms dérivent du celtique-arien *Baila, Belog*=eau. L'adjectif celtique *Bailisk* a la même signification. C'est de là que sont venus les dénominations de *Pailisk*=*Pelasger*= Pélages, peuples maritimes des bords de la méditerranée.

D'après les Papyrüs égyptiens les peuples de la Phénicie portaient le nom de *Kéfats*. Dès le xviie siècle, avant notre ère, ils apparaissent sur les monuments hiéroglyphiques du temps de *Thothmès III*, c'est-à-dire avant toute indication historique touchant la Grèce, et plusieurs siècles avant la guerre de Troie. Déjà à cette époque les Kéfats ou Phéniciens pratiquaient la céramique avec tant de succès que Thothmès III, qui envahit les bords occidentaux de l'Asie mineure rapporta de chez ce peuple parmi les tributs qu'il imposa aux vaincus, des vases qui sont indiqués comme provenant du travail des Kéfats.

On trouve le détail des produits — dont la Phénicie trafiquait dès ce temps — dans la décoration du tombeau de Rekhmara à Thèbes; on y voit représenté du *khesbet* (lapis-lazuly) en briquettes, du *mafek* ou turquoise, des anneaux d'or (les Egyptiens n'ont jamais frappé de la monnaie), des vases d'or, des colliers, des métaux, des pierres fines, des parfums etc.

Cette inscription prouve en outre que les chefs des Kéfats ou Phéniciens et ceux des peuples des îles du milieu de la mer méditerranée, sont venus présenter à Tothmès III leurs hommages et des présents (xvii siècles av. J. C.).

Les Philistins formaient dans l'antiquité une peuplade qui

habitait les confins méridionaux du pays de Canaän ; ils constituaient une horde principale de peuples à laquelle appartenaient les Hyksos qui vers l'an 2200 avant J. C., envahirent l'Egypte et renversèrent la XIVᵉ dynastie de ses rois, dite de *Manethon* ou de *Ménès*. Respectant la vie des femmes et tuant tout ce qui appartenait au sexe masculin, les Hyksos, race blanche, engendrèrent par leur alliance avec les femmes noires du Misraïm, ce mélange multicolore de peuples aux teintes sombres qu'on remarque encore parmi les populations actuelles de l'Egypte et surtout parmi les Coptes de cette contrée.

C'était comme l'indique son nom d'origine une horde de cavaliers dont la dénomination a donné lieu aux mots *Hichler* =*Reiter* et au nom grec *Hippos*=cheval. Les quatre siècles pendant lesquels ces envahisseurs possédèrent l'Egypte correspondent à l'établissement des colonies égyptiennes en Attique sous la conduite de Cécrops et à celles qui s'établirent vers la même époque dans l'Argolide (Argos), sous celle de Danaüs. Du nom de Philistins=*Pelischtim*, les Grecs appelèrent tout le pays de Canaän *Palastina*.

Comme habitants des bords de la Méditerranée les Philistins de même que les Tyriens et les Sydoniens s'adonnaient à la navigation et à la piraterie.

Lorsque les Hyksos furent contraints d'abandonner l'Egypte ils se retirèrent dans la mère patrie et pour se garantir contre la vengeance des Pharaöns d'Egypte, ils élevèrent les villes fortifiées d'Askalon, de Gaza, d'Asdod, de Gath et d'Ekron. Ces noms sont purement d'origine ario-celtique.

Askalon d'*iusge* et de *lon*=demeure maritime, ville aux bords de la Méditerranée ; Askalon est encore un port de mer mais n'offre en ce moment que des ruines. Après la prise de Jérusalem par les Croisés, une armée égyptienne composée d'Arabes, de Turcs de Nubiens et d'Abissiniens, prit position devant cette ville et livra bataille aux Chrétiens qui quoiqu'inférieurs en nombre, n'eurent pas de peine à la battre. Cette action eut lieu la veille de l'Assomption en 1099. Le grand étendard des Infidèles tomba au pouvoir des Chrétiens et cet épisode des Croisades a été chanté par le Tasse et lui a fourni le sujet de son immortel poême *la Jérusalem délivrée.*

Après cette victoire où la moitié de l'armée arabo-égyptienne périt sous le fer des vainqueurs et dans les flots de la mer, Godefroid de Bouillon ne put, — à cause des divisions qui régnaient parmi les chefs, — s'emparer d'Askalon; cette ville ne tomba aux mains des Croisés qu'en 1153 sous Baudouin III.

Le nom de Gaza, du celt. *cas*=demeure=bourg. Celui d'Asdod d'*As*=élevé et *dus*=rempart; le nom d'Ekron, petit bourg (d'*e*=petit et *cron*=bourg,) comme Kronach dans la Franconie, ainsi que plusieurs endroits de la Hongrie qui portent encore le même nom, proviennent tous de racines celtiques. Les Egyptiens donnaient aux Hyksos le nom de *Philition* ou de *Philitis,* preuve entre beaucoup d'autres, que les Hyksos appartenaient à l'ancienne tribu arabo-syrienne des Philistins [1].

Le culte, en cela conforme à la condition des peuples maritimes, consistait chez les Phéniciens à adorer deux divinités, mâle et femelle, *Dagon* et *Derketo*, dieu et déesse de la mer. Celle-ci était représentée sous la forme d'une syrène, ayant sur le corps d'un poisson la tête d'une femme. On n'ignore pas qu'anciennement le pigeon et le poisson, considérés comme symboles de la génération, étaient considérés comme divinités saintes. D'après ces idées les habitants de l'île de Chypre avaient consacré le pigeon, emblême de pureté, à Vénus, déesse de la mer, qui elle-même était née de son écume. La colonie de l'île de Chypre, fondée dans l'antiquité par les Philistins de la côte, devait donc son origine à des peuples Cananéens.

[1] Voy. Crétois.

En suivant la filiation des idées religieuses chez les nations dispersées, on voit souvent à quelles races d'hommes les peuples d'une contrée doivent leur origine et à quelle souche ethnique ils ont jadis appartenu.

Ce que nous venons de dire des Philistins s'applique en particulier aux Phéniciens leurs congénères, peuples de même race syro-arabique.

Moins adonnés aux beaux arts qu'à ceux de la mécanique, mais d'une activité fiévreuse et d'une grande intelligence naturelle, les Phéniciens, — à l'exemple des habitants de l'Egypte, — s'adonnèrent de bonne heure à la navigation et fondèrent en Europe, en Asie et en Afrique des colonies dont quelques-unes comme Carthage surpassèrent en puissance et en grandeur la mère patrie. Les Babyloniens leur apprirent l'usage des poids et mesures, et ils inventèrent et frappèrent des monnaies d'or et d'argent dont l'usage était inconnu aux Egyptiens. Ceux-ci n'avaient que des anneaux qui — pour servir aux échanges — portaient des marques indiquant le poids de l'or.

Mais le principal et le plus important service rendu à la civilisation par ce peuple ce fut le langage phonétique traduit en caractères simples, qui chez les Grecs portèrent longtemps le nom d'alphabet ou lettres phéniciennes [1]. Ceux-ci les perfectionnèrent mais l'honneur de l'invention appartiendra aux Phéniciens jusqu'à ce qu'on aura acquis la preuve qu'eux-mêmes les ont empruntées à quelque nation de l'extrême Orient avec laquelle ils avaient continué de trafiquer.

Au rapport de Strabon les Phéniciens s'adonnaient à l'astronomie et aux mathématiques (science des nombres). Ils avaient formé non-seulement des colonies sur les côtes septentrionales de l'Afrique, mais en Espagne, dans la

---

[1] L'alphabet phénicien que Cadmus apporta en grèce n'était composé primitivement que de seize lettres.

Gaule méridionale; et ils exploitèrent les mines de Tartessus dans la Bétique et celles de la Domnoni en Angleterre. Au Pont Euxin ils fondèrent sur les rivages de Bithynie, les colonies phéniciennes de Pronectus et de Bithynium; sur celles de l'Afrique, Hadrametum, Utique, Carthage etc., et dans le golfe Persique, Tylos et Aradus, les îles Baharein de nos jours.

C'est ainsi dit Alex. de Humbold, que le pavillon phénicien flottait à la fois des rivages de la Grande-Bretagne jusqu'aux confins de l'Océan Indien; et Strabon a fait la remarque que les temples phéniciens construits sur la rive du Golfe persique à Tylos et à Aradus, l'avaient été d'après les mêmes règles d'architecture que ceux des bords de la Méditerranée.

Certes cette navigation était encore fort restreinte, si on la compare à celle de nos jours; mais il faut considérer l'époque à laquelle elle eut lieu et l'état des sciences mathématiques d'alors. Les Phéniciens n'avaient ni boussole, ni cartes marines; ils n'avaient ni les instruments nautiques, ni la vapeur, et les peuples qu'ils visitèrent étaient pour la plupart barbares et inhospitaliers; il fallait les persuader par l'appat du gain ou les dompter par la force des armes.

D'après Hérodote et les légendes persanes, les Phéniciens vécurent anciennement vers les bouches du golfe persique. Forcés de s'enfuir à la suite d'un tremblement de terre, ils s'expatrièrent, franchissant les bords de l'Euphrate et l'Asie mineure avant d'atteindre la Mer Morte et les rivages de la Méditerranée. Ils jetèrent les premiers fondements de Tyr et de Sydon et l'on présume avec quelque vraisemblance, que dès le temps de leur premier établissement, dans le centre de l'Asie, les Phéniciens s'adonnèrent à la navigation sur le Golfe persique : métier qui doit leur avoir si bien réussi qu'ils continuèrent à l'exercer sur la Méditerranée où il leur a valu la glorieuse et célèbre réputation en Europe, d'avoir été les premiers navigateurs de découvertes du monde alors connu.

Phrygie *(Phrygiens)*. La Phrygie est un pays montagneux de l'Asie mineure ; un des trois royaumes qui, avec la Lydie, la ville et le territoire de Troie, jouèrent dans l'antiquité un rôle si important.

De l'aveu de tous les historiens, l'Asie mineure et l'Égypte furent parmi toutes les contrées de l'Occident vis-à-vis de l'extrême Orient, les premiers pays où la civilisation se répandit et se développa d'une manière rapide et progressive. La Grèce était encore à moitié barbare quand la ville de Troie jeta un éclat brillant et par cela même excita la cupide envie des Grecs — et plus que l'enlèvement d'une princesse — fomenta la guerre de dix ans, qui aboutit à sa destruction. Les hommes curieux de savoir et d'apprendre accoururent de la Grèce en Asie mineure et en Égypte, pour s'initier aux connaissances, aux arts utiles et aux procédés de la vie sociale, — encore peu connus chez eux ; — et l'histoire de Crésus et de Solon, qui n'est sans doute qu'une fable légendaire, montre du moins que les philosophes et les législateurs grecs ne dédaignaient pas de visiter les riches et voluptueux habitants de la Phrygie.

Cassel, dans ses Antiquités Hongroises *(Magyarische Alterthumer)*, a démontré que la langue phrygienne avait beaucoup d'analogie avec celle des Grecs et qu'une foule de mots dérivent du celtique comme cela se démontre pour toutes les langues des peuples de l'Asie inférieure.

Aussi admet-on généralement aujourd'hui avec les philologues modernes, que les Phrygiens étaient un peuple Ario-Celtique, dont l'éducation s'est formée de bonne heure, favorisée qu'elle était par l'influence du climat de l'Asie mineure, la pratique de l'agriculture et la vie pastorale, auxquelles ce peuple resta longtemps attaché. Ses chevaux et ses bêtes de somme (ânes et mulets) furent de tous temps réputés ; et s'il avait cela en commun avec les Parthes et les Arabes de l'Yëmen, il faut croire qu'il sût en tirer de tout temps un meilleur parti, puisqu'il se civilisa plutôt et parvînt de meilleure heure à l'apogée de sa grandeur.

Même avant la guerre de Troie des Phrygiens expulsés de leur pays, probablement à la suite de dissentions civiles, avaient été forcés de se refugier au-delà du Bosphore et de l'Hellespont dans la Macédone ou la Thrace et ne purent retourner dans la mère-patrie qu'après la destruction de cette ville. Ce fait est attesté par l'historien grec Xanthus, de Lydie. Cet écrivain est souvent cité par Denys d'Halicarnasse, par Solyn et par Strabon, comme auteur d'une histoire de la Lydie, dont Vossius parle avec éloge [1].

Cet évènement de la fuite en Europe des Phrygiens est regardé comme ayant eu lieu à l'époque où les Mèdes et les Arméniens (2000 ans avant l'ère actuelle) passèrent d'Asie en Afrique et de là en Espagne, forcés de s'expatrier à la suite des conquêtes des Assyriens sous Nemrod ou du temps de Ninus et de Sémiramis, 1250 ans de l'ère antique.

Si l'on en croit Strabon, les Phrygiens étaient originaires de la Thrace et passèrent de là dans les pays montagneux de l'Arménie. Ils descendaient des Celtes-Ariens qui, venus par le versant nord-ouest de l'Asie centrale avaient gagné l'Europe par le Delta du Danube, en contournant la Mer Caspienne et le Pont Euxin. Cela est bien possible, car ces peuples scythiques en descendant de l'Altaï, ont fait des courses bien plus longues, avant d'atteindre le nord de l'Europe.

Quoiqu'il en soit, les Phrygiens, comme toutes les nations influentes du monde, exercèrent, dès la plus haute antiquité, une suprématie incontestée. Les Grecs appelaient de leur nom tous les peuples qui occupaient l'Asie mineure et dont ils ne connaissaient ni l'origine, ni les caractères ethniques. Vers la fin du VIe siècle avant notre ère, la dynastie des rois de Phrygie s'éteignit avec Midas IV, son dernier roi. Dès lors soumis aux Lydiens, le pays tomba plus tard et

---

[1] Vossius, *Hist. grecque.*

successivement au pouvoir des Perses, des Grecs sous Alexandre-le-Grand et puis des Romains.

Pirhuas=*Péruviens,* nom propre ancien des habitants d'une vaste contrée de l'Amérique du sud qui s'appelle aujourd'hui le Pérou. Qui donc n'a pas entendu parler du Pérou et de ses fabuleuses richesses? L'or et les pierreries précieuses ruisselaient jadis à flots de son sein.

Les Espagnols en firent la découverte sous Balbao, et s'en emparèrent définitivement sous Pizarre, qui; malgré sa parole donnée et les vingt-sept millions en or qu'il reçut pour la rançon du roi captif, ne le retint pas moins dans les fers et ruina le pays de fond en comble.

Les historiens de la *Conquista*, (c'est le nom que les Espagnols donnent à la découverte et à la conquête du Nouveau Monde,) et entre autres Garci-Lasso de la Véga, soutiennent que l'empire des Incas était — au moment où les conquérants s'emparèrent du pays — une monarchie de création nouvelle; mais Montesino a réfuté victorieusement cette erreur, en démontrant son antiquité par les légendes populaires et les immenses constructions dont les ruïnes subsistent encore aujourd'hui sur toute l'étendue de ce vaste empire.

Montesino accuse une série de plus de cent empereurs, appartenant aux trois dynasties des *Pirhuas,* des *Amantas* et des *Incas;* dynasties qui régnèrent successivement sur le pays et auxquelles il donne une durée de plus de quarante siècles [1] (?).

Nous savons d'un autre côté qu'au moment de la conquête il existait au Pérou et au Mexique une civilisation fort avancée et que les rois du Pérou règnaient sur une population homogène et concentrée de plus de vingt millions d'âmes. On sait de plus qu'il existait dans le pays des lois sages pour diriger le peuple et l'instruire, une armée de

---

[1] Voy. Fidèl Lopez, *les Races ariennes du Pérou,* p. 24.

300,000 hommes pour garder les frontières et une capitale qui pour la grandeur et les richesses ne le cédait à aucune de ses rivales en Europe.

En outre, les Péruviens avaient depuis longtemps exploité leurs mines d'or, d'argent et de métaux; ils s'étaient de bonne heure adonnés à l'agriculture et cultivaient le maïs et les papouas en abondance; ils irrigeaient leurs champs, entretenaient soigneusement les chemins publics et les cours d'eaux et, afin de faciliter les communications entre les divers habitants d'un empire qui avait plus de 700 lieues de côtes, ils avaient relié les chemins qui traversaient les nombreux fleuves par des ponts suspendus tressés en lianes d'une grande force et capables de supporter les plus grands fardeaux.

Mais les Espagnols ne surent rien apprécier de ce qui existait; éblouis par la masse des métaux précieux qui miroitait à leurs yeux, ils perdirent l'usage de la raison et se comportèrent à l'égard des naturels du pays, comme n'auraient pas fait les peuples les plus barbares; et ils jouèrent dans l'Amérique du sud le même rôle que les nations du nord avaient jadis joué à l'égard de la Macédoine, envahie au temps du pillage du temple de Delphes.

Pour des peuples pauvres qui, comme les Espagnols au moyen-âge, allaient à la recherche des métaux précieux dans un autre hémisphère, la découverte du Pérou avait quelque chose de merveilleux, d'inouï.

Les Incas ne s'étaient pas contentés d'avoir leur service de table et leurs ustensiles de ménage en or, ils avaient rempli leurs appartements de statues d'or aussi grandes que des géants et ce qui formait chez nous l'art plastique, — qui cherche à imiter les objets de la nature vivante : tels qu'oiseaux, animaux, arbres, plantes de toutes grandeurs, à l'aide de tableaux sur toile ou panneaux, — les Incas avaient fait représenter tous ces produits au naturel, et la matière dont leurs artistes s'étaient servis, était l'or le plus pur.

Le château de plaisance des empereurs Incas était composé, dit-on, exclusivement de cette matière (?) et leur trésor regorgeait des métaux les plus précieux. Vasquez rapporte qu'il a touché à Panchelme, — une des villes principales du Pérou, — un bassin public qui pesait 24 mille marcs d'or et il ajoute, qu'il y avait des maisons couvertes de lames du même métal, si pesantes que douze hommes pouvaient à peine les remuer (?).

Mais en admettant que ces exagérations aient été le résultat d'un premier étonnement, que penser de cette autre circonstance, alleguée par les historiens de la *Conquista,* qui disent que les Péruviens n'ayant ni plâtre, ni chaux, avaient été obligés de composer un mortier d'or, d'argent, de cuivre et de plomb fondus (?).

Les métaux précieux étaient donc dans ce pays des matières si vénales et si abondantes qu'on les appliquait aux usages les plus vulgaires de la vie.

Toutes ces richesses devînrent la proie des conquérants. Les objets d'arts furent brisés et fondues, et sans respect pour les souvenirs d'une nation qu'ils prétendaient civiliser, ces barbares du midi de l'Europe renversèrent de fond en comble un empire que, dans leur intérêt même, ils auraient dû conserver, se rendre favorable et s'attacher par des traités.

Leur conduite eut le résultat naturel qu'ils pouvaient en attendre. L'or qui n'enrichit personne d'une manière durable fut dispersé; les habitants de l'Espagne, s'appauvrirent à la longue, faute de chercher la source des richesses dans un travail honnête et régulier.

L'ethnographie des peuples du Pérou changea complètement à la suite de ces évènements. Les Indiens mélangés à la caste dominante des Espagnols et aux nègres esclaves d'Afrique, engendrèrent cette foule de variétés de l'espèce humaine, connues dans le sud de l'Amérique sous les noms de *Créoles,* de *Mulâtres,* de *Mestiques,* de *Zambos,* de *Quarterons,* de *Quinterons,* de *Requinterons,* de *Saltatras* et autres, qui reçoivent aujourd'hui ces dénominations du nombre de générations qui les séparent de la souche commune des indigènes.

Si de même que nous l'avons fait pour les races Indo-Européennes et Indo-Germaniques nous recherchons l'origine des races Atlantido-Américaines — au point de vue de la critique philologique, — nous trouvons dans la langue *Quichua*, ancien idiôme des peuples du Pérou, des éléments curieux de ressemblance avec le Celtique-Arien et les langues sanscritiques de la haute Asie.

Voici quelques exemples cités au hasard :

MOTS SANSCRITS.	MOTS PÉRUVIENS CORRESPONDANTS.
Ank=aller, partir. **Ankura**=flèche, pointe.	*Anku*=nerf, corde de l'arc.
Anti=en face, devant.	*Antes*=la chaîne des Andes voisine de l'Océan pacifique, (en Gr. αντι, αυτη, αντεν,) se trouve en face de la grande mer.
Anu **Anaka** }=petit, ayant peu de valeur.	*Anuchi*. On sait que les graines de l'épi de maïs sont très souvent avortées ; c'est ce que signifie en Quichua le mot Anuchi.
Ari **Ani** }=premier.	*Arihua*, mois d'avril. L'année péruvienne commençait à l'équinoxe du printemps : c'est-à-dire au premier d'avril, premier mois de l'année.
Hari=jaune. **Ruhoma**=plante herbacée, herbe.	*Ariruma*, le lis jaune, fleur la plus odorante de l'Amérique du sud.
Aç=manger.	*Askus*=pomme de terre.
Asana=négation, refus, action de rejeter.	*Asna*=mauvaise odeur, odeur fétide et repoussante.
St'a=rester, se tenir en place ; lat. stare ; bas allem. staan.	*Astam* avec l'*a* privatif=déplacer un objet quelconque, le changer de place.
Ahus=étroit. **Ahas** **Ahatis**=Angoise.	*Aya*=maladie, souffrance, en Quichua les composés dans lesquels entre cette racine portent généralement *acha*, en grec αλος=douleur, αχθος=souffrance, *arakacha*=plante grimpante, *kacharini*=lier, unir=grimper,

MOTS SANSCRITS.	MOTS PÉRUVIENS CORRESPONDANTS.
Agra ⎱ =sommet, faîte, toit d'une **Agrâras** ⎰ maison.	*Aykura*=abri de paille ou de feuilles dont on couvre les maisons. *Aymurani* même signification quand il s'agit d'un abri formé de roseaux, de *ahamura*=rempart.
Ir=blesser, frapper.	Avec la préfixe *a*, *ayri*=hache, lat. *ira*=colère.
Yû, yoni=union sexuelle.	*Ayuni*=commettre un adultère avec la préfixe *a* augm. Cette signification a été introduite par les Espagnols.
Kâpâla=courge ou **Sap'ala**=fruit.	*Kapallu* ou *sapallu*, sorte de potiron très répandu et très estimé en Amérique.
Kapati, kapata=la main ouverte.	*Kapuni*=prendre, tenir; gr. κωπη= griffe, serre; lat. *capere, capulum*= la garde d'une épée.
Cira=tête, chef.	*Karan*, titre des rois de Quito. *Karin*=guerrier—soldat.
C'ar=aller, marcher.	*Karu*, étranger, voyageur, d'ou *carucca*=carosse=véhicule quelconque.
C'ata=réunion, assemblage de matières.	*Kata chillay*=la voie lactée. *Katini-chi-illay*, mot à mot : poussière lumineuse ou cosmique.
Kuça=herbe comestible.	*Koka*, coca, plante ou arbuste d'Amérique, dont les Indiens mâchent les feuilles comme certains peuples mâchent le *bétèl;* ils ont récemment remplacé l'usage du koka par le tabac. *N. B.* Il y a à peine quelques jours qu'on met en vente en Belgique un remède secret composé avec des pillules de coca, n. I, II et III dont les annonces disent des merveilles.
Kuçaksa=singe.	*Kusillu*, même signification. Néanmoins on sait qu'aux Indes orientales, il n'y a pas de singes proprement dits, mais une variété que les Anglais nomment *monkey*.

MOTS SANSCRITS.	MOTS PÉRUVIENS CORRESPONDANTS.
Kama=amour, désir.	*Kakamani*, le sens primitif de ce mot Quichua était créer, procréer; il n'a pris la signification de forniquer, de commettre adultère que depuis la conquête et sous l'influence des missionnaires espagnols.
C'am=manger, macher.	*Kakamuni* avec la préfixe *ka* et la suffixe *uni*=chicquer. C'était primitivement le coca qui servait à cet usage, aujourd'hui c'est le tabac.
Kr=faire, opérer.	*Kakarhua*, jaune, jaunir, et *kakari*= guerrier. Le jaune était la couleur dominante des Péruviens avant l'introduction du sang espagnol, ils appartenaient donc à la race Mongole.
Kas=s'épanouir et **Paç**=cuisson.	*Kakaspas* avec la préfixe *ka*. Pour comprendre l'analogie entre le Sanscrit et le Quichua, il faut savoir que mis au feu les grains du maïs éclatent et s'épanouissent en forme de rose, d'où le nom de *rozas* qu'on leur donne au Pérou et en Bolivie.
Jizwa; zend. **Hizwa**=langue, idiôme.	*Kekechua* ou *Kichua*, nom du peuple péruvien.
K'alla=outre, vêtements.	*Challa*, feuilles sèches qui couvrent l'épi mûr du maïs.
Ks'am=terre.	*Champa*=gazon de là le nom de *pampas* au Brésil.
Janu=genou.	*Chanka*=jambe, cuisse (voy. le mot *Janu* au tabl. de lexiologie Indo-Européenne, t. III, p. 52).
Samrâva=bruit, tumulte.	*Chanraues*, bruit de cloches, *Samriva*, *Sariva*, *Sarrivarri* et Charivari en France, ont la même origine.
Man=penser, exister, mythe de l'existence.	*Man* en Quichua, signifie la même chose et cette racine sancrite a passé sous les formes de *mann* et *man* chez les Allemands, de *men* chez les Anglais etc., en Quichua, *manko*=mankocapax signifient tout à la fois origine et existence et par extension le pre-

MOTS SANSCRITS.	MOTS PÉRUVIENS CORRESPONDANTS.
	mier homme ou l'*Adam* des Péruviens (voy. tabl. de lexiologie Indo-Européenne, t. III, p. 48).
Mas'=frapper, blesser.	*Masani* recevoir un coup de soleil, s'insoler; effet de l'insolation si fréquente sous le Tropique.
Mushas=rat.	*Muka*, la sarigue; grec μυς; lat. mus. sla. *mysi*=rat, souris. En all. la souris porte le nom de *mus*, en bas allemand ou saxon on écrit *muis*.
Mus'=voler, ravir.	*Mukmi*=tromperie, mensonge, fourberie.
Muka=tête, visage, front.	*Muchu*=cou, col.
Minna (de mid')=aimé.	*Munani*=aimer avec la suffixe *na*.
Mut=broyé, écrasé.	*Muti*=maïs bouilli et écrasé, reduit en pollenta.
Naç=disparaitre, périr; zend=**naçu**.	*Nakhani*=tuer, égorger; grec, νεχος =cadaver; νεχρος=mort; lat. nex, nécare.
Nala=tube, tige, roseau.	*Nallkas* (bota.), nom péruvien de la gunnera scabra.
Na=parler, dire.	*Napani*=saluer, se parler et se reconnaître dans la rue.
J'na=savoir.	*Nunu*=esprit, grec νοος, νοῦς=esprit, âme, lat. nosco=je connais.
Nak'a=ongle.	*Nakcha* avec suff. *cha*, peigne, instrument qui a des ongles ou des pointes.
Nanda=belle-sœur du mari.	*Nana*=sœur.
Kôka=grenouille, lézard.	*Okokko*=grand crapaud.
Paksa / **Paksin** } pleine lune.	*Paksa*=lune, et par extension clair de lune.
Paks=prendre, porter.	*Pako*, espèce d'alpago ou bête de trait connu aux Indes orientales avant l'introduction du bœuf par les Espagnols.
Paks (porter)=trainer.	*Pakucha*=bœuf, littéralement *pako* qui traîne, mot forgé pour signifier un animal inconnu aux Péruviens avant la conquête et qui sert aujourd'hui de bête de trait.

MOTS SANSCRITS.	MOTS PÉRUVIENS CORRESPONDANTS.
Pâl=protéger, défendre.	*Pallani*=choisir, mettre à part et *palla* femme mariée de noble famille au Pérou.
Pamb=aller, se mouvoir.	*Pampa* (pampas)=plaine-prairie. Les pampas ou plaines du Pérou et du Brésil sont célèbres.
Plu=aller, naviguer, couler.	*Para*, eau=pluie.
Peru=feu. **Sara**=maïs.	*Paru-Sara*, la partie brulée du maïs roti.
P'as=appeler, commander.	*Pasna*, servante de cabaret. En saxon et en flamand le maître d'une auberge s'appelle *Baas*.
Pini=prendre.	*Pinas*, prisonnier de guerre.
Pupa=gâteau.	*Pupa*, glu à prendre les oiseaux.
Ranka=paresse, lourdeur.	*Ramka*, dormir, rêver.
Ruh, ru=parler.	*Rimani*=parler, révéler.
Rak=goûter, manger.	*Rokota*=poivre, piment.
Sac'ca=arbre.	*Sacha* var. *hacha*=arbre.
Sag=frapper; même rac. pour *saigue* et *sagitta* en lat.	*Sakmani* avec le suff. *ma*=donner des coups de poing. *Saktani* avec le suff. *ta*, battre, assommer.
Sila=pierre.	*Salla*=pierreux, rugueux; lat. *silex*. *Sallka*=terrain pierreux *Salmarumi*=souffre, pierre de souffre.
Çam=se calmer, se reposer.	*Samani*, se délasser, se reposer.
Çuc'i=blanc, blancheur.	*Sokko*=cheveux blancs.
S'as=six (nombre); grec εξ; lat. sex.	*Sokta*=six.
Sura, suri=liqueur spiritueuse en général.	*Sora*, boisson alcoölique faite de maïs et beaucoup plus forte que la *chicha*, également composée de maïs bouilli.
Çira=veine, artère.	*Sorochi*=maladie causée par la raréfaction de l'air sur les cîmes des Cordilières; anévrisme=sirocco, vent du sud.
Ç'ul=inonder, submerger.	*Sulla*=rosée; *sullu*=cascade.

MOTS SANSCRITS.	MOTS PÉRUVIENS CORRESPONDANTS.
Su=bien; suman=gracieux. Sumak'a=au beau visage.	Sumak=beau; le sumac est un arbuste de première grandeur et d'une grande élégance (bot.).
Çi=être couché; cita et rumi=pierre.	Suyturumi=bloc de pierre, quartier de roche.
Taks'=tailler, charpentier.	Takani=mai teller.
Daka=eau.	Takama avec le suff. ma, espèce de canard assez commun au Pérou, néanmoins, on sait que dans l'Amérique du sud, il y a peu de gibier.
Tamb'=aller; tambas=chemin, route.	Tambo ou Tampu=taverne, auberge.
Tam=être, affligé, languir, dépérir.	Tami-tami=gentiana; tami-tami d'azara, espèce de fébrifuge dans le genre du quinine.
Tank=pointe, épine.	Tankat=épine, aiguillon.
Tap, tâp=chaleur.	Tapa=nid d'oiseaux.
Das=servir; daçi=servante.	Taski=jeune fille, demoiselle, servante.
Dâ=établir, poser. Dadâmi, grec τίθημι.	Tatini=cesser, arrêter, retenir.
Dua=deux.	Tatahua=quatre autant que tahua-tahua (dua-dua), deux deux font quatre; en flam. twee tweën maken vier.
Vira, pron. uïra=roseau, tige.	Uiru=tige de maïs.
Dvis=deux fois; lat. bis. Pall=pousser des branches.	Uispalla=sœurs jumelles.
Umâ=lumière, éclat, intelligence.	Uma=la tête, la meilleure partie d'une chose.
Utka=désireux, avide.	Utka=vite, prompt, rapide.
J'aks=voir, connaitre.	Yachani=savoir, connaissances.
Yâ=courant d'eau. Racine qui a servi à une partie des nombreuses formes données à l'eau dans le Celtic-Arien.	Yahu=eau, le mot appartient au dialecte des Cinchas.

MOTS SANSCRITS.	MOTS PÉRUVIENS CORRESPONDANTS.
J'âla=orgueil, arrogance.	Yallini, Llallini=surmonter, dépasser, exceller.
Yana=noir; hispani=uriner.	Yana-hispa=dyssenterie; yana=noir, nègre.
Iti=bête malfaisante.	Ytuchi=sanglier.
Tuh=tourmenter, faire pénitence.	Ytu=jeûne, abstinence.
Yu=joindre; Ya=génération.	Yumani=engendrer, procréer.
Yû=bouillon de pois, d'haricots et d'herbes potagères.	Yuyu=herbes potagères.

Ces exemples de linguistique comparée que nous avons extraits de l'ouvrage de Vicente Fidel Lopez, *sur les races Ariennes du Perou,* montrent a satiété croyons-nous, qu'en Amérique aussi bien qu'en Europe, les racines du Sanscrit ont servi à la formation des idiômes des peuples américains du sud de même qu'à ceux des peuples de l'autre continent. En y voyant de près, on constate une identité complète avec le langage des peuples primitifs de l'Inde-Orientale.

Il y a plus encore, les mœurs et les idées religieuses ont sur les deux continents une analogie et une conformité de croyance et de pratique qui frappe vivement l'esprit le plus sceptique; et en prenant l'Egypte pour point intermédiaire, on arrive à cette conclusion remarquable que les peuples primitifs de l'Amérique des deux côtés de la ligne équatoriale n'ont pu avoir d'autre source de croyance et de moralité que les idées indiennes ou brahmaniques.

MYTHES RELIGIEUX DES PIRHUAS.

La mythologie pirhuane compte quatre dieux principaux : *Ati, Huïra Kocho, Pª Pacha-Kamak* et *Kon,* ou *Kontiski.*

ATI, la lune décroissante ou la nuit. Cette divinité est née de la terreur qu'inspire aux peuples naissants l'ombre et la longue obscurité de la nuit. Lopez croit que les peuples américains, avant de quitter l'Inde, adoraient la *lune levante*. En Amérique, c'est la lune à son coucher qu'ils adorent. Il cherche à expliquer cette différence en supposant qu'en Amérique les peuples ont conservé quelque souvenir de leur patrie primitive (?) [1].

Huira-Kocho (esprit de l'abîme). C'est un dieu Oriental qui représente le soleil et très vraisemblablement le *soleil levant;* car c'est à ce moment que tous les peuples sont frappés d'étonnement et de joie, à la vue de l'astre qui dissipe les terreurs de l'obscurité et ramène les travaux des champs.

Ici M. Lopez fait beaucoup d'efforts pour prouver comme quoi les anciens Péruviens ont dû compter à l'inverse des asiatiques, puisqu'il est d'opinion que les premiers colons indiens sont venus en Amérique s'établir aux pieds des cordilleries péruviennes après avoir traversé tout l'Océan pacifique.

Pa Pacha Kamak (3e dieu). *Pa Pacha-Kamak* signifie littéralement : rotation éternelle et création de l'univers, l'univers lui-même=le mouvement sans lequel tout retournerait vers le chaos primitif.

---

(1) Les peuples les plus anciens tels que les Chaldéens, les Hébreux, les Egyptiens, n'ont pas calculé la succession du temps d'après le cours du soleil qu'ils ne comprenaient pas encore, mais d'après le lever et les mouvements lunaires de l'astre du soir. C'est pour cette raison que la plupart des peuples anciens de l'Europe comptaient le temps non par jours mais par nuits. Les Celtes n'avaient pas d'autre manière de comparer le temps et toutes leurs cérémonies avaient lieu de préférence la nuit, à la lueur des flambeaux. Il en était de même des Germains.

L'Egypte n'avait de cérémonies publiques religieuses que dans les temples qui étaient éclairés jour et nuit.

Encore aujourd'hui les Juifs qui sont restés fidèles aux mœurs hébraïques de leurs ancêtres, ne commencent leur sabat qu'au lever de la lune.

Rien d'étonnant que les ancêtres des Péruviens, originaires de l'Asie Centrale, n'aient eu pour divinité principale dans l'origine, non le soleil mais la lune. Cette croyance a été générale dans le monde et il eut été singulier qu'un peuple américain eut dévié de cette doctrine qui pendant longtemps fut regardée comme le fondement universel de la philosophie.

Kon=Kontiksi ou Kontiche (4ᵉ dieu), était le soleil couchant, c'est toujours M. Lopez qui parle, il observe d'un point de vue objectif d'où il voit le couchant et l'Orient l'inquiète peu.

Ati (la lune). Au temps de la conquête espagnole, Ati n'était plus qu'une divinité secondaire. L'atavisme des Mythes religieux des anciens peuples avaient depuis longtemps fait place aux Mythes religieux astronomiques étudiés dans le but de régler d'une manière régulière et constante le cours du temps, le retour des saisons, l'époque des semailles et des récoltes. Le soleil prit donc la première place comme il était arrivé à la croyance primitive des peuples de l'Inde, de l'Egypte et de l'extrême Orient.

Ati fut dès lors relegué au rang inférieur de divinité secondaire.

A l'époque de Manco-Pirhua, deuxième roi de Cuzco, des tributs nombreuses d'*At-umurunas* [1] poursuivies et expulsées de leurs terres par leurs ennemis, étaient venues en chercher d'autres au-delà du lac *Titicaca*.

C'étaient des peuples laborieux et paisibles qui ayant longtemps occupé les plateaux boisés des cordillières orientales des Andes y avaient construits les monuments pélagiques dont on admire encore aujourd'hui les grandes et fastueuses ruines. Ciéza de Léon [2], un des auteurs de la Conquista, le premier qui les a décrites, après avoir témoigné son admiration en présence de ces ruines qu'il appelle *grandes antiguallas*, s'exprime en ces termes : « et nom-
» mément une grande antiquité (ruine) laquelle on tient
» pour seur que elle feut faicte avant que le seigneur Ynga
» (Incas) regna sur cette terre. Les murailles qui en démou-
» rent, approchent beaucoup en appareil et solidité de con-
» struction à celles-là que laissèrent les Romains en Es-

---

[1] Montésinos, p. VII.
[2] Ciéza de Léon, Chron. per. cap. 87.

» paigne, et sont aucunes des pierres de cestuy édifice de
» Tia-Guanaco très gastées et consumées par l'usage, et
» toutes fois il y a pierres enmy elles qui sont pour estonner
» tout le monde; car, encore que ie m'admire comme elles
» ont peu estre soubslevées et mises en place, à cause de
» leur lourdeur et pesanteur, si ne puis-ie garder de m'ad-
» mirer plus encores voyant comme elles sont bien taillées
» et façonnées en formes diverses, voire en forme de corps
» humain, qui feurent les idoles et faux dieux de cette
» gent là. Bien est vray que de soubs terre se estendent de
» grands souterrains et caves fort profondes; ains veoyt lon
» au ponent de cestuy lieu plus grandes antiquailles, comme
» portes fort grandes avec leurs gonds, seuils et lintels, tout
» d'une pierre seule. Toutefois, ce que plus me estonne
» est veoir comme, tant grandes que feussent ces portes,
» néantmoins faisoyent saillie de leur édifice autres pierres
» plus grandes encores, sur quoy estoient les premières
» assises, et desquelles aucunes avoyent trente pieds de
» long, et de large quinze et plus, et six de front, et que
» avecques la porte, sans parler des gonds et seuils, estoit
» tout d'une pierre seule, chose bien admirable et d'estrange
» grandeur, laquelle on ne peut scavoir avecque quels outils
» et ferrailles elle feust travaillée. Au dedans de cet édifice,
» on véoit un retraict petit en manière de chapelle et, emy
» ce, une idole de pierre, et si contait lon que feurent là
» trouvés travaux en or et choses précieuses. Par tout le
» voisinage, demourent couchées à terre maintes pierres
» très travaillées (sculptées) grandes et petites, en nombre
» infini; par quoy lon veoit que survinrent aucunes guerres,
» lesquelles suspendirent l'œuvre avant que elle ne feust
» terminée [1]. »

A la vue de ces monuments et à leur état de dégradation tous les historiens de la conquête ont été obligés d'en reculer

---

[1] Ciéza de Léon, *Chron. per.*, cap. 87.

la construction à des temps qui approchent aux limites de l'histoire connue [1].

Aux temps des Incas le souvenir des *Atumurunas* était déjà depuis longtemps perdu; mais le culte de la lune que professaient ces peuples, ne leur était pas spécial; ce culte a existé en Égypte de toute ancienneté, et les Grecs du temps d'Homère avaient divinisé la lune sous le nom d'*hécate* comme les Égyptiens sous celui d'*Isis*. Personne n'ignore que ceux-ci avait élevé à la lune un temple à Saïs avec cette inscription célèbre : « *Je suis tout ce qui fut,* » *est et sera : aucune main mortelle n'a encore soulevé* » *mon voile* [2] »

Quoique laboureurs et hommes de travail, les *Atumurunas* avaient des usages tellement barbares en matière de religion qu'il faut pour en trouver la raison d'être, nous reporter aux pratiques primitives des peuples de l'Indoustan. *Herrera* en parlant des ruines de *Tiya-Huanuk* et des mœurs des nations qui habitaient cette contrée au jour de la conquête de l'Amérique, rapporte que ces peuples faisaient des sacrifices, « et lors de l'enterrement d'un homme » on enfermait sous les voûtes du caveau sépulcral les femmes » et les domestiques du défunt pour qu'ils y attendissent » l'heure terrible de la mort. »

Les descendants des Atumurunas chassés des terres de *Tia-guanaco* par l'inca Mayta-Kapak, au nombre de quarante-mille s'étaient jadis réfugiés à l'est de Cuzco et y avaient pris le nom d'Ata-pillu=pèlerins d'Ati; ils peuplèrent la province de Paytiti et y formèrent un empire auquel les légendes, rapportées par Barco de Centenera [3], donnent le nom d'Empire du Grand Moxo ou Mossok.

(1) Ces ruines se voient à Tia-huanuk appelé par les Européens improprement *Tia-guanako*, *Tiia*=Trone, *Nako* – mort, *huanuk*, même signification : temple dédié à la mort, destiné aux sacrifices humains, prisonniers de guerre, etc.

(2) Jablonski, l. V, ch. 7.

(3) Voy. Barco de Centenera « la Argentina » l'*Expédition d'Alvar-Nunez, Cabeca de Vaca.*

Ainsi les mêmes mœurs barbares que nous avons vu établies à l'égard des veuves ou Suti-Indiennes et de ce droit de guerre primitif qui permettait d'immoler aux divinités les prisonniers de guerre et les grands coupables chez les Druides, se retrouvent sans variations, sans transitions aucunes à plus de 6000 lieues de distance, à travers des mers infranchissables, chez des peuples que jusqu'à ces derniers temps, les auteurs les plus accrédités avaient toujours crû d'une origine toute moderne.

Il n'entre pas dans notre cadre de pousser plus avant nos investigations dans les replis du culte des anciens Péruviens. Il y a des auteurs qui soutiennent que le seul grand Dieu des peuples américains,=Pirhuas et Mexicains, était le soleil; d'autres admettent un monothéisme purement spirituel qui commande au soleil, à la lune et aux étoiles du firmament; ils admettent un esprit, un verbe, une trinité composée de l'éclair de la foudre et du tonnerre; mais tous les éléments de la nature ne sont que des attributs ou les agents de la divinité suprême. Il est fort difficile de débrouiller ce chaos philosophique. L'invasion espagnole n'a pas manquée d'introduire dans le vieux système théogonique des Américains, les éléments et les idées spirituelles du christianisme et il est difficile aujourd'hui de distinguer ce qui jadis constituait purement le culte vulgaire des emprunts postérieurement introduits par les conquérants espagnols [1].

Au point de vue où nous nous sommes placés dans cette étude, il est une question qui s'impose à nous d'une manière péremptoire et absolue. Ayant, dès le début de ce travail, contracté l'obligation de rechercher autant qu'il est encore possible le lieu d'origine ou la demeure primitive de chaque

---

(1) Voy. Gazilazo. Comm. réal. Vol. 1. l. 5, ch 18. Brasseur de Bourbourg. Montesinos, pp. 93, 174 et 175.

Pour des comparaisons entre le culte Égyptien et Américain, voy. Kenrick, vol I, p. 387, note 3. et Bunsen, vol. I, pp. 382-385 et 393.

peuple en particulier, nous nous sommes efforcés de donner les indications les plus exactes et les moins contestables.

Dans le narré de ce grand nombre de faits et au milieu de cette multitude de divergences des auteurs anciens, nous nous sommes trompés très souvent, il n'en pouvait être autrement, beaucoup d'événements restés dans l'oubli ont pu s'élucider, mais il en reste un grand nombre d'autres à éclaircir et à expliquer. Toutefois, ce n'a jamais été de parti pris et à *priori* que nous avons émis notre opinion.

Dans les questions que nous allons poser nous suivrons les mêmes errements et nous chercherons à faire preuve d'une égale circonspection.

Les Américains du sud et du nord sont-ils des peuples aborigènes nés de tous temps sur cette terre si longtemps isolée? ou bien leurs ancêtres n'étaient-ils pas plutôt des advènes de l'étranger, qui, comme ceux des peuples primitifs de l'Europe, y ont abordé dans un temps qu'il n'est plus possible de supputer?

Ou bien encore faut-il admettre qu'à raison des différentes races d'hommes, qu'on rencontre dans les deux Amériques, il y a dans cette immense contrée, tout à la fois des peuples aborigènes, autochtones et des races étrangères qui y sont arrivées du dehors?

Naturellement, on le comprend bien, nous ne ferons qu'effleurer ces questions, graves par elles-mêmes et difficiles à aborder à raison du défaut presqu'absolu de preuves positives et péremptoires.

. L'état actuel des deux Amériques, — de l'Amérique du nord surtout, — ne nous permet pas aujourd'hui d'en tirer des conclusions qui s'imposent tout d'abord à l'esprit. Tant de peuples divers y ont pris domicile depuis la conquête, tant d'étrangers y ont afflué et y affluent encore journellement de tous les côtés de la terre, qu'il faut nécessairement tenir compte de ces faits et ne pas les perdre de vue; d'un autre côté, l'ascendant moral des premiers conquérants sur l'esprit des vaincus a été si puissant et leurs alliances avec les naturels du pays si fréquentes et si absolues que, même en matière de mœurs et d'habitudes, on ne peut entièrement se soustraire aux influences diverses qu'à subie l'ethnographie des peuples de certaines contrées bien connues du nouveau continent.

Tous ces faits considérés et pesés à leur point de vue normal, on peut se demander s'il n'est pas possible que dans quelque vallée fortunée des Andes péruviennes, aux bords des lacs ou près des torrents, un premier homme ait vu le jour comme on nous le rapporte de celui qui serait né dans l'un des édens de l'Hymalaya ou de l'Indo-Kusch; et si cela n'est pas impossible, on aurait dans ce fait la reponse toute prête à la question si souvent affirmée d'une part et niée de l'autre, d'un premier être humain né dans une seule contrée de la terre.

Mais alors que deviennent les vestiges des travaux humains qu'on retrouve en Amérique? Quel sens donner à des constructions pélagiques de même nature que ceux de l'Italie, des Indes et de l'Égypte?

Quelle conclusion assigner à la propagation d'une langue primitive dont on retrouve, à tous les degrés, les racines dans les principaux idiômes des peuples américains, comme on les a trouvées depuis longtemps dans toutes les langues indo-européennes?

Le souvenir de ces faits, demeurés jusqu'à ce jour sans solution, offre néanmoins la possibilité de soulever un coin du voile qui couvre encore ce mystère ethnologique.

L'illustre auteur *Des habitants primitifs de la Scandinavie*, IVEN NILLSON, pose en *principe comme une loi générale que les hommes placés à un degré égal de civilisation se produisent partout à peu près de la même manière.*

En matière d'objets *préhistoriques, dit-il, des ressemblances plus ou moins réelles ne prouvent pas toujours la même origine, mais seulement le même niveau de cul-*

ture et nous ne pouvons pas conclure, ajoute-t-il, de la ressemblance des antiquités, qu'elles ont été faites par le même peuple ; mais seulement par des peuples qui se trouvaient au même degré de civilisation [1].

Nous admettons ces axiômes d'ethnologie comparée avec les réserves qu'y oppose l'auteur lui-même et nous allons chercher à pénétrer ce mystère et tacher d'en soulever une aussi grande partie du voile que des observations récentes et des découvertes qui ne datent que de ce siècle, peuvent nous autoriser à le faire.

En présence des vestiges monumentaux qu'il a visités, Alex. von Humbold, ne conserve aucun doute qu'il a existé dans l'Amérique du sud et au Mexique une antique civilisation et un ancien peuple, que l'âge et la conquête des Espagnols ont fait disparaître en grande partie. D'autres voyageurs ont crû retrouver dans cette partie du monde des vestiges d'un culte du soleil en tout semblable à celui qu'on rendait naguère à cet astre sous le nom de *Baal*, en Phénicie, de *Belus*, en Assyrie, de *Bélinus*, chez les Druïdes.

D'autres archéologues sont parvenus, — à l'aide de la philologie comparée, — à retrouver les racines sanscritiques dans la composition de l'ancienne langue *Quichua* des peuples primitifs du Pérou ; et enfin de savants botanistes ont retrouvé, dans la flore du nouveau continent, des plantes, qui ne pouvant y avoir été introduites à la suite de l'invasion espagnole, — puisqu'elles y existaient longtemps avant cette époque, — ont avec leurs congénères de l'Afrique, une identité formologique et des vertus tellement identiques qu'on ne peut s'empêcher de croire à des migrations de peuples qui les ont importées, jadis d'un continent à l'autre par des voies encore inconnues.

---

(1) Iven Nillson : *Les habitants primitifs de la Scandinavie ;* essai d'ethnographie comparée. Matériaux pour servir à l'histoire du développement de l'homme, etc., traduit du Suédois. sur le manuscrit de la 3me édition, préparée par l'auteur. Paris, in-8°, 2 vol. 1868.

En présence de ces faits indéniables et qu'on ne peut plus discuter, quelle est la première pensée qui obsède l'esprit de l'homme studieux et scrutateur? N'est-ce pas celle qui lui fait songer à l'opinion des anciens Égyptiens, rapportée par Solon et qui nous a été conservée dans les entretiens de Platon avec ses disciples et ses amis?

Avant de donner les lois à Athènes Solon va consulter les savants d'Egypte, et un prêtre de *Saïs*, qui venait d'écouter patiemment le futur législateur de son pays, lui dit en secouant la tête :

Vous autres, Grecs, vous êtes toujours enfants!

Vous n'avez pas d'histoire fondée sur d'anciennes traditions conservées d'âge en âge; aucune science qui chez vous est fondée sur une longue expérience, et la raison est celle-ci :

« Dans la succession des temps antérieurs, beaucoup
» d'hommes et de choses ont péri par l'eau et le feu, par
» l'eau surtout. En Egypte, nous avons pû facilement échap-
» per aux nombreux désastres qui ont eu lieu ailleurs par
» suite d'inondations.

» Le Nil a toujours été pour nous un sauveur. D'un côté,
» il n'y a pas en Egypte de torrents qui descendent du haut
» des montagnes et ravagent périodiquement sur leur pas-
» sage, tout ce qu'ils rencontrent, comme cela arrive dans
» les régions montagneuses. Au contraire ici, le sol est
» établi de telle façon, que les eaux s'élèvent et se répandent
» insensiblement sur la terre et n'exposent personne à des
» inondations subites et imprévues.

» De là, nous avons pû conserver nos plus anciens sou-
» venirs, et l'histoire de notre pays, ainsi que celle de nos
» connaissances scientifiques depuis les temps les plus recu-
» lés, sont inscrites sur les murs de nos temples et forment
» un livre constamment ouvert aux esprits studieux; tandis
» que chez vous, tout est périodiquement détruit, ravagé;
» les institutions et les hommes disparaissent sans laisser

» aucune trace dans la mémoire, et voilà pourquoi vous
» autres, Hellènes, vous êtes obligés de recommencer de
» temps en temps votre histoire ; ce qui fait que vous êtes
» toujours au même point et restez toujours enfants.

» Vous ignorez que nos livres sacrés font mention d'une
» puissance antique de la Grèce, (?) qui avant la dernière in-
» nondation générale, fut assez formidable pour renverser
» une domination barbare qui ne prétendait à rien moins qu'à
» subjuger par les armes l'Europe et l'Asie toute entière.

» Venue du dehors des régions atlantidiques où il existait
» à cette époque à partir d'un détroit (Gibraltar) une île
» immense qui occupait tout l'espace compris entre les deux
» continents, (le Cap vert et la mer des Antilles).

» Les peuples de cette île avaient subjugué une partie des
» nations d'un continent voisin situé plus à l'ouest; (l'Amé-
» rique du sud) et guidés par un chef, ils avaient résolus
» de s'emparer de toutes les terres qui formaient à l'orient
» les côtes de l'Afrique jusqu'à l'Egypte et du côté du
» nord-est, toutes les terres jusqu'à la mer de *Toscane* ou
» mer *thyrénéenne;* lorsqu'à la suite d'affreux tremblements
» de terre, les montagnes de l'Atlas, qui tenaient à l'Espagne,
» furent submergées; l'atlantique se fraya un passage et les
» eaux, faisant irruption dans la Méditerranée, occasion-
» nèrent en Grèce le déluge de Deucalion, dont la mytholo-
» gie grecque a gardé le souvenir. »

Le prêtre de Saïs termina ce récit en ajoutant : qu'à la suite de ces tremblements de terre, l'île de l'*Atlantique* — qu'on estimait aussi grande que l'Europe et l'Asie (Asie mineure) entière, — fut en un jour et une nuit engloutie sous les eaux avec tout ce qu'elle renfermait de villes et d'habitants; et le seul souvenir parait-il, qui soit resté de ce cataclysme, c'est l'existence depuis ce temps du détroit de Gibraltar et la mer de *Sargasse*, énorme banc de fucus sous-marin, qui est encore aujourd'hui un obstacle sérieux à la traversée des navires qui vont d'Europe dans l'Amérique du sud.

Ainsi parlait le vieux prêtre de Saïs; et son récit transmis par Platon et mentionné par le vieux Kritias, n'excitait de la part de ce philosophe aucune sorte d'incrédulité; mais soit défaut d'intérêt soit manque de connaissances critiques suffisantes, l'évènement prodigieux qu'amena ce cataclysme, passa ensuite chez les Grecs incrédules comme le fruit de l'imagination d'un savant plus désireux d'afficher son savoir que d'enseigner la science fondée sur la vérité.

Et cependant physiquement et géologiquement parlant, cet événement n'était pas impossible. On a aujourd'hui des preuves que certaines parties des mers et des terres s'élèvent et s'abaissent successivement; et en admettant pour ces oscillations géologiques une durée suffisante, — en dehors des idées vulgaires des chronologistes anciens, — il est très possible, il est même certain que des cataclysmes pareils à celui qui a pû faire disparaître en un jour et une nuit funestes tout le continent atlantidique, ont jadis existé plus fréquents et plus terribles qu'aujourd'hui.

En effet, de nos jours encore, les côtes occidentales de la Norwège s'élèvent insensiblement, tandis que les rivages orientaux du Golfe de Botnie s'abaissent.

La ville d'*Adria* qui naguère, était un port de mer de l'Adriatique en est aujourd'hui à la distance de plus de deux lieues; et les côtes de la mer du nord en face de la Belgique, ont subi récemment les mêmes révolutions; soit que les terres riveraines de ce pays se soient élevées, soit que les flots de la mer en se retirant, leurs aient permis de s'étendre ou de reculer leurs limites; toujours est-il que l'ancienne ville de *Damme* près de Bruges, jadis port de mer, est aujourd'hui séparée du rivage par un espace de terre de plus d'une lieue et demie d'étendue.

Les faits narrés dans les mythologies grecques et scandinaves, viennent singulièrement corroborer le récit dont nous venons de rapporter la substance.

On connaît le déluge d'*Ogyguies*, celui de *Deucalion*, la

submersion de l'île de *Jerne* et son émersion récente au-dessus des flots de la mer du nord. On connaît le percement du détroit de Gibraltar, celui du détroit de *Jénicalé* et partout on peut suivre les traces des mers intérieures qui tour à tour ont submergé ou abandonné des continents plus ou moins étendus.

Quoique Platon parut très persuadé de la vérité du récit du vieux prêtre de Saïs (et qui mieux que lui parmi les Grecs pouvait en juger), quoiqu'il fut animé d'une foi profonde, ses compatriotes connaissaient trop peu la géographie d'alors pour être à même de se rendre compte d'un fait pareil. Le mythe de l'Atlantide inconnue, située dans une mer dont ils n'avaient jamais entendu parler, leur paraissait et devait naturellement leur apparaître comme une fable inventée à plaisir pour grossir le savoir égyptien aux dépens de celui des Grecs.

L'antiquité n'ajouta donc jamais une foi complète à ce récit et le scepticisme du moyen-âge qui va toujours droit au but, se contenta de nier ce qu'il ne pouvait comprendre.

Les savants vécurent ainsi pendant des siècles sur ce mythe cosmogonique et l'on finit par ne plus s'en occuper, se contentant de mettre sur le compte de l'imagination du divin penseur grec un fait qui provenait des souvenirs d'un peuple reconnu pourtant dans le monde comme le moins disposé à se laisser égarer par son imagination, et dont l'existence aujourd'hui reconnue, remonte au moins à 7000 ans.

Dépouillés de ces influences, mieux renseignés sur les cataclysmes qu'a subis la terre à différentes époques; surtout plus instruits des principes ethniques qui constituent les diverses races d'hommes qui l'ont habitée et possédant des notions précises sur l'origine du langage et sur les voies de transmission au loin qu'a subies la propagation des langues, nous sommes certes — sans nous aveugler sur notre mérite, — plus à même de juger d'un pareil événement que ne l'étaient les Grecs des temps anciens.

Plusieurs faits sont d'ailleurs aujourd'hui incontestablement assurés.

L'antiquité de ce nouveau continent se démontre par les vestiges de ses monuments.

L'analogie des mœurs de ses habitants avec les mœurs des anciens peuples de l'Inde ne peut plus être contestée et nous venons de démontrer par une série d'exemples, que nous aurions pu multiplier à l'infini, l'affinité de langage entre la langue Quichua des anciens habitants du Pérou, et le sanscrit indien. De là découle impérieusement cette conséquence logique, absolue, que les deux Amériques ont été naguère peuplées comme l'Europe par des aborigènes de l'Inde et de l'extrême Orient.

Mais comment ce fait s'est-il produit? quelle cause a pu y donner lieu? et vers quelle époque faut-il en faire remonter l'origine?

Pour répondre à ces questions nous avons besoin de revenir un instant à ce que nous avons dit au T. I, p. 15 et suiv. de cet Essai, touchant le double courant d'émigration qu'ont suivi les nomades de l'Asie dans leurs migrations vers l'Occident.

« Au-delà des montagnes de l'Altaï vers le Nord, avons
» nous dit, est la Sybérie d'Asie, en deçà de l'Hymalaya
» sont les régions de l'Hindoustan, de l'Iran, de la Perse etc.

» C'est dans cette double direction qu'ont eu lieu les migrations des peuples de l'Asie centrale.

» Dès que les nomades du Nord eurent mis le pied en
» Europe, ils se trouvèrent en face d'un pays immense,
» n'offrant aucun obstacle. Peu familiarisés avec l'aspect
» d'un pays où ils ne trouvaient ni les montagnes, ni les
» torrents, ni les vallées fertiles de leur pays, ils s'avan-
» cèrent, entourant de *rings* et de *boulevards* en terre,
» les tentes et les chariots qui renfermaient à la fois leurs
» effets, leurs enfants, et leur servaient en même temps de
» refuge et d'asile.

» De la Scythie asiatique les tribus se dispersèrent à l'Occident, dans la direction de l'Oural et du *Wolga*.

» Ayant franchi ce fleuve de deux kilomètres de largeur en moyenne, elles avaient à leur gauche pour barrière la Mer caspienne, le Palus Méotis et l'Euxin. Ne pouvant franchir ces obstacles, elles furent obligées d'aller en ligne droite vers l'Occident, suivant le cours du soleil.

» Le Nord de la Scythie ne leur offrait que des ressources insuffisantes. Les bords de la Mer glaciale ne présentent qu'un sol couvert de mousse, où le Renne seul peut subsister; en-deçà sont des forêts de pins, de sapins et de bouleaux qui ne peuvent fournir aux Nomades aucun aliment; ajoutez un climat rude, affreux, et des terres couvertes de neiges, durant plusieurs mois de l'année, et l'on comprend qu'un tel pays ne pouvait pas les faire vivre. Leur route était donc naturellement tracée par la conformation générale du pays et par les nécessités de la vie. Ils furent obligés d'avancer entre deux obstacles naturels tenant, d'un côté les lisières des bois, de l'autre les plateaux montagneux, se faisant des unes un abri contre les rigueurs de l'hiver, des autres un refuge contre les tribus ennemies.

» Les terres qu'ils avaient à parcourir étaient coupées par de larges fleuves courant du midi au nord, sans offrir aucun obstacle réel à leur passage. En partant des bords de la Mer caspienne vers le sud-ouest ils arrivaient en face de la Crimée, vers le nord-ouest aux bords de la Scandinavie et dans la Chersonèse cimbrique. Telle fut la double route que suivirent les nomades de l'Asie du Nord.

» Les peuples du Caucase indien suivirent une route différente; de l'*Arménie* ils passèrent dans l'Asie mineure sur les côtes de la Palestine et de là en Égypte. Ceux qui par cette route voulurent passer en Europe en traversant l'Hellespont, n'en étaient pas empêchés; car les eaux du *Bosphore de Thrace* sont moins larges et moins agitées que celles du Wolga. Une fois sur la terre d'Europe de ce côté, ils avaient la Grèce et les îles de l'Archipel devant eux. »

Parmi ces deux courants d'émigration, — dont l'un s'est porté au nord-ouest et l'autre au sud-ouest, — c'est ce dernier qui s'impose forcément à notre esprit, comme ayant guidé les races Ariennes vers le sud et le centre de l'Amérique.

Primitivement composés de races Dravidiques et Touraniennes, les premiers émigrants, — divisés en branches assyrochaldéennes, médo-persane, mésopotamienne et misraïte — ont fondé successivement les royaumes d'Assyrie, de Perse, de Babylone; puis peuplant l'Arménie, la Syrie et la Palestine, ils ont fourni à mesure de leurs progrès, à l'Asie mineure, aux bords orientaux de la Méditerranée et à l'Égypte inférieure, leurs premiers habitants.

Tous ces peuples célèbres à divers titres dans l'histoire ancienne, sont les premiers qui de l'état nomadique, passant à l'état sédentaire, ont inauguré la civilisation de l'Asie inférieure et contribué par leur exemple et leurs enseignements, à la propager sur tous les continents voisins de l'Europe, de l'Arabie et de l'Afrique. A cette époque de l'histoire on observe une longue et remarquable période d'arrêt, pendant laquelle se forment et se consolident les empires d'Assyrie, de Perse et d'Égypte, autour desquels se groupent, comme les satellites autour d'un astre principal, les possessions des Chaldéens, des Arabo-Sémites, des Parthes et des Arméniens.

Les Égyptiens, presque constamment en guerre avec l'Assyrie leur ennemie naturelle, avec l'Arabe, les peuples Italo-Grecs et les Africains de la Lybie, répandent leur civilisation à l'est et à l'ouest de leur empire, et quoique à leur tour, dominés pendant plus de quatre siècles par la race blanche des Hyksos, ils ne cessent d'étendre vers l'ouest une domination qui les porte vers les confins occidentaux de l'Afrique, d'où la race Atlantido-Ibérique franchit le détroit, s'empare de l'Espagne et du midi de la Gaule.

Ici s'arrête l'histoire primitive des races Ariennes du midi et vient se placer le mythe si longtemps repoussé de l'Atlantide submergée par les eaux de l'Océan.

Le seul adminucule de preuve que nous ayons de ce fait extraordinaire, c'est la légende égyptienne que nous avons rapportée plus haut ; mais il y a des témoignages matériels et moraux qui ne permettent plus de douter de sa réalité.

Comment en effet les peuples de l'Arie indienne auraient-ils pu parvenir jamais jusqu'en Amérique s'il n'avait pas existé jadis un continent ou tout au moins un immense Archipel d'îles et d'îlots qui pouvait faciliter leur passage des bords de l'Afrique occidentale vers les rives de l'Amérique du sud ?

Pour des peuples privés de boussole, n'ayant que des escifs formés d'un tronc d'arbre ou des barques recouvertes de peaux de bêtes, quel espoir qu'ils aient jamais pû traverser un Océan de 1500 lieues de largeur et arriver en assez grand nombre sur des rivages inconnus dans le but d'en coloniser les terres ? et si par hasard des navigateurs-cotiers d'Afrique ont pu être entraînés en pleine mer par suite d'une tempête, quelle apparence qu'ils aient jamais pu atteindre vivants, à des terres si éloignées, souffrir la faim et la soif, et le jouet des flots pendant plus de trois mois, arriver à bon port et en bon état ?

Cela nous paraît de toute manière impossible.

Il faut donc, en admettant la présence d'une population Arienne dans l'Amérique du sud, admettre en même temps les moyens d'avoir pû y parvenir avec quelque certitude.

Sans une terre intermédiaire ou des archipels nombreux et étendus, la chose ne s'explique pas de la part d'un peuple sans moyens de navigation perfectionnée.

Que cette terre ait jadis existée au milieu de l'atlantique se déduit assez vraisemblablement de cet immense banc de fucus sous-marin qui existe au milieu de l'Océan, juste en face des côtes d'Afrique et de l'Amérique, connu sous le nom de mer de *Sargasso*.

Cette partie aujourd'hui innavigable à cause des bas-fonds démontre à toute évidence que la terre submergée a laissé des vestiges de son existence, et que sa submersion n'a pas été assez profonde pour la faire disparaître à tout jamais, sous les eaux de l'Océan [1].

Les Arias venant à la suite de la race noire ou Chamite de l'Inde qui peupla l'Égypte méridionale et l'Afrique, purent donc à la faveur des terres ou des îles de l'Atlantide continuer vers l'occident la série de leurs courses vagabondes, et prenant pied successivement aux Acores, au groupe de Madère, aux îles Canaries et à l'archipel du Cap-Vert, ils auront joui, en passant sur ces îles, du double avantage d'y trouver plus de sureté contre les races ennemies ou hostiles et un climat fortuné dont le nom est resté dans un des groupes d'îles que nous venons de citer.

Les Malais qui ont successivement peuplé les îles de la Sonde, les Philippines, Bornéo, Célèbes, Java, la nouvelle Guinée et jusqu'aux îles Salomon, ont parcouru ainsi une distance en mer bien plus grande que celle qui sépare aujourd'hui les îles du Cap-Vert, des côtes du Brésil et des bouches de l'Amazone.

Parvenue dans l'Amérique du sud, la race Arienne en remontant le grand fleuve, aura facilement gagné le Pérou et peuplé une des contrées les plus plantureuses du globe.

Ce système, on le conçoit, est loin d'être généralement admis; ceux qui ne consentent à admettre à aucun titre l'existence d'une Atlantide, le rejettent sans discussion. Parmi les auteurs cosmographes des temps modernes, il y en a qui, tout en admettant l'existence des Arias en Amérique, soutiennent qu'ils y sont venus, non de l'Afrique, mais de

---

[1] D'après la légende grecque, le déluge d'Ogyguies, submergea toute l'Irlande, très vraisemblablement à une époque contemporaine de la submersion de l'Atlantide; mais l'Irlande a pù sortir des eaux par une cause qui n'a point agi de même ni amené le même effet; ou peut-être encore à raison de son sol qui était naturellement plus élevé.

leur pays natal par l'Océan pacifique et se fondent sur cette considération que les légendes des Pirhuas font venir ces étrangers du côté des côtes méridionales des Andes ; et sur cette autre considération que le culte de la lune *levante* se retrouve au Pérou de toute antiquité comme dans les régions de l'Inde orientale. M. Fidèle Lopez, le judicieux et savant auteur des races Ariennes au Pérou est de cet avis.

Mais quelle apparence que des peuples de l'Arie indienne aient jamais pu venir dans l'Amérique du sud par l'Océan pacifique ?

Parcourir une distance de plus de 4500 lieues d'étendue sans autre port de relache que les îles Sandwich et aborder aux côtes méridionales du Pérou en parcourant 80 degrés de L. (c'est-à-dire 2000 lieues de France), d'une mer où l'on ne trouve aucune île, aucun attérissement, aucun abordage pour faire de l'eau fraiche et ravitailler les équipages des barques de passage ; car à cette époque éloignée de l'histoire il ne pouvait être question de navires à haut bord ni de transports susceptibles de supporter les effets d'un Océan si étendu.

Il ne reste donc à cette partie des migrations des races Ariennes en Amérique que la possibilité d'avoir pû, à l'aide d'une série d'îlots et de continents depuis lors disparus, parvenir à la dernière station de leurs courses et justifier leur présence sur une terre que nous avons toujours ignorée jusqu'au moment ou vers 1500 de l'ère actuelle, les Espagnols en firent la découverte et contribuèrent ainsi les premiers à nous la faire connaître.

Une dernière considération qui milite en faveur de ce que nous venons de dire. Lorsqu'on prend une mappe-monde et qu'on mesure la distance des rives de l'Indus aux bouches de l'Amazone dans l'Amérique du sud, on trouve que la distance n'atteint pas à beaucoup près la moitié de celle qu'auraient dû parcourir des peuples qui de l'Inde, émigrant vers le détroit de Behring et descendant le long des côtes septentrionales de l'Amérique du nord, auraient eu à parcourir pour arriver au même point que nous venons d'indiquer dans l'Amérique du sud.

Mais il y a des motifs encore bien plus puissants, qui ont dû empêcher les peuples de l'Inde de prendre passage du côté des terres du pole nord et dans le voisinage de la Mer glaciale.

L'écart de la température de l'Inde au détroit de Behring et les possessions Russes anciennes de l'Amérique du nord est tel, que des peuples nés sous l'équateur et habitués à la chaleur tropicale n'ont pu concevoir un tel projet et n'ont jamais été en position de l'exécuter.

Au contraire, en marchant droit vers l'occident et tenant les côtes septentrionales de l'Afrique pour leur ligne de migration, ils n'avaient aucun obstacle provenant du climat à redouter; ils marchaient constamment dans une zone tempérée où les fruits de la terre sont en abondance, les cours d'eaux en grand nombre et les obstacles résultants du terrain presque nuls.

Du côté de l'est, au contraire, ils étaient exposés au rude climat du détroit de Behring et aux glaces du pole nord. Le pays à traverser sur presque tout ce parcours immense, ne produit que des herbes crucifères, des mousses et des bruyères; et nul arbre à fruit, ni plante potagère ne croît dans ces régions désolées, inhabitables et inhabitées depuis cette longue série de siècles écoulés jusqu'au jour où nous avons appris à les connaître.

Il n'est donc admissible en aucun cas que les Arias de l'Orient aient eu le choix entre ces deux routes; fatalement entraînés dans la même voie, les nomades d'Asie auront tous, l'un à la suite de l'autre, dirigé leurs courses d'Orient en Occident et seront ainsi parvenus jusqu'aux confins des Andes péruviennes où ils ont laissé les vestiges des grands travaux dont nous avons fait mention ci-dessus.

Il ne reste aux partisans de l'opinion contraire, qui les fait arriver par les terres boréales en Amérique, que la ressource d'admettre une grande révolution cosmique, qui changeant la disposition des poles de la terre, en aurait changé la climatologie et rendu stériles les terres du pole nord, jadis favorisées par un climat tropical et fortuné.

Ils peuvent à la vérité invoquer à l'appui de leurs idées l'existence dans la Sibérie septentrionale — et jusque dans les îles de la nouvelle Sibérie — d'ossements nombreux d'*Elephas-primigenus*, qu'on y découvre encore de nos jours ; mais ce changement considérable, en admettant qu'il ait pu avoir lieu, ne peut avoir été l'effet d'une révolution subite, mais le résultat lent et graduel d'un mouvement d'inclinaison de la terre, auquel on peut assigner des millions de siècles, sans courir le risque d'un démenti.

Et puis l'*Elephas primigenus* n'était peut-être pas un animal essentiellement tropical ; il a pû vivre dans une zone plus rigoureuse que celle de l'Asie du centre, et se nourrir d'arbustes essentiellement différents de ceux de la zone équatoriale [1].

A ce titre seul on pourrait admettre le passage des races Ariennes d'Asie en Amérique, mais sur ce long trajet il ne reste pas de traces de cette migration ni dans les nomenclatures géographiques des lieux, des fleuves et des rivières, ni dans les monuments ou les travaux qu'ils auraient exécutés durant le long intervalle qu'il leur a fallu pour le parcourir.

Nous reconnaissons donc notre impuissance à resoudre une question de cette gravité. Le temps et l'expérience aidant, les synologues, pourront peut-être découvrir un jour

---

(1) On a trouvé en Sibérie des squelettes d'éléphants, enfouis sous la glace, portant à la bouche des fragments de sapins, qui n'est pas la nourriture habituelle de ce pachiderme. Il faut donc lui supposer d'autres mœurs et d'autres habitudes ; et de fait l'éléphant d'aujourd'hui supporte assez facilement le rude climat du Nord et les froids rigoureux qui y règnent.

dans les écrits des auteurs du céleste empire, des légendes ou des relations positives, qui dissiperont l'obscurité qui règne encore à ce sujet.

Néanmoins nous ne pouvons, — animés que nous sommes d'un esprit d'impartialité, — passer sous silence l'opinion d'un ethnographe et d'un philologue distingué qui a traité cette question avec une grande autorité. M. James Cowles Prichard, dans son *Eastern origin of the Celtic nations*, fait remarquer à ce sujet la singulière concordance qui existe entre toutes les anciennes langues de l'Amérique du sud et du nord quant à leur construction grammaticale et technique; et il commence ainsi la démonstration de sa thèse (celle du passage des races Ariennes de l'Asie centrale par le détroit de Behring en Amérique).

« *The native races of North America are referred by*
» *a classification of thier dialects to a few great divisions,*
» *several of which extend as Radii issuing from a com-*
» *mon centre in the north-western part of the continent,*
» *where it is divided from Asia by Behrings streat.* »

Et il ajoute immédiatement après :

« *One circumstance which is perhaps of more impor-*
» *tance than all the preceding is the singular congruity in*
» *structure between all the American languages from the*
» *Northern tho the Southern extremity of the continent.* »

Ainsi les idiômes des tribus des *Esquimaux* ont beaucoup d'analogie avec la langue jadis en usage parmi les *Asthèques* et les *Tlaxcallans* de l'Amérique centrale. On a constaté la même chose à l'égard de la langue des *Karalites* qui, divisés en plusieurs tribus, habitent les régions polaires à partir des *Tschugassi* en Asie jusqu'au Groenland, en un cercle qui contourne le pole nord sur une étendue d'environ 150 degrés de longitude.

Des études de philologie comparée ont en outre conduit au même résultat en ce qui concerne les *Lenni-Lenapes*, les *Algonquins*, les *Iroquois* et les habitants de la *Floride*, de manière que, lorsque cette étude encore toute récente aura reçu son développement normal, on pourra, en suivant le premier jalon, soulever un coin du voile qui couvre encore cette partie de l'ethnologie si importante des peuples de la région immédiatement boréale [1].

Au moment où les Espagnols envahirent ce pays, la langue ancienne, déjà très perfectionnée des Péruviens s'appelait le *quichua*, elle s'appelle encore de même ; mais elle subit une première déchéance avec la civilisation ; depuis elle a suivi le sort commun du peuple péruvien dans la longue décadence où le despotisme des conquérants l'a fatalement entraînée.

L'idiôme actuel du peuple péruvien est le *quichua de la dernière heure*, pour nous servir de l'expression pittoresque d'un auteur national de nos jours [2].

(1) Voyez à ce sujet les travaux et les recherches de BARTON, d'HERVAS, d'ALEX. VON HUMBOLDT, d'HECKEWELDER et de DUPONCEAU.

(2) *Le quichua*, dit Fidèl Lopez : *des races ariennes du Pérou, est une langue dérivée de l'arienne* dont il faut aller chercher les racines dans celles de l'Asie orientale, surtout dans le sanscrit ou phelvi moderne.

Elle est agglutinante, c'est-à-dire ayant la vertu de s'incorporer à d'autres et de s'allier sans peine à des langues étrangères.

Car pour expliquer les divergences qui s'y rencontrent avec la langue de l'Arie, il faut admettre que la séparation s'est opérée à une époque où cette dernière ne s'était pas encore définitivement constituée en langue organisée grammaticalement et euphoniquement.

D'après l'opinion de BUNSEN, de MAX MULLER, de POTT et autres Indianistes, le sanscrit tel qu'il nous est connu, a été précédé d'une période d'extrême simplicité et d'entière absence de flexion ; ce qui se voit encore dans les langues monosyllabiques, telles que le chinois, le thibétain, etc. L'agglutination n'est que le second degré de formation d'une langue. Après sa constitution primitive, de monosyllabique elle passe à l'agglutination, c'est-à-dire qu'à ces monosyllabes — qui forment les racines primitives du langage et le font regarder comme constitutives, — il s'en adjoint d'autres qui complètent le sens ; mais il manque encore le système des parties flexibles du langage. Enfin les règles de la grammaire et celles de la prosodie, font d'un idiôme barbare une langue parfaite et fixée.

Le chinois est monosyllabique. Les langues touraniennes, comme le turc, le tatar, le mongol, sont des langues agglutinées et n'ont cessé d'être telles depuis la plus haute antiquité.

Les langues ariennes, comme le celtique, l'allemand et généralement toutes celles

Piraterie (*Guerre des pirates, brigandage sur mer*), sorte de lèpre morale qui dans l'antiquité s'est étendue sur toutes les mers où le commerce maritime s'était frayé des routes et établi des comptoirs maritimes.

On connaît les pirates danois, saxons et autres du commencement de l'ère actuelle qui, sous le nom générique de *Normands*, ont commis leurs déprédations dans les mers du nord pendant plusieurs siècles; ils n'ont pas besoin de nous occuper en ce moment.

En remontant plus haut dans l'antiquité, on rencontre dans l'histoire d'Angleterre et d'Irlande tout une série d'étrangers, écumeurs de mer, qui, sous le nom générique de *Foghmoreis*, infestèrent les côtes de ce pays, descendirent à terre, finirent par s'emparer des régions désertes et à s'y établir par droit de conquête et de premier occupant.

Nous ne voulons mentionner ici que la plus singulière et la plus formidable organisation de pirates qui fut jamais : celle des *Ciliciens* de l'Asie mineure.

La Cilicie était jadis un petit royaume, situé sur les côtes occidentales de l'Asie mineure, en face de l'île de Chypre.

A l'exemple des *Sidoniens* de l'antiquité, les *Ciliciens*, n'ayant plus de découvertes à faire sur la Méditerranée, depuis que leurs devanciers, les Phéniciens, avaient parcouru cette mer dans tous les sens, s'étaient bornés à organiser la piraterie sur une large échelle et en avaient fait le sujet de leurs occupations exclusives.

Sans se soucier de commerce ou de fabrication et de teinture d'étoffes, comme l'avaient pratiqué naguère leurs voisins, ils se contentaient d'enlever ces marchandises à d'autres et d'accumuler dans leur trésor public tout l'or et l'argent

---

des peuples de l'Europe actuelle, poussèrent plus loin et sont devenues pour ce motif des idiômes à flexions diversement perfectionnées. On conçoit que pour arriver à cet état, les peuples ont eu besoin de jouir d'un état de concentration durable et une longue suite de siècles a été nécessaire pour arriver à perfectionner leur langue.

qu'ils parvenaient à enlever, soit sur les bâtiments qu'ils capturèrent, soit dans les villes du littoral assez faibles pour ne pouvoir leur résister.

Ce brigandage prit une très grande extension à la suite de quelques services rendus par les Ciliciens à Mithridate, roi de Pont. Tolérés par ce grand roi, qui cherchait par tous les moyens de nuire aux Romains sur mer, les Ciliciens s'adonnèrent à la piraterie avec plus d'ardeur; et des hommes puissants ne se contentaient pas de contribuer aux bons succès des lettres de marque par leur concours matériel, ils se mirent eux-mêmes sur les navires corsaires et donnèrent l'exemple le plus funeste qui ait jamais été porté à la moralité publique chez aucun peuple civilisé.

Cette organisation en était venue au point que ces forbans de mer s'étaient construits des arsenaux d'armes, des places fortes, des phares sur les côtes et des navires d'un fort tonnage, dont la construction avait pour principal mérite la légèreté et la vitesse.

Ce métier leur réussit si bien que devenus riches et puissants, leurs flottes étaient montées par des marins habiles et installées avec un luxe tel que les poupes de leurs vaisseaux étaient dorées, le pont couvert de tapis, d'étoffes de pourpre et les rames ornées de plaques d'argent. « On » s'indignait encore moins, dit un auteur ancien, de la » vilité de leur métier, que du luxe insolent qu'ils affectaient » à toutes les époques remarquables comme promotions de » leurs marins à des grades supérieurs, prises faites ou com- » bats livrés à des navires étrangers, et de captures qui leur » donnaient occasion d'imposer des rançons. Il y avait alors » sur le littoral de la Cilicie et en Chypre des réjouissances » publiques, des fêtes où l'on n'entendaient que le son des » instruments et des cris de joie. »

Les Ciliciens avaient, dit-on, plus de mille navires et s'étaient déjà emparés de plus de 400 places et avaient dépouillé une infinité de temples et de palais, lorsque la république romaine résolu de mettre un terme à ce scandale public, en envoyant contre eux une flotte nombreuse avec Pompée comme amiral.

Il était en effet grand temps que cet état de choses prit fin; car sur tout le littoral de la Méditerranée il n'y avait plus de sureté pour les habitants. Les campagnes et les lieux de plaisances n'offraient plus de refuge assuré que les Pirates ciliciens ne vinrent en force attaquer, piller les effets précieux et prendre en otâges les maîtres de la maison. C'est ainsi qu'ils s'emparèrent de deux prêteurs romains, nommés Sextilius et Bellinus avec toute leur suite, et de la fille d'Antoine,—personnage consulaire,—qui furent obligés de se racheter au moyen d'une forte rançon; de même que Jules-César, encore fort jeune, dont on dit qu'il doubla lui-même le prix de sa délivrance, mais fit pendre aux vergues du navire les forbans qui l'avaient relaché.

Quoiqu'il en soit, lorsqu'un Romain tombait aux mains des corsaires ciliciens, ils feignaient de l'adorer comme un demi-Dieu, lui faisaient mille génuflexions, l'affublaient d'une robe prétexte et de sandales, disant qu'on le connaîtrait mieux à l'avenir en cet accoutrement et mille autres malices et moqueries. Lorsqu'ils s'étaient assez amusés à ses dépens, ils descendaient une échelle le long du navire, et le priaient de descendre en lui souhaitant un bon voyage.

A défaut de bonne volonté ils le jetaient violemment à la mer avec force éclats de rire.

Ces mœurs de forbans n'ont pas été le partage exclusif des peuples orientaux, on les a vu régner à différentes époques de l'histoire et en différents lieux. Dans le nord de l'Europe et en Afrique les Danois et les habitants de la Pentapôle, s'y sont adonnés anciennement. Dans des temps plus rapprochés de nous, les Algériens et les Tunisiens les ont pratiquées, et tout près de nous les Grecs de l'Archipel en ont fait usage pendant la guerre de l'indépendance contre les navires marchands qui traversaient leurs eaux. C'est à ce trafic infâme que l'*île de Syra*, — aujourd'hui le lieu le plus considérable de relâche des bateaux à vapeur entre l'Europe, la Grèce et l'Asie mineure, — doit sa richesse actuelle ; car on a évalué le butin fait par les corsaires de cet îlot à une centaine de millions de francs.

Heureusement on est parvenu à en purger les mers ; mais le système des captures tend aujourd'hui à renaître sur la terre ferme ; et tout récemment nous avons assisté au déplorable spectacle de plusieurs voyageurs de marque, assassinés dans les montagnes de l'Oropos, en Grèce, à défaut de temps pour rassembler la forte rançon exigée par les brigands. La même chose se reproduit aujourd'hui dans le midi de l'Espagne. Nous ne ferions qu'imparfaitement connaître l'importance du danger que courait l'Europe en nous bornant à ce simple récit, nous croyons devoir entrer dans quelques détails sur les mesures qui furent prises par la république romaine pour parvenir en une fois à l'extirpation complète de la piraterie.

C'est, comme nous l'avons dit, à Pompée, que cette mission fut confiée par le sénat romain. Déjà en possession du commandement de l'Afrique, il avait pû apprécier personnellement les difficultés qu'offrait le ravitaillement de sa flotte et les dommages que causait au commerce des denrées l'existence des pirates ciliciens ; mais comment s'y prendre pour détruire en une fois une flotte de plus de mille navires dispersés sur toute l'étendue de la Méditerranée ?

Voici le plan suivi par l'amiral romain ; s'étant fait donner le commandement général de la flotte et la dictature sur toutes les côtes de la Méditerranée jusqu'à 25 lieues dans l'intérieur des terres, il se choisit dix-sept lieutenants ou contre-amiraux, placés sous ses ordres. Toute l'armée de terre était mise à sa disposition et il pouvait appeler au secours toutes les légions disséminées sur le littoral africain et en Asie mineure.

Son pouvoir n'admettait aucun contrôle, ses décisions

étaient sans recours et on s'interdisait d'avance de lui demander compte de ce qu'il aurait fait dans l'intérêt de la mission qu'il était chargé d'accomplir.

Ce pouvoir dictatorial — que le peuple lui avait donné, contre la volonté expresse du sénat, — montre le danger que courait la république; car les disettes étaient ordinairement la suite de l'insécurité qu'éprouvait le commerce des grains; et l'impossibilité de faire arriver les denrées en Italie, — interceptées qu'elles étaient par la piraterie — avait été telle qu'on ne voyait de remède à ces maux affligeants, qu'en faisant contre les forbans de la Méditerranée un effort suprême, qui pût à jamais en délivrer la république.

Pompée se mit donc résolument à l'œuvre, à la tête d'une flotte formidable. Le seul des sénateurs qui ne s'opposa point à ces concessions illimitées entre les mains d'un seul homme de guerre, fut Jules-César; moins sans doute dans l'intérêt de Pompée lui-même, mais parce qu'il en prit occasion d'augmenter sa popularité et dans la prévision que cet antécédant le pourrait servir lui-même dans les empiètements qu'il se proposait dès lors d'essayer sur les prérogatives des sénateurs. La flotte était composée de cinq cents navires de guerre, et l'armée de 120,000 hommes d'infanterie et de 5000 cavaliers.

Pompée divisa la Méditerranée en treize régions maritimes. Il fit de sa flotte autant d'escadres commandées par des vice-amiraux, ses lieutenants, et ordre fut donné à chacun d'envelopper les navires pirates, de les tirer à terre et d'en massacrer les équipages; cette chasse dura sans relâche pendant quarante jours et les mers de Toscane, celles des côtes de l'Afrique, de la Sardaigne, de la Sicile et de la Corse en furent entièrement purgées.

Mais il ne fut pas possible d'empêcher qu'un grand nombre de Ciliciens ne parvînt à se sauver dans leur pays, où Pompée leur livra une bataille navale; puis descendant à terre il détruisit la ville de Coracesium, où les restes de la flotte ennemie s'était retirés et les obligea à se rendre à discrétion.

Les familles qui s'étaient le plus enrichies à ce métier se retirèrent dans les montagnes du Taurus, et cette redoutable association de malfaiteurs, qui avait si longtemps infesté les mers, disparut pour ne plus se relever.

Portes de fer, nom impropre donné aux *rapides* du Danube, qui commencent en amont de Drenkova et pendant environ cinq lieues se prolongent entre deux chaînes de montagnes de granit d'une prodigieuse hauteur. Sur la rive droite, ce sont les montagnes des Heiduques et sur celle de gauche les montagnes du Banat. C'est à travers cette double chaîne que les eaux du Danube se sont frayées un passage. Le nom de *Donau-Clause* que leur donnent les Allemands, a plus de précision et désigne mieux, — au moins pour l'ancien temps, — l'action de ce rétrécissement subit d'un grand fleuve qui, en rendant jadis la navigation presqu'impossible, forme encore aujourd'hui un obstacle sérieux au commerce pendant certaines époques de l'année.

Quoiqu'il en soit, les *portes de fer*, déjà fameuses du temps de *Tibère* et de *Trajan* n'ont rien perdu de ce spectacle unique en Europe, d'un immense fleuve pris entre deux massifs granitiques, contre lesquels ses eaux se débattent avec une force toujours nouvelle, mais toujours envain. Lorsque les Romains sous Trajan voulurent punir les peuples Daciens de leurs continuelles incursions sur le territoire de l'empire du côté de Bysance, ils passèrent le Danube, détruisèrent en partie cette nation et dépeuplèrent le pays. Décébale, leur roi, vaincu dans plusieurs batailles livrées pour l'indépendance de son pays, se donna la mort et avec lui finit pour quelque temps l'empire de la Dacie dans le voisinage du pont Euxin.

Trajan qui voulait conserver cette conquête à l'empire, fit

repeupler le pays par des colons romains tout à la fois agricoles et militaires, à l'exemple des colonies des *Laïti*, qui s'étaient établies dans le nord de la Belgique du temps d'Auguste.

Ces colonies, aujourd'hui assez bien représentées par les soldats des confins militaires de l'Autriche contre la Turquie, étaient composées en partie de légionnaires soumis à des peines disciplinaires et de cultivateurs, expatriés volontaires, que l'empire promettait d'entretenir et de veiller à leur sûreté. Ces colonies étaient placées sous l'autorité d'un préfet qui, en Belgique, portait le nom de *Préfectus Laitorum*.

On a beaucoup écrit pour déterminer d'une manière exacte l'étymologie du mot *Laïti,* qui vient souvent dans les lois romaines; mais toujours sans succès; feu notre collègue à l'Académie de Belgique, M. Raepsaet, me semble avoir le plus approché de la véritable signification de ce nom.

Ce qui intéresse le plus aujourd'hui, ce sont les vestiges laissés par les Romains aux portes de fer. C'est la route nommée *via Trajana*, entreprise d'abord au point de vue militaire, mais qui servit plus tard les intérêts du commerce et ceux de la civilisation. Percée sur les bords d'une longue chaîne de montagnes granitiques, longeant les eaux intérieures des portes de fer, elle est soutenue à l'extérieur par une forte digue de pilotis et là où la roche formait un obstacle on l'a coupée en tunnels dont les arcades sans appui, se projètent à ciel ouvert et dans le vide.

Le premier monument qu'on rencontre après avoir dépassé *Drenkova*, ce sont les *tables de Trajan* sculptées dans le roc vif à la manière du monument suisse, appelé le Lion de Thorwalsen à Lucerne. Une tablette de forme oblongue, portant l'inscription suivante : IMP. CÆSAR, DIVI NERVÆ F. NERVA TRAJANUS AUG. GERM. PONTIFEX MAXIMUS TRIB. P. R. XXX, est supportée par deux génies et surmontée de l'aigle romaine.

Endommagée par les pêcheurs serbes qui fréquentent ces parages, cette inscription est aujourd'hui à peine lisible ; mais les phastes consulaires en ont conservé le texte.

Plus loin, au sortir des portes de fer, — près de la ville d'Orsova, — est une autre création de Trajan, plus vaste, plus grandiose et à la fois plus utile, dont les vestiges forment les restes du pont de Trajan, jeté sur le fleuve et qui en reliait les deux rives à un endroit où le Danube a une grande largeur entre Scala *Kladova à Severin et Cseretz*.

Là s'élevaient sur les deux rives opposées deux tours énormes d'environ vingt pieds de hauteur qui servaient de points d'appui aux premières arches. Les restes des piles qui subsistent encore au fond du fleuve — et qui encombrent la navigation pendant les basses eaux, — sont au nombre de vingt; la distance qui les sépare est de 800 toises environ (562 klaster de Vienne). Ce qui fait pour le pont entier, une longueur de 4800 pieds; le pont de fer sur le Rhin à Cologne n'a que 1500 pieds de longueur.

Dion Cassius, gouverneur de la Pannonie sous Adrien, en fit la description exacte, mais cette partie de ses œuvres n'est pas parvenue jusqu'à nous. On peut néanmoins juger de l'importance de ce monument par l'épitôme de son histoire romaine qui a survécu.

L'auteur de ce monument, le célèbre architecte Appollodore, — le même qui a construit le Forum et la colonne Trajane, — fut néanmoins banni par Adrien et le pont fut détruit par ses ordres, sous prétexte de mieux garantir les frontières; il avait à peine existé pendant dix-sept ans.

Il fut construit en 103 de nôtre ère. Selon Dion Cassius, chaque pile avait 150 pieds de hauteur, 60 pieds de circonférence et 170 pieds séparaient une pile de l'autre; deux tours fortifiées qui défendaient les deux têtes de pont, étaient construites toute entières en blocs de granit massif.

On s'est demandé si les 21 arches, dont le pont se composait, avaient été construites en maçonnerie ou simplement planchétées avec des poutres en bois; la question, a défaut de détails laissés par Dion Cassius, n'est pas résolue. Quoique les matériaux en bois fussent très abondants et le sont encore dans le voisinage des Carpathes et que dès lors on peut supposer qu'Appollodore, pour aller vîte, s'en soit servi, on peut dire d'un autre côté que les vingt-deux piles de 150 pieds de hauteur, reliées seulement par un léger travail en bois, sans adhérence ni cimentation, ne pouvaient guère offrir la solidité nécessaire pour résister à l'action du temps et surtout à la violence des masses de glaces que charie le grand fleuve en hiver.

Rhétiens (les) qu'il ne faut pas confondre avec les *Vindéliciens,* quoiqu'ils fussent réunis plus tard en un seul peuple et connus sous le même nom de *Rhétie* première et seconde. La même fusion s'opéra à l'égard de la Belgique inférieure et supérieure à laquelle les Romains ajoutèrent la Suisse, sans doute à cause de la conformité de caractère entre nos ancêtres et les peuples de l'Helvétie de ce temps. Pareille raison a pû les déterminer à réunir les deux peuples de la Rhétie et de la Vindélicie en un seul; et cette fusion a depuis continuée à former le caractère ethnologique des peuples de cette contrée.

La première Rhétie s'étendait du Rhin supérieur aux Alpes Noriques, et la seconde de l'Italie aux frontières de la Vindélicie. On pourrait donc encore diviser l'ancienne Rhétie après son adjonction au pays des Vindéliciens, en Rhétie orientale et occidentale.

Cette dernière comprenait ce que nous appelons aujourd'hui le Vorarlberg et le Tirol avec une partie du pays des Grisons ou *Graubunden*.

Les *Rhaëti* ou Rhétiens ont donné leur nom à cette partie des Alpes, connue sous la dénomination d'Alpes rhétiennes; mais il ne paraît pas que ce pays ait été plutôt occupé que les Alpes Suisses. Il a servi de refuge à des nations expulsées de leurs demeures et qui, forcées de chercher des abris momentanés, s'y sont retirées.

C'est pour ce motif que les anciens ethnologues, parmi lesquels on compte Appien, Tite-Live et Justin ne distinguent guère entre les *Rhaëti* et les anciens Toscans. Justin dit positivement que les *Rhaëti* étaient des fugitifs de la Toscane qui, après la perte de leurs terres d'Italie se retirèrent dans les montagnes du Tyrol et appelèrent le pays du nom de leur chef *Raëto*.

Tusci quoque duce Raëto, avitis sedibus amissis, Alpes occupavêre et ex nomine ducis, Gentes Rhaëtorum condiderunt.

Cela se rapporte à l'opinion d'Étienne de Byzance qui regarde les Rhaëti comme descendants des Thyrenéens : Ραἴτοι τυρρηνικον ἐδνος.

Les philologues allemands suivent en général l'opinion de Justin; seulement les uns comme Kaempf et O. Muller dérivent l'origine des Rasênes des Toscans, tandis que Mann l'attribue au sang *Umbrien*.

Quoiqu'il en soit, la Rhétie ancienne et la Vindélicie furent jadis des pays qui, avec la contrée avoisinante de la Pannonie sont peut-être de tous les pays de l'Europe visités par les premiers nomades, ceux qui recélaient le plus de nations diverses; le mélange du sang celtique avec celui des Kymris y a opéré des fusions considérables avec celui des peuples de la Pannonie.

De là sont venus les peuples de la *Norique*, divisés en Norici propres=Νωρικοι, d'où sont sortis les *Carni* et les *Japodes* qui se joignirent plus tard aux Taurisques des montagnes voisines. Le nom de *Norices* est très probablement un dérivé du nom de la principale ville de la contrée, appelée *Norea*, ou bien — ce qui peut être vrai aussi — *Norea* peut avoir été nommée ainsi des peuples qui en jetèrent les premiers fondements.

C'est par Norea que les Cimbres et les Tiguriens Suisse

du temps de Marius tentèrent d'envahir l'Italie. C'est là que ces peuples farouches inspirèrent tant d'effroi à l'armée romaine du consul Carbo, en se faisant descendre à la ramasse des montagnes de neige, appuyés sur leurs boucliers et qu'ils comblèrent une rivière avec des arbres arrachés tout entiers de la terre sans autre secours que la force de leurs bras.

Les divers peuples de la Norique dont les noms propres ont été conservés, sont les *Sevaces*=Σεωακες.

Les Αλαυνοι; Zeus tire l'étymologie de ce nom du Cym. *Halen*=Salz=Sel; mineurs, ouvriers des salines du Salsbourg.

Les *Ambisuntes*=Αμβισουντιοι, dont l'ancien nom est resté dans la ville de *Bisontium* et dans *Igonta* pour *Isonta*.

AMBIDRAVES=Αμβιδρανοι, c'est-à-dire peuples riverains de la Drave.

Αμβιλικοι, habitants riverains de la *Leck* (?). Tous ces noms sont d'origine celtique comme celui du mont Καρωαγκας ou Καρωσαδιος. *Vocio* est un nom propre de roi ou chef des Noriques, mentionné dans les Commentaires de César de B. G., I, 53, qui appartenait à la même origine.

Depuis que le langage de ces peuples s'était romanisé comme celui des *Roumains* actuels des provinces Danubiennes, les Noriques se donnaient avec orgueil le nom de *Romains*, comme s'ils eussent été des Romains d'origine.

Pareille prétention existe encore chez les *Moldaves* et les *Valaques*. Quand on interroge un paysan de ces provinces sur son origine, il répond invariablement *sum romanu*.

Le peuple le plus important des Noriciens était les Taurisques. D'après Pline (III, 10), la ville de Norea=Noreia leur capitale avait été le siége primitif des Noriques — *quondam Taurici tunc Norici*, — connus d'abord sous le nom générique de Taurisques.

Les *Taurisques* étaient en outre subdivisés en plusieurs

cités ou civitates, parmi lesquelles on comptait celles des *Salasses,* des *Liburnes,* des *Japodes* et des *Lepontii.*

Lepontios et Salassos Tauriscœ gentes idem Cato arbitratur.

Les *Taurisques* et les *Torrini* étaient des nations d'origine ligurienne; mais ils perdirent leur caractère originel par suite du mélange fréquent avec les nations qui occupèrent cette contrée vers la fin de l'ère primitive.

Lorsque le pays tomba sous la domination romaine et que tous les idiômes dérivés du celtique, du Ligurien et du Cymris n'eurent plus cours que parmi les classes inférieures et illettrées, la langue latine prit le dessus et le voisinage de l'Italie du nord, les relations de commerce et surtout l'influence de l'administration supérieure, firent abandonner l'usage de ces anciens idiômes qui ne pouvait plus mener ceux qui s'en servaient exclusivement, à aucun emploi de quelqu'importance.

Les Rhétiens, et les habitants des pays voisins de la Norique et de la Vindélicie, de même que les nombreuses agglomérations de peuples que ces pays renfermaient, devinrent de bonne heure des Romains d'esprit et de cœur; car, remarquons le bien, ce qui arrive sous nos yeux actuellement à l'égard de la France et des peuples qu'elle s'est annexé depuis moins de deux siècles; est arrivé du temps des Romains.

Fiers d'appartenir à un empire qui répandait partout l'éclat de ses armes, de sa littérature et de ses arts, les peuples à moitié barbares encore, se faisaient une gloire d'y être incorporés; ils s'empressaient à l'envie d'apprendre la langue des poëtes et des grands orateurs de Rome, et nul ne trouvait à cela un motif de reproche à se faire. Le nom de patrie n'avait pas encore sonné à l'oreille d'aucun parmi eux; Rome seule était le but et la fin de leurs aspirations.

Quand aujourd'hui encore, après dix-huit siècles et d'innombrables révolutions, par où a passé l'Europe pendant ce temps on s'approche de la terre d'Italie, soit qu'on prenne sa route à l'ouest par le mont Cénis, au nord par la Suisse ou à l'est par Munich et le *Brenner* on est à peine sur les premiers plateaux des Alpes que des réminiscences anciennes se présentent à l'esprit du voyageur ; le costume, le langage et l'attitude des populations lui font songer à cet empire romain qui partout avait jeté de si profondes racines dans les populations ; et le Tyrolien comme l'habitant de la vallée du Tessin lui font involontairement songer aux dominateurs de la terre, à l'Empire auquel Pline dans son enthousiasme patriotique avait promis une éternelle durée.

Salasses=Σαλλαςςοι, peuple de race celto-ligurienne, qu'on rencontre de bonne heure dans l'Italie cis et transalpine, occupant principalement les deux revers de ces montagnes au nord et au sud.

Il était aussi connu sous le nom de *Taurini*, qu'il ne faut pas confondre avec les *Taures* ou *Taurisques* de la Crimée. Ceux-ci étaient des peuples hunniques qui, après avoir détruit l'empire des Goths dans le nord, poursuivirent les débris des vaincus jusque dans les montagnes de la Crimée, où on voit encore les restes de leurs ossements dans les cavernes et les forts dévastés de *Mangup-kalé*.

Les *Taurini* ou *Salasses des Alpes* étaient les gardiens de la voie sacrée que traversaient les peuples primitifs de l'Europe méridionale pour passer dans l'Italie du nord.

Étienne de Byzance les appelle *Sallues;* Ptolémée, Σαλιχοι; Pline, *Sallyi*, et Tite-Live tantôt *Salii, Salvii* ou *Salyes* dans la Gaule narbonnaise, tantôt *Salluvii* (Salassoi) Salassi dans la Gaule cisalpine.

Pline, III, VII, leur donne dans l'Italie cisalpine le nom de *Ligures,* et il ajoute qu'ils parlaient la langue des Gaulois (Gaëll.-celt.) d'au-delà les Alpes.

De son côté, Caton XVI, 20, en parlant de ce peuple, lui donne comme aux Lepontii une origine *taurique : Gens*

Taurica, dit-il, ce qui ne veut pas dire qu'il faut rechercher leur origine dans la Tauride de l'Orient, mais dans la racine celtique Thor=montagne, auquel ce peuple — comme les montagnards de la Crimée, — ont jadis emprunté leur nom ; voy. au reste Mann (IX, 1, § 178), et surtout Zeus (230), qui lui assignent : le premier, une origine ligurienne, le second, une origine celtique.

Les noms d'*Eporédia* et de *Teutomalius* (ce dernier un nom propre chez les Ambrons), étaient communs chez les *Taurini* des Alpes.

Du reste, Caton que nous venons de citer, dit que les *Lepontii* et les *Salasses* de la Tauride, alliés ou clients, appartenaient à la double souche celtique et ligurienne ; les Salasses passèrent en Italie avec l'armée de Bellovèse. Les tribus insubrienne et ligurienne se les incorporèrent de bonne heure.

Samoyèdes. Ce n'est qu'à partir de l'époque de Cyrus (500 ans av. J.-C.) que l'histoire a commencé à avoir quelques notions de ce peuple, qui demeurait alors sur les revers septentrionaux des monts Altaï aux sources du Jénessey. Il y vivait à l'état nomade et s'adonnait à l'élève du bétail, mais il ne tarda pas à pousser toujours vers le nord, obligé qu'il était de fuir devant des hordes plus puissantes et plus agguerries qui ne lui laissèrent ni liberté ni repos.

Les Samoyèdes appartiennent à la race finnoise ou mongolide et peut-être même à celle des peuples du Thibet. Ils sont petits de taille et ont la conformation chétive de tous les peuples qui vivent dans un voisinage trop rapproché du pole boréal. Les Samoyèdes ont longtemps vécus sur le produit du renne, ce qui a été constaté récemment par les fouilles opérées dans les cavernes du nord, où l'on a trouvé à côté de leurs ossements, les restes de repas consistant en fragments d'os brisés du renne dans le but d'en extraire la moëlle.

Le Samoyède du reste n'a pour toute littérature que quelques chansons ou odes nationales, seules archives non écrites où il conserve le souvenir et les noms des héros primitifs de sa nation.

Ce peuple vit séparé du reste de la terre, et ne va jamais à l'étranger. Le Russe, son maître, ne le visite que par des collecteurs qui vont recueillir les impôts, consistant en fourrures et en poissons secs, auxquels les Samoyèdes se sont obligés depuis qu'ils sont devenus tributaires de cet empire, au commencement du XVIe siècle de notre ère.

A l'est de l'Oural, le Samoyède habite les vastes déserts septentrionaux des gouvernements de Tobolsk à l'embouchure de l'*Obi;* et il y vit à l'état complet de nomade, genre de vie que ce peuple singulier préfère à l'état sédentaire et que le gouvernement russe actuel cherche en vain à faire prévaloir par des considérations philosophico-politiques qu'il ne parvient pas à lui faire comprendre.

Quelques hordes professent en matière de religion le christianisme; mais la plupart restent fidèles à leurs anciennes croyances ou à des superstitions nouvelles que la rigueur du climat et la vie rude et malheureuse qu'elles mènent, ne peuvent manquer de faire naître parmi elles.

Les Samoyèdes sont divisés en plusieurs tribus. Les *Ostiakes* habitent les bords du Jenessey et du *Namurisch*, comme leurs voisins les *Kobales* et les *Tubinses* de Jenessey, et les *Saïotes* et les *Mutores* des montagnes de Sajanaï, les Kaisnasches des rives de la *Kara* et de la *Mena*, comme les Jurakes et beaucoup d'autres tribus dont les noms sont à peine connus, appartiennent tous à la même race et sont originaires du même pays.

L'auteur de l'article Samoyèdes du *Conversations Lexikon*, dit « *qu'il est dans la plus complète ignorance sur* » *l'étymologie de ce nom, et sur l'antiquité du peuple qui* » *le porte,* » mais on est assez généralement d'accord aujourd'hui pour dériver l'étymologie de ce nom de l'usage qu'ont fait les Samoyèdes du saumon, comme nourriture principale, et l'histoire ethnographique des contrées du nord-est de l'Europe, offre de semblables origines des exemples nombreux.

Ainsi on y rencontre encore des peuples nomades qui vivent exclusivement de la chair du cheval et sont nommés à cause de cela des hypophages; des peuples qui se nourissent des fruits de la terre (?) et s'appellent de ce chef des *lithrophages*. Comme en Afrique on donnait jadis aux peuples riverains de la Méditerranée le nom de Lotophages, du fruit du *Lothos*, arbre très commun sur les côtes septentrionales de l'Afrique où s'élevèrent les villes si remarquables de la *Pentapôle* de la grande et petite Syrte, et comme on a donne dès la plus haute antiquité le nom de *Pélasgues* a tous les riverains de cette même mer qui traversèrent ses eaux pour aller s'établir d'une côte à l'autre et y fonder des colonies agricoles auxquelles les Grecs et les Latins ont dû leur civilisation précoce.

Enfin comme aujourd'hui encore on voit les émigrations allemandes et irlandaises traverser l'Atlantique et contribuer puissamment à la grandeur politique des deux Amériques et aider à y propager l'agriculture et les arts qui sont la gloire et le soutien de l'humanité.

Sardainais=*Sardes; Shardanas* (ou SHAIROTANAS des inscriptions égyptiennes). Ce peuple ancien de la Sardaigne possédait déjà au xve siècle avant J.-C. une marine militaire; et les peuples pélagiques de la Méditerranée : tels que *Tusques, Dardaniens, Lybiens* et *Grecs,* connus des Égyptiens sous le nom d'*Hanebou,* étaient depuis deux siècles en relation suivie avec les Pharaons de l'Égypte.

Ainsi au xviie siècle avant l'ère moderne, les maîtres du Misraïm avaient déjà créé des fonctionnaires spéciaux, qui étaient chargés de traiter avec les nations de la Méditerranée et avaient mission de résoudre, au nom de leurs souverains, les difficultés que pouvaient présenter les questions internationales, les privilèges du commerce et de la navigation.

Ces nations voisines de la Méditerranée ne portaient encore à cet époque aucun nom spécifique, — du moins n'en a-t-on pas encore découverts ni dans les tombeaux ni sur des inscriptions monumentales, — les Égyptiens ne les désignaient que sous des dénominations générales qui paraissent remonter à l'ancien empire. Ils ne donnaient à ces étrangers que le nom générique de *Nations du nord*, les appelant *Tamahou* et *Hanebou*. Les écritures égyptiennes constatent en outre que déjà un siècle avant le siége de Troie, les *Sardainais* s'engageaient comme mercenaires au service des Pharaöns, et peu de temps après, on les voit — toujours selon les mêmes documents, — s'allier contre l'Egypte aux Lybiens d'Afrique, aux Sicules, aux Étrusques, aux Achaïens et aux Lyciens ; tous peuples maritimes, voisins de la Méditerranée, qui avaient eu probablement à se plaindre de la conduite des Pharaöns à leur égard et se proposaient d'envahir ce pays civilisé par terre et par mer.

Dans l'antiquité la Sardaigne portait, vis-à-vis de la Corse sa voisine, la dénomination de grand île. La Corse celle de petite île.

La Sardaigne portait aussi le nom de *Sandaliotis*, de *Tain*=eau, d'*Alliud*=sauvage et d'*Is*=île, *Tainalliudis*, grecisé *Sandaliotis*. Elle portait encore le nom d'*Ichnusa*, d'*Ighe*=île et *iüs*=eau ; terre entourée d'eau.

Pour ceux qui se sont habitué à comparer les langues anciennes, ces transmutations n'ont rien d'extraordinaire ; et les peuples primitifs, qui ne se comprenaient que difficilement, n'avaient pas d'autre ressource à leur disposition que de se servir des racines de leur idiôme propre, pour former des noms appellatifs aux choses nouvelles, qui leur passaient sous les yeux.

De là résulte pour nous une preuve nouvelle que le noyau des peuples pélagiques de la Méditerrannée, de même que les nations Italo-grecques ont tous tiré leur origine des fractions de nomades de l'Arie, qui en plusieurs temps se sont répandus sur tous les continents, où ils pouvaient atteindre et ont laissé partout des vestiges de leur existence, encore reconnaissables aux nomenclatures ethniques et géographiques qui leur ont survécu.

Les Sardainais forment, ethniquement parlant, un mélange de plusieurs peuples divers. Les aborigênes de l'île s'appelaient *Joliers* (Jalaër). Ils appartenaient au rameau des peuples de race Lybico-Atlantidique, de même que *Graïi* (Graikoi), premiers habitants des cavernes de la Grèce. Insensiblement envahis par des étrangers, les habitants originaires de la Sardaigne, se mêlêrent successivement aux Gaäls celtiques, aux Ligures de l'Europe, aux Phéniciens de l'Asie mineure et aux Tusques de l'Italie. Enfin les Grecs et les Carthaginois abordèrent en Sardaigne et y introduisirent les arts, le commerce et la navigation.

Pendant l'ère actuelle, les Romains qui en avaient fait la conquête en 238 av. J.-C., en restèrent en possession jusqu'à l'an 720, époque où elle leur fut enlevée par les Vandales et les Arabes. Elle passa ensuite entre les mains des Pisans et des Genois qui se firent à son sujet de longues guerres; jusqu'à ce qu'elle fut cédée aux rois d'Arragon par l'intervention du pape et finalement abandonnée en échange de la Sicile à la maison de Savoie par l'Autriche en 1720. A l'exception de l'Autriche, tous ces peuples ont laissé plus ou moins de traces de leur passage dans le caractère ethnique des habitants de la Sardaigne actuelle.

Placée en dehors de la sphère d'action du royaume Sarde et gouvernée par des institutions différentes de celles des peuples Italiens de la terre ferme, l'île de Sardaigne n'a pas secondé le mouvement de l'Italie du nord en ces dernières années. Elle est demeurée stationnaire et n'a pas progressé. Ses richesses naturelles sont encore inexploitées. Ses bois n'ont aucun débouché. Ses mines et ses minéraux sont sans valeur à défaut du travail de ses habitants, et ce n'est que depuis peu, que des étrangers d'origine anglaise et française s'en occupent sans qu'ils soient parvenus jusqu'ici à en obtenir des résultats plus ou moins rémunérateurs.

A l'exemple des Corses, les habitants de la Sardaigne se plient difficilement aux lois et au régime nouveau. La justice répressive est difficile à exercer et les mœurs du moyen-âge, l'habitude de se faire justice à soi-même y perpétuent le règne de la *Vendetta*, qui rend la liberté individuelle de ses habitants, un objet précaire et la sécurité personnelle, une question qui ne semble guère les intéresser.

L'idiôme italien des habitants de la Sardaigne s'écarte en plusieurs points de l'italien des habitants de la terre ferme; et la langue espagnole introduite par les colonies arragonaises, y a laissé des vestiges à Sassari et à Castillo Sardo, jadis appelé Castillo Arragonèse.

Schytes = Σκυται = Σκυταιι = Σκυδαι, peuples d'Asie et d'Europe, faisant aujourd'hui partie de l'empire Russe. Les Perses leur donnaient le nom de *Saken*.

Strabon les appelle *Daën*.

Au commencement de l'ère vulgaire, les habitants de la Bactrie au sud de l'Oxus supérieur et au nord du *Parapomisus*, portaient chez les Chinois le nom de *Tahen*, et leur pays s'appelait *Tahia*.

Au nord de l'Oxus était situé la *Sogdiane* ou pays des *Sogdœ*, — tous ces peuples étaient des nomades et le sont encore aujourd'hui, en opposition aux *Locairs* ou Ligures, qui habitaient les cavernes et les gîtes naturels des rochers; ceux-ci, de même que les *Cariens* et les *Ioniens*, sont les premiers peuples entre les nomades de l'Europe qui se construisirent des demeures plus commodes, de manière à les garantir contre l'intempérie des saisons et les attaques des bêtes fauves.

D'après les données nouvelles de la géologie, les peuples

lacustres en Suisse, les Terramâres de l'Italie et les *Kjoekenmoedjes* de la Scandinavie auraient précédé tous les autres peuples; mais ces idées qui ne datent que de 1853, sont encore trop récentes et appuyées sur de trop faibles fondements authentiques pour qu'on puisse admettre le système que la géognosie a tenté de fonder là-dessus [1].

Au point de vue de l'étude historique, dont nous nous occupons dans cet Essai, nous allons considérer les peuples scythiques quant à leur origine et aux différents noms qu'ils ont portés depuis leur existence connue;

Les noms de *Scythes*, de *Tatars* et de *Mongols*, qui ne sont que des appellations diverses, qui s'appliquent à une horde ou famille de peuples asiatiques, dont on n'a jamais bien connu le nombre d'habitants ni l'étendue des pays qu'ils ont occupés.

Que les familles des peuples scythiques soient originaires de l'Asie septentrionale, c'est ce qu'il n'est pas permis de contester. Il est également incontestable que ces peuples envahirent de bonne heure le sol de l'Europe, puisque du temps d'Homère et d'Ékatée de Milet, on les trouve déjà occupant toute la partie septentrionale de l'Europe avec les Celtes placés plus à l'occident par les géographes de l'antiquité.

Ce qui a fait supposer que ceux-ci ont précédé ceux-là dans les migrations successives des nations asiatiques vers l'Occident.

Nous aurons plus loin occasion de discuter la valeur de cette idée qui nous paraît souffrir des difficultés à raison d'une découverte récente de la géologie archéologique autour de laquelle il se fait aujourd'hui un grand bruit.

Il n'est pas un homme du monde, si peu instruit qu'on le suppose, qui, au moins une fois dans sa vie n'ait entendu prononcer le nom de *Scythes* et celui qui a lu l'expédition

---

[1] Voyez *Feni=Finnois*.

des Français en Russie en 1812, doit se rappeler l'exclamation de Napoléon Ier à la vue de l'incendie de Moscou, *voilà bien l'œuvre d'un Scythe !* sans pouvoir y donner une explication tant soit peu raisonnable; car les peuples anciens de la Scythie, nomades et pillards, dévastaient beaucoup les pays qu'ils occupèrent successivement, mais n'eurent guère le loisir d'incendier des villes qui de leur temps étaient fort rares en Europe.

Néanmoins le mot est resté et on le rappelle encore souvent quand il s'agit de caractériser l'acte d'un barbare ou d'un insensé.

Il n'y a plus ni peuples Scythes, ni nation scythique aujourd'hui. Ces nations de l'antiquité, portent maintenant le nom de Tatars ou Mongols, selon le pays qu'ils occupent ou la langue qu'ils parlent.

Originaires de l'Altaï, anciennement nommé montagnes de l'*Imaüs* et du plateau central de la haute Asie, les Scythes noirs et blancs avaient la tête ovale, les cheveux et les yeux noirs, comme les *Cimmériens=Cimbres* ou *Kymri,* leurs descendants; c'étaient des peuples guerriers toujours à cheval, comme les Tatars de la Crimée de nos jours, les Tatars Nogaïs du bord du Don et les *Kyrghis* encore nomades, des Steppes de la Mer caspienne.

Tous ces peuples appartiennent encore à la même souche et leur origine commune se voit par les mœurs asiatiques qui les distinguent encore aujourd'hui.

Le Tatar de la Crimée est encore hypomàne comme ses ancêtres; chez lui les chevaux pullulent et les rues des villes et les champs sont remplis de *cavales,* suivies par les poulains qui trottillent autour de leurs mères.

Le Tatar fait tout en cavalier. Une simple commission, une lettre à remettre à vingt pas le trouvent à cheval, et la monture qu'il vous livre pour vos excursions, il vous l'amène à cheval et s'en retourne, de même, n'eut-il à faire que quelques verges de chemin.

Lorsqu'on jette les yeux sur une carte d'Asie et d'Europe, on voit que tous les pays situés entre le 10e et 50e degrés de longitude boréale, sont occupés par les nations les plus anciennement connues et qui ont primitivement joui d'une civilisation précoce, tels que les habitants de la Chine, ceux de l'Hindoustan, de l'Égypte, de l'Arabie et des bords septentrionaux de l'Afrique.

On s'aperçoit en réfléchissant à cette circonstance, que cette zone terrestre a dû jouir depuis des milliers de siècles d'un climat favorable à la propagation de l'espèce humaine et produire les fruits de la terre les plus propres à son existence. Plus au midi on ne rencontre que des mers immenses et l'Afrique centrale incapable de nourir ses habitants à cause de l'aridité de ses déserts.

Il restait au nord de cette zone la partie asiatique jadis occupée par les nations scythiques, séparées de l'Europe par la chaîne de l'Oural, et à l'occident de ces montagnes se trouvait l'Europe septentrionale, occupée par les Scythes de l'occident et les nations celtiques de l'antiquité.

Cette immense contrée d'une grandeur quintuple du restant de l'Europe en deçà du Wolga, n'avait pas d'autres habitants que les Tatars ou *Scythes* nomades.

On sait qu'anciennement le Wolga, nommé le *grand fleuve,* formait la limite extrême entre l'Europe et l'Asie, avant que les géographes modernes n'en eussent reculé les limites jusqu'aux montagnes de l'Oural et les bords de la Mer caspienne à l'orient.

Les nations civilisées n'avaient que des notions vagues sur l'étendue de ces contrées et sur les peuples qui les habitaient. Les Grecs ne les connaissaient que sous le nom collectif de *peuples scythiques,* quoique six siècles avant l'ère vulgaire ils se fussent assez avancés vers le sud sur les bords du Thanaïs, où ils trafiquaient et firent avec des Scythes des échanges d'objets d'art contre l'or des *Arimaspes* que ceux-ci tiraient dès cette époque des montagnes de l'Oural en grande abondance.

Ces faits ont été récemment constatés à la suite de fouilles pratiquées dans les nécropoles de *Théodosie* et de *Penticapé* (aujonrd'hui *Kersch*), aux frais du Gouvernement russe.

On pourrait diviser les peuples connus sous le nom de Scythes ou de Tatars en plusieurs branches, mais il nous suffit pour la démonstration de notre thèse de les diviser en Tatars de l'est (entre l'Amour et la mer d'Ockost à l'orient) en Tatars du Nord ou de la Sibérie et en Tatars de la Mer caspienne et du nord du Caucase européen.

Cette immense étendue de terres forme un demi cercle, ayant pour centre le désert de Gobi, dont les rayons semicirculaires divergent à l'orient et à l'occident sur une étendue de terres de plus de soixante degrés de longitude boréale.

Les peuples primitifs qui les occupaient, ont formé le noyau des nations nomades qui se sont successivement émigrées en Europe, ne conservant de leur première existence qu'un vague souvenir et prenant ou acceptant successivement des noms *appellatifs,* d'après la situation, la nature et l'élévation des pays qu'ils occupaient.

Ainsi les Scythes ont pris ce nom de celui de *Saken*, que leur donnaient les Persans. Les Tatars du mot chinois *Ta-ta* et le nom de *Mongols* — qui est aujourd'hui en usage dans l'extrême orient — désigne le haut plateau de l'Asie centrale, où ces peuples ont toujours vécu et qui s'appelle encore de leur nom la *Mongolie*.

Jusqu'au XIIe siècle, lorsque Oktai, fils de Tchengiskan, fit la conquête du nord de la Chine, les Tatars-mongols étaient en quelque sorte restés inconnus à l'Europe occidentale, bien que les Huns, de même race, eussent depuis le commencement de l'ère nouvelle attaqué souvent l'empire romain, et sous la conduite d'Attila menacé l'Europe et ses peuples de la servitude tatare. Mais nos ancêtres n'avaient que des idées incomplètes sur la puissance de ces peuples lointains.

Vingt nations connues sous le nom collectif de *Tatars* n'étaient distingués par les géographes du xvii⁰ siècle que par les lieux de résidence qu'ils occupaient. Ainsi on disait : Tatars de *Daghestan*, d'un pays appelé de ce nom dans la Circassie septentrionale et encore au levant de la Mer caspienne. *Tatars* de *Dobruce*, d'un pays Turc à l'orient de la Mer noire nommé la *Dobruscha*.

Tatars morduates (Mordouins ou Morduans); ils habitent aujourd'hui l'est de la Russie, principalement les gouvernements de *Kazan*, de *Simbirsk*, de *Penza* (?), Perm, de *Saratof* et d'*Orenenbourg*.

On leur donne aujourd'hui une origine *finnoise*, de race ouralienne; mais ces noms nouveaux ne déterminent rien de précis; car ceux qui ont eu occasion de voir ces peuples, ne peuvent leur refuser les caractères de la race tatare, la physionomie, la couleur de la peau, les cheveux noirs, la malpropreté héréditaire de la race, leur hospitalité, leur bonne foi vis-à-vis de l'étranger.

On compte encore les *Tatars Budziac*, qui occupent la Bessarabie, entre le Danube, le Dniestre et la mer noire. Ils portent dans l'histoire les noms de *Tatars Budgienses, Buzakienses* ou *Budziacenses*.

Les *Tatars Czeremisses* ou Tatars noirs (?), les *Tatars Nougais* ou Nagaïs, entre l'embouchure du Borysthène et celle du Thanaïs. Les habitants actuels de la Crimée appartiennent à cette branche.

Enfins les Tatars d'*Oszacow* sont ceux qui occupent les contrées de l'Europe, situées entre l'ancienne Podolie au couchant et la Volhynie au nord.

Au xviii⁰ siècle, ceux-ci appartenaient encore à la Sublime Porte; ils font maintenant partie de l'empire russe et occupent les contrées au nord de la Crimée.

Tous ces peuples jadis compris sous la dénomination générique de *Tata*, que leur donnaient les Chinois, ont successivement échangé ce nom contre des noms nouveaux, ainsi on trouve plus tard dans les contrées montagneuses voisines de l'*Altaï* : Les *Arimaspes*, connus des Grecs six siècles avant l'ère actuelle quand les habitants de l'Hellade établirent leurs premières colonies sur la pointe orientale de la Tauride (Crimée) dans le voisinage de *Kertch* et de Panticapée, ancienne capitale de la Chersonèse taurique.

A l'est du lac Baïkal on trouve les Rabbanæ, les Garinæi et les Tootnoe (?) près du lac.

Les Massagètes entre l'Oxus, le lac Oximia et le Jaxartes.

Plus au nord sur le Jenissei, les Abii, au milieu du désert de la Sibérie.

Vers l'occident les Alanorsi et les Allains. Tous peuples nomades qu'on divisait en nations hypophages et lactophages, c'est-à-dire se nourrissant exclusivement de chair de cheval ou de laitages.

Plus tard sont venus ces innombrables noms de peuples du nord-est qu'on trouve rapportés dans les auteurs anciens comme Ariacæ, Cachassæ, Machetegi, Aorsi, Neroïbes, Jetæ, Sarmatæ, Tabieni, Zaratæ, Sætiani, Asioti et autres noms de peuples à l'est de l'Aral, dont les dénominations ont cessé d'être en usage aujourd'hui, à l'exception des noms génériques de *Sarmates* et de *Gètes*, qui seuls sont restés, pour désigner les Scythes d'Europe et d'Asie, et les Gêtes connus du temps de l'exil d'Ovide dans la Dobruscha, au bord occidental de la Mer noire.

Les peuples de la Sarmatie d'Europe en deçà les monts Ourals — ou Scythie européenne — ont ensuite affecté tant de dénominations diverses que ce serait sortir du cadre d'un simple article lexicographique que de chercher à les énumérer même d'une manière restreinte.

Nous nous bornerons seulement à mentionner le nom de Belcæ, peuple scythique ou sarmatique, dont les Belges tirent leur origine et qui, au dire d'un auteur ancien, comprenait une grande partie de la Scythie ouralienne [1].

---

[1] *Omnia Scythia fere Belcæ appellatur. Pomponius Mela.*

Qu'on donne à tous ces peuples le nom générique de Scythes, sous lequel ils nous ont été primitivement connus, ou qu'on les appelle, à l'exemple des Chinois, *Tatas*, ou même *Mongols*, — qu'ils portent aujourd'hui en Asie, — toujours est-il que ce sont là en partie les ancêtres de toutes les nations actuelles de l'Europe, d'après l'opinion admise, mais non généralement partagée de quelques historiens.

Loin de nous offenser de cet origine, nous devrions nous en applaudir, car la race tatare ou scythique, quoique barbare, était intrépide, entreprenante et infatigable; ses mœurs nomades elle les avait amenées de l'Asie en Europe et aucun contact avec les nations corrompues de l'extrême Orient n'avait altéré ses instincts primitifs.

L'Asiatique du nord et les Mongols du plateau central de l'Asie sont encore de nos jours des peuples hospitaliers, faisant preuve d'une grande bonne foi dans leurs relations avec l'étranger. Dans leur attitude extérieure ils sont modestes, fiers et sévères à la fois sans morgue envers autrui et d'une intelligence assez développée dans tout ce qu'ils entreprennent.

Nul peuple n'a porté plus loin le respect pour les créatures que Dieu a placé à ses côtés. Le Tatar le Russe et l'Osmanli se garderaient bien de surcharger leurs bêtes de somme et de les maltraiter — comme nous le voyons pratiquer en Europe — pour en obtenir des efforts au-dessus de leur moyens.

En faisant abstraction du courant primitif d'émigration des peuples Indiens à l'est vers le continent américain, — assez bien prouvé de nos jours à ce que pensent certains philologues, — nous ne voyons que deux courants d'émigration l'un vers le nord-ouest des peuples descendus des montagnes de l'Altaï, l'autre au sud-ouest de ceux qui quittèrent la chaîne de l'Himâlaya pour se porter vers la Mésopotamie, l'Arménie, l'Asie mineure. De ce double courant sont provenus tous les peuples de l'Europe, de l'Afrique et de l'Asie mineure ainsi que les dénominations de peuples Indo-Européens, Iranéens, Arabes, Égyptiens, Sémitiques et Greco-Latins.

Les premiers étaient généralement barbares et nomades, et une partie l'est encore de nos jours.

Au contraire, ceux du revers méridional de l'Himalâya étaient plus civilisés et les lumières de l'extrême Orient et de la Chine leur avait été révélées de bonne heure.

De bonne heure aussi la Chine et l'Hindoustan avaient pratiqué les arts utiles à l'humanité et avaient perfectionné leurs langues avec soin ; on n'a donc aucun motif de s'étonner de la précoce civilisation des peuples de l'Égypte, des Perses et des Assyriens ; comme on n'a point de motif de se plaindre que l'Europe soit restée longtemps en arrière de ceux-ci.

C'est là une conséquence inévitable de l'État primitif des premiers habitants de ces contrées.

Si les nations d'Europe ont eu plus de peine à se civiliser, si elles ont fait des progrès plus lents, elles ont déjà surpassé en beaucoup de choses les limites assignées à l'ancienne civilisation.

C'est là une preuve que ce qui en ce monde croît lentement, atteint en général une maturité plus virile, des vertus plus solides et une perfection plus grande.

Pour les nations comme pour les individualités, l'échelle progressive ascendante et descendante des temps s'accomplit avec une désespérante certitude.

Les nations jadis puissantes sont aujourd'hui faibles ou ont disparues. L'Assyrie n'existe plus même de nom.

La Chine et l'Hindoustan, naguère les lumières du monde antique, sont retombés en enfance. L'Égypte n'a plus ni sciences ni arts quelconques et quoiqu'une pensée philosophique internationale ait fait récemment pour elle ce qu'elle a fait pour la Grèce et pour l'Italie, il est fort douteux que les semences de la civilisation moderne puissent jamais y produire des fruits durables et y ramener les vertus des Égyptiens d'autrefois.

A l'exception de la Grèce, de l'Italie du nord et des provinces danubiennes, — où l'esprit moderne rencontre des sympathies vives, — le voyageur ne remarque ni en Égypte ni en Asie mineure nulles tendances de nature à lui donner l'espoir que jamais ces pays reprennent le cours de leurs antiques lumières.

Que l'extrême Orient dans le principe de sa civilisation, ait donné à ses peuples barbares et nomades de la zone septentrionale des noms divers, les nommant tantôt *Tata* ou Tatars, Saken ou Scythes, leur donnant plus tard les noms de Mongols ou *Jongnous*, toujours est-il certain que ce sont ces peuples qui ont passé les premiers en Europe et ont fini par la peupler.

Lorsque les Annales de la Chine et de l'Hindoustan seront mieux connues on aura les détails de ces migrations qui nous manquent encore. On sait déjà que ces migrations nombreuses se sont opérées dans ces contrées à la suite de guerres et de dissensions politiques et religieuses. La Chine elle-même, toute puissante qu'elle était, a dû s'en défendre; et deux siècles avant l'ère actuelle, — désespérant d'arrêter les courses de ses nomades du nord, — elle a été obligée de construire sur une étendue d'environ 600 lieues cette formidable muraille qui est sans contredit le plus gigantesque travail qui ait jamais été élevé de mains d'hommes.

Il est donc incontestable que ce sont les barbares de l'Altaï et des montagnes du nord de la Chine qui sont en partie les ancêtres primitifs des Européens.

La géologie archéologique se fondant sur les trois âges, de la pierre, du bronze et du fer, a élevé des doutes, se fondant sur la race finnoise de la Scandinavie et les nations lacustres, dont on vient de découvrir les travaux il y a à peine quelques années.

Mais pour assigner aux Finnois ces demeures terramares ou lacustres et donner pour motif à ce séjour, des agressions qui ont déterminé ces peuples à s'enfuir dans les marais lointains, — comme on assigne une cause identique aux basques des Pyrennées, — on oublie d'observer que le pays primitif des nomades du nord de la Chine était situé à la même latitude que la Finlande; que ces peuples en s'y transportant, ne perdaient rien sous le rapport du climat et gagnaient infiniment en sûreté et en facilité de vivre que leur fournissaient les innombrables petits lacs dont ce pays est parsemé.

En partie hictyophages par nécessité, à la suite de leurs séjours successifs aux bords des grands fleuves de la Sibérie et du Wolga d'Europe, ils le devinrent presqu'entièrement dans cette nouvelle patrie où ils vécurent depuis fort tranquilles, se multipliant à l'infini.

Ce qu'il peut exister de conformité entre le langage d'aujourd'hui des Basques et des Finnois est une question ardue de philologie comparée qui reste à éclaircir.

Nous n'avons guère besoin pour notre sujet d'y insister.

Des trois courants d'émigration qui eurent lieu d'Asie en Amérique, en Europe et en Afrique, deux seulement concernent l'Europe, spécialement celui du nord-est vers l'ouest et du sud-est vers l'occident.

Ce dernier comprend les peuples ariens qui du revers occidental de l'Himalâya descendirent en Perse, en Arménie et en Asie mineure.

Ces peuples jouissaient déjà d'une certaine civilisation lorsqu'ils s'adonnèrent à l'émigration, et nous voyons dans cette circonstance la raison pourquoi l'Égypte et l'Asie mineure, ainsi que la Grèce atteignirent à une brillante civilisation pendant que l'Europe était encore barbare.

Quelques-uns des peuples européens participèrent à ces progrès dans une faible mesure parce qu'ils appartenaient comme la race celtique à des ancêtres dont le berceau primitif était voisin des nations ariennes.

En passant en Europe soit par les steppes des bords orientaux de la mer caspienne, soit — comme il est plus probable — par le Caucase vers le nord du Palus Méotide, ils ont pû de bonne heure occuper les parties méridionales de l'Europe et de là se porter vers le centre et les bords du Rhin.

C'est la route qu'ont suivi les Celtes, une des plus grandes hordes primitives qui envahirent l'Europe et dont l'intelligence, les caractères ethnographiques et les progrès ont frappé tous les historiens anciens.

Comme nous en sommes arrivés à une période de l'histoire qui s'éclaire par des faits certains, nous n'avons pas besoin de poursuivre ce sujet, notre Essai nous en a fait connaître les conséquences.

Senons=*Senones*=*Semnones*=Σεμνώνοι.

Les Sénons, peuple de la Gaule, auquel la ville de Sens en France, a emprunté son nom, était d'après les ethnographes modernes un peuple de race germanique que des migrations successives d'Orient en Occident, portèrent dans le cœur de la Gaule celtique où ils firent dès l'année 600 avant notre ère, irruption avec leurs alliés dans l'Italie du nord.

Ils s'emparèrent du pays des Umbriens et des Tusques, attaquèrent Rome, la pillèrent et finirent par la mettre à une rançon de 1000 livres (quelques auteurs disent 2000 livres) pesant d'or.

Florus, I, 13, en parlant de ce peuple, dit : « *hi* (Galli » Senones) *quondam ab ultimis terrarum oris et cingente* » *omnia Oceano, ingente agmine profecti; quum jam* » *media vastassent positis inter alpes et Padum, sedibus* » *ne his contenti, per Italiam vagabantur.* »

On voit que cet auteur fait venir les Senons du nord de l'Europe, d'une contrée éloignée qui était circonscrite par l'immense océan, que la géographie ancienne supposait devoir entourer la terre de toute part.

Tite-Live en parlant des Galli ou Gaulois se sert d'une locution équivalente et nous apprend par là qu'il n'avait pas des données plus exactes sur les limites de l'univers que ses devanciers; les Gaulois sont venus, dit-il, *ab oceano finitimis ultimis*.

De fait les Senons, comme tous les nomades primitifs de l'Europe, étaient d'origine asiatique; ils avaient traversé l'Allemagne centrale, la Belgique ou la Suisse et se fixèrent dans le cœur de la Gaule où comme tous les peuples, trouvant un heureux climat et des ressources abondantes pour vivre, ils s'y fixèrent définitivement, échangeant leur vie jusque là vagabonde contre un état sédentaire qui leur promettait à la fois plus de repos et de bonheur.

Cet *ab oceano finitimis ultimis* dans la pensée de l'historien romain était tout simplement les bords de la mer du nord dans la direction de la Scandinavie où en effet les Semnones ont demeuré avant de traverser le Rhin pour aller habiter la Gaule.

Suidas, en parlant des peuples de la Gaule transalpine, appelle les Senons des Celtes-Germains.

Étienne de Byzance leur donne le nom de Gallates : Σενονες εθνος Γαλατικον.

Polybe II, xvii et xix est du même avis, mais il se sert indifféremment des mots de Celtes et de Gallates; Κέλτοι και Γαλαται.

D'après les auteurs du dictionnaire de Trévoux, ces Gallates formèrent un établissement le long des côtes de l'Adriatique vers Sienne et Synigaglia=Sina-gallia, mais ils n'en fixent pas l'époque.

Polybe qui parle de ce peuple et de son séjour en Italie, l'y place à côté des *Isombres* ou *Insubres*, leurs alliés.

On voit par ces extraits, — il serait facile de les multiplier, — que lorsqu'il était question d'origine, de race et de caractères ethniques, les anciens usaient d'une synonimie souvent très différente et appelaient les mêmes peuples de différents noms.

Ils s'attachaient surtout à déterminer par l'aspect extérieur à les rattacher à quelques souches communes, prises pour types génériques sans s'inquiéter du langage ou des idiômes et n'avaient sur leur origine et les lieux d'où ils étaient venus que des renseignements incomplets. Ils confondaient les Celtes avec les Gaulois, les Celtes avec les Scythes, ne faisaient souvent aucune différence entre Gallates et Gaulois et rangeaient les Germains tantôt parmi les Sarmates tantôt parmi les peuples de race exclusivement celtique.

Il n'est donc pas étonnant qu'il ait existé au sujet des peuples anciens de l'Europe une confusion qui s'est propagée de proche en proche et que des historiens modernes ont aidé à maintenir, ne consultant ni l'esprit ni l'influence des époques qu'ils ont décrits.

Sibérie (Les peuples anciens et actuels de la). La Sibérie, qui occupe à peu près la moitié des terres de l'Asie et de l'Europe réunies, est encore aujourd'hui — comme elle était pour les géographes anciens — une terre à peu près inconnue : *terra incognita*.

Cette vaste contrée du globe doit sa stérilité et le peu d'habitants qu'elle possède, à la basse température qui y règne.

Une moyenne de sept à neuf degrés au-dessous de zéro, — c'est-à-dire une température constante au minimum comme celle qu'on a subi pendant l'hiver de 1870 à 1871 en Belgique, — ne permet guère d'espérer qu'on jouisse jamais dans ce pays des conditions indispensables à la vie et à la propagation de l'espèce humaine sur une grande échelle.

Aussi faut-il désespérer de voir jamais cette contrée habitée autrement qu'elle ne l'a été jadis et qu'elle ne l'est encore aujourd'hui. Six millions d'âmes pour une étendue plus que double de l'Europe, ne constituent à nos yeux qu'un pays désert où la rare population qui l'occupe, aux trois quarts nomade encore, ne présente aucune chance de progrès possible, aucune perspective de civilisation future.

La source de la vie humaine s'y éteint à mesure qu'elle essaie d'y apparaître; et la nature morte efface et combat tout développement que la nature organisée s'efforce d'y introduire.

C'est une preuve que la terre n'a qu'une zone fort restreinte où le développement de l'homme et des animaux a pû s'exercer; zone d'environ 70 degrés de longitude, au-delà des bornes de la quelle, à quelques exceptions près, tout végète et dépérit sans espoir d'amélioration possible.

A trois pieds de profondeur le sol de la Sibérie constitue un roc de glace que la pioche peut à peine entamer. Cette terre désolée produit néanmoins dans ses parties du sud quelques céréales que la présence constante du soleil sur l'horizon aide à faire murir assez promptement, durant le court espace qu'y apparait l'astre bienfaisant du jour; mais à part ces lueurs courtes et passagères, la terre n'y produit en général qu'une herbe chétive à peine capable de nourrir le Renne durant quelques mois de l'année. C'est en partie à travers cette vaste contrée que les peuples nomades de l'Asie centrale ont opéré leurs migrations de l'est vers l'occident en traversant l'immense chaîne de montagnes, connue anciennement sous le nom d'Hémaüs, aujourd'hui sous celui de monts Altaï.

Peuples chétifs qui, — comme tous ceux qui habitent le voisinage des deux pôles, — sont petits de taille, dépourvus d'énergie physique et morale et la plupart du temps engourdis par l'excessive froidure du climat, tels sont les Samoyèdes des bords de l'océan glacial entre le fleuve Jéneseï d'Asie et le gouvernement d'Archangel au nord de l'Europe. Les Samoyèdes sont reliés par les *Yakoutes* et les *Kamschadales* aux *Esquimaux*, toutes nations originaires de la Mongolie, qui n'ont conservé du type générique de leur race qu'une peau jaune, et aucune des forces physiques par lesquelles se distinguent les Mongols leurs ancêtres du versant septentrional de l'Altaï.

Il règne parmi toutes ces nations, — qui sont au nombre de dix et qui toutes portent des noms nationaux différents, — des traditions qui les font venir originairement du sud ; et l'on pense qu'ils appartiennent en partie à la branche mongole de la Turcomanie, attendu qu'on a pu constater entre leurs langues et celle des Turcs actuels des analogies frappantes.

Quand je parle d'une zone de soixante-dix degrés, je prends le globe en son entier. Dans l'hémisphère boréal — qui réunit presque toutes les terres du globe, — cette zone ne comporte qu'une étendue de quarante degrés de longitude ; car le peu de terres sous la zone torride, à l'exception du centre de l'Afrique, compte à peine dans le calcul. Ces quarante degrés sur 180 embrassent tous les pays qui ont joué un rôle dans l'histoire par la puissance et l'énergie de leurs habitants et le degré de civilisation où ceux-ci sont parvenus aux différentes époques de l'histoire connue.

En dehors de ces limites restreintes, les annales des peuples n'offrent rien de bien intéressant.

C'est par cette bande étroite de terres que toutes les migrations des peuples d'Asie vers l'Europe ont eu lieu. C'est en suivant ces peuples dans leur course vagabonde, que nous nous sommes attachés à tracer leur histoire primitive et à décrire la cause de leurs migrations avec la précision que l'état de la science permet de le faire aujourd'hui.

C'est à l'extrémité septentrionale de cette zone, vers le cinquantième degré de longitude que nous trouvons naguère établis les Belcæ, peuple scythique nos ayeux, dont la horde fut jadis si puissante que Pomponius-Méla affirme que presque toutes les nations scythiques n'étaient connues de son temps que sous le nom générique de Belçæ, rameau ethnographique puissant, qui comprenait, outre les Belges proprement dits, les Ligures, les Cimbres, les Ambrons, les Trères, etc.

Parmi les 500 millions de peuples asiatiques, dont les

quatre cinquièmes appartenaient à la race mongole, il a nécessairement existé des rameaux ethniques très différents. Tous les peuples mongols ne se distinguent pas essentiellement par la couleur jaune, une tête macrocéphale et des cheveux noirs.

Le plateau central de l'Asie offre encore aujourd'hui dans ses habitants des monts *Vindhia*, des traces d'hommes à peau blanche, aux yeux bleus et aux cheveux blonds, qui sont les caractères généralement attribués, à une partie des populations caucasiques. Les Celtes et les Germains, — comme toutes les races principales de l'Europe actuelle — en ont conservé des caractères indélébiles, modifiés d'après le climat, les instincts et les habitudes de chacun.

Des bords de la Baltique — où tous ces peuples ont longtemps vécu à l'état de pasteurs, et où ils ont eu leur avant-dernière station, — sont sortis au commencement de l'ère actuelle toutes les familles puissantes, gothiques, vandales, longobardes, franques, etc., qui dominent encore en Europe, au midi et à l'est de cette partie du monde. Il est facile de voir, — malgré quelques caractères spéciaux qui les distinguent — que tous ces peuples appartiennent à la même souche ethnographique.

Sicile, naguère encore appelée *Trinacria*, est une île qui, par sa situation, son climat et la nature du sol a dû attirer de bonne heure l'attention des peuples pélagiques de la Méditerranée.

S'il est vrai que les Thyrénéens passèrent de l'Archipel dans la Toscane, ils ont dû aborder en Sicile du temps que l'île s'appelait encore Trinacria, de sa forme triangulaire. Cependant ni l'histoire ni les légendes n'en font mention.

La poésie a parlé du règne d'Antiphaæ (*Antiphatæ regnum*) et celui des Cyclopes dont un seul dévora, dit-on, sept compagnons d'Ulysse qui n'avaient pas craint d'y débarquer ; mais nous ne nous arrêterons pas à cette origine. Dans tous les cas les Siciliens actuels ne paraissent pas, — généralement petits et bien faits qu'ils sont aujourd'hui, — descendre de ces monstres, sortis de l'imagination des poètes.

Post dirum antiphatæ, dit Silius-Ital. XIV, 33 sur la Sicile :

>Post dirum antiphatæ regnum et Cyclopia regna
>Vomere verterunt primum nova Sicani
>Pyrene misit populos, qui nomen ab amne
>Ascitum, patrio terræ imposuère vacanti.
>Mox Ligurum pubes, *Siculo* ductore novavit
>Possessis Bello mutata vocabula terris.

et Dion d'Halicarnasse, se fondant sur les assertions de Thucydide et de Philistos I, xxii, appelle les *Sicules* ou *Sikaniens*, un peuple d'origine ibérique.

>Σικελοι (Σικελιαν) Σικανοι γενος Ιβηρικον.

Il résulte donc de ces extraits qu'avant l'arrivée des Sicules l'île portait encore le nom de Trinacria; que c'est de Pyrène — dont les anciens faisaient une ville avant de connaître les Pyrennées, — que des peuples nouveaux abordèrent en Sicile et nommèrent cette terre du nom de leur chef Siculo, un descendant des Ligures.

L'opinion de Dion d'Halicarnasse ne contredit pas ces faits, il ajoute seulement que les Sicaniens étaient un peuple de race Ibérienne.

Plusieurs auteurs anciens, — se fondant sur la longue possession d'une partie de l'Ibérie par les Ligures, — confondent souvent les deux noms ou les désignent nominativement par l'appellation d'Ibéro-Ligures; car on sait que l'Ibérie du nord-ouest porta longtemps le nom de *Ligustinæ* ou *Ligustica-terra* et que c'est probablement de là qu'est venu au Portugal son ancien nom de *Lusitanie*.

Comme nous l'avons dit ailleurs dans cet Essai, les Ibères subjugés par les Ligures prirent à la longue le dessus et résolurent de délivrer leur patrie de ces farouches dominateurs.

Ils les expulsèrent de l'Espagne et ne cessèrent de les poursuivre que lorsqu'ils eurent mis le phare de Messine entre eux et les vaincus. Les Ligures et les Sicules abordèrent alors en fugitifs à l'île de Trinacria et l'appelèrent du nom de leur chef.

Quant à l'origine des Ligures, il n'y a nul doute que ce peuple avec les Ambrons et les Cimbres ne fût d'origine scythique, ayant longtemps vécu dans le nord de l'Europe avant de passer au midi des Pyrennées.

Aviénus, qui suit aveuglement Tite-Live, avoue qu'il ne sait où chercher la demeure primitive de ce peuple.

Hos Ligures dit-il, *equidem nesciam quærere nisi in ore Galliæ septentrionali.*

Et Silius-Italicus émet le même doute :

Draganum proles (Ligures) *sub nivoso maxime septentrione collocaverunt larem.*

M. A. Thierry (I, ix) applique ce passage aux Ligures, chassés par les Celtes de l'Espagne, leur mère patrie(?).

C'est-à-dire qu'il prête aux Ligures une possession qu'ils n'ont jamais eue et dans leur fuite une direction qu'ils n'ont pû suivre.

Les Ligures chassés de l'Espagne et tombant sur les Sicaniens, peuple allié aux Ibères, les chassèrent de leurs demeures, et tous trois, se combattant et s'acharnant l'un l'autre pour des possessions territoriales, arrivèrent ainsi à travers l'Italie jusqu'en Sicile, où ils se reconcilièrent, prirent possession des trois parties principales de l'île, nommées depuis — et très probablement a cause des trois idiômes dont ils se servaient — : les *Trilingues*.

La Sicile, gouvernée par des institutions républicaines, eut de bonne heure des villes importantes et célèbres dans l'histoire ancienne ; les unes fondées par les Sicules ou Sicaniens; les autres par des colonies phéniciennes et grecques que l'extrême fertilité du sol y attira de très bonne heure.

Ségiste, Himéra, Leontini, Drepanum, Selinonte, Agrigente, Panorme, Messana et surtout Syracuse — fille illustre de Corinthe, patrie de Théocrite et d'Archimède — sont toutes célèbres à divers titres; et plusieurs existent encore aujourd'hui, n'ayant guère changé leurs noms anciens qu'autant que les idiômes de leurs habitants et l'adoucissement du langage vulgaire ne l'aient autorisé. Ainsi Drepanum, s'appelle aujourd'hui Trapani, Agrigente subsiste dans les ruines de Girgenti, Panorme, s'appelle Palerme et Messana, — dont le premier nom était Lancle, — se nomme aujourd'hui Messine. Syracuse, l'ancienne métropole de l'île, a conservé son ancien nom.

La Sicile tour à tour visitée par les Phéniciens qui y introduisirent le langage phonétique et le commerce, par les Grecs qui y firent fleurir les beaux arts et l'éloquence, par les Carthaginois qui l'enrichirent et y amenèrent le luxe et l'aisance, la Sicile ne pouvait manquer et ne manqua pas de se placer bien vite à la tête de la civilisation de l'Occident.

Ses ruines attestent encore la grandeur de vues de ses magistrats et de ses gouvernants; et les noms de Gélon, d'Hiëron, de Denys et d'Agatocle, — dont quelques-uns comme Phalaris, furent des monstres de cruauté, — ont mérité de passer à la postérité, malgré la qualification de tirans que l'histoire leur a donnée. Chez les Grecs, tous ceux qui violaient les lois de leur pays passaient pour des tirans. Aujourd'hui ce nom a une signification plus étendue.

Silures (Les). Ancien peuple de race ibérique, dont les descendants ne se retrouvent plus que parmi les Tcheckes de la Hongrie et de la Bohème.

Les Silures sont connus dans les Triades irlandaises sous le nom de *Essyllwg=Siluria* (pron. 'Ssyllug).

Tacite dans la vie d'Agricola XI, en parle dans la description qu'il fait des peuples de la Bretagne. *Ceterum Bri-*

tanniam qui mortales initio coluerint...... Silurum *colorati vultus et torti plerumque crines; et posita contra Hispania Iberos veteres trajecisse easque sedes occupasse fidem faciunt.*

Si l'on comprend bien la pensée de Tacite, il estime que les Ibères ont chassé les Silures de l'Espagne et ont occupé leurs terres; ce qui confirme l'opinion des auteurs, entre autre de Niebhur, qui fait venir les Ibères en Espagne des bords de l'Afrique septentrionale; mais comment faire avec les Silures de la Roumanie et du Siebenburgen (Transylvanie), où ce peuple existe encore sous le nom de *Tchekes* et que le vulgaire y croit être un reste des Huns qui ravagèrent ce pays au ixe siècle de notre ère ?

Cela ne paraît guère pouvoir se concilier qu'en admettant entre plusieurs dates fort éloignées les unes des autres, un synchronisme forcé.

Pour moi — et je pense l'avoir déjà démontré à satiété, — il ne reste aucun doute dans l'esprit que les Ibères n'aient habité les montagnes du Caucase et que ces lieux furent une des dernières stations qu'ils occupèrent avant leur dispersion en Europe; de là au *Sieben-Burgen*, ou plutôt dans la Dacie ancienne, il n'y avait qu'un pas.

Les montagnes de ce pays, (les Carpathes ou Carpa, comme les Roumains les appellent aujourd'hui,) ont servi de tout temps comme l'Himalaya, comme l'Oural, comme le Caucase, de refuge aux nations nomades. En établissant sur les plateaux inférieurs leurs demeures provisoires, elles pouvaient s'y retrancher, guêter l'arrivée de l'ennemi et se réfugier sur les hauteurs inaccessibles, lorsqu'elles étaient trop vivement poursuivies.

C'est l'histoire en deux mots de la vie nomadique de tous les peuples primitifs de l'Europe.

Mais alors comment retrouve-t-on ce peuple en Espagne et par quel motif plausible le voit-on passer en Angleterre dès la plus haute antiquité ?

Ce serait une énigme inexplicable si l'on ne tenait pas compte d'une série de dates et de faits connus qui, quoiqu'en eux-mêmes en partie conjecturaux, ont néanmoins acquis assez de certitude historique pour qu'il soit désormais superflu de les nier *à priori*. En admettant que les Ibères et les Silures aient suivi les deux routes que nous avons indiquées déjà aux courses nomadiques des peuples de l'Europe, on peut affirmer que les premiers ont suivi leur route vers le sud-ouest — et passant de l'Asie mineure aux bords de l'Afrique, — sont à la longue arrivés jusqu'aux colonnes d'Hercules et que, franchissant le détroit de Gibraltar, ils se sont emparés du sol de la Bétique.

Les autres émigrants de race Ibéro-Silures, opérant leurs courses plus tard, — et ne pouvant plus passer par l'Asie mineure à cause des peuples qui l'occupaient déjà, — se seront vu dans la nécessité de prendre une autre direction. Dans cette hypothèse, ils auront dû remonter vers le nord-ouest de l'Europe soit en gagnant le sol de la Crimée, soit même en contournant la mer d'Azof pour gagner la Scythie méridionale; et toujours avançant dans la direction de l'ouest, ils seront parvenus à la fin dans la région des Carpathes, où — s'emparant du pays à titre d'asile ou de résidence à l'abri des incursions ennemies, — seront resté comme tant d'autres peuples dans ce pays de refuge et d'hospitalité.

La circonstance qui a fait changer le nom de Silures en celui de *Tzeckes* peut provenir de la corruption du langage ou d'une division de ce peuple en plusieurs branches, dont celle des *Tzeckes* a seule survécue.

L'opinion des auteurs qui considèrent les Tzeckes de la Bohème comme un démembrement de la famille Slave, est à mon avis plus admissible et peut être justifiée par l'invasion de peuples slaves, dont l'histoire de la Bohème ne peut manquer de donner des indications plus ou moins précises.

Slaves, nom de peuple nouveau, puisque ni Cassiodore,

ni Jornandès (ce dernier vécut dans le vii⁰ siècle de l'ère nouvelle), ne connurent ce nom, bien que celui-ci écrivit une *Histoire et les gestes des peuples gothiques*, voisins des Slaves de l'époque, (de Gothorum origine et rebus Gestis) et que si ce nom avait été alors connu, ni l'un ni l'autre ne l'auraient probablement passé sous silence.

Nous avons donc à rechercher l'origine de ce mot et l'ethnologie des peuples auxquels il s'applique aujourd'hui. Slave est une dénomination appellative qui dérive du mot *slawa*=gloire. C'est déjà une preuve que ce nom n'a pû être donné qu'à une fraction de peuples préexistants, parmi lesquels une branche prédominait, soit par le nombre de ses membres, soit par le courage individuel de chacun d'eux.

C'est ce que nous avons déjà eu occasion de remarquer plusieurs fois et notamment à l'égard des *Magiaers*-Hongrois, qui ne se sont distingués dans le principe de la branche hunnique, à laquelle ils appartenaient, que parce qu'ils ont pris le nom de leur ancienne capitale *Maghiar,* près du fleuve de la Couma au nord du Caucase européen; comme les habitants de la capitale de France prennent aujourd'hui le nom de Parisiens, sans cesser pour cela d'être et de se croire Français.

Mais ceci ne nous apprend pas grand chose ; c'est pour cela que nous sommes forcés de remonter plus haut.

Lorsque à la suite des voyages de découverte des Phéniciens dans la Méditerranée et l'Océan atlantique, les Grecs voulurent connaître les noms des peuples qui habitaient les contrées du nord de l'Europe, ils ne parvinrent à savoir que le nom de trois nations, auxquelles ils donnèrent — très probablement d'après l'indication des navigateurs phéniciens — les dénominations de *Celtes*=Κελτοι, *Scythes*=*Schutai* et Cimmériens=*Kimmerii*.

D'après les premières indications, ces peuples habitaient la zone septentrionale de l'Europe; les Celtes, la contrée du Rhin aux monts Ourals (monts riphées); les Scythes, l'Asie septentrionale et les Cimmériens, le Danemarck et la Scandinavie ; peut-être même l'Angleterre et l'Irlande.

L'intérieur de l'Espagne, de la Gaule, de la Germanie, de l'Europe et de l'Asie du nord était complétement ignoré.

On pouvait dire à l'époque du xme siècle avant l'ère actuelle, que tous les pays qui forment aujourd'hui le noyau de la civilisation du xixme siècle, étaient complétement inconnus, à l'exception des côtes méridionales de l'Ibérie espagnole et de quelques stations maritimes sur les côtes d'Angleterre et de la Baltique.

Il n'était encore question ni de Slaves, ni de Gaulois, ni d'Allemands, ni d'aucun des nombreux peuples dont les noms ont successivement occupé l'histoire de l'Europe et de l'Asie septentrionale.

C'est sur ces faibles notions qu'ont vécut les peuples jusqu'à l'époque d'Ératosthène de l'école d'Alexandrie. Ce savant bibliothécaire — s'aidant des documents dont il était en possession et donnant à la science géographique la première impulsion scientifique qu'elle n'a plus abandonnée depuis — fut le premier géographe qui conçut le système de la division de la terre en trois zones : froide, modérée et chaude, assignant à chacune d'elles un nombre déterminé de parties qu'il appela *Eudoxiennes*, et plaçant les peuples connus de son temps, chacun dans les sections qu'il croyait les plus conformes aux notions qu'il possédait.

Il place ainsi les Scythes sur les bords septentrionaux de l'Asie (Sibérie) et dans le nord de l'Europe, entre le bas-Danube et les monts riphées (Oural).

Les Celtes occupent les bords de la mer du nord et s'étendent déjà sur une partie de la France septentrionale avec les Germains qu'il place au sud.

Il indique comme îles du nord la Bretagne, l'Irlande (Irne), et Thulé à l'extrémité boréale de la zone froide. Il ne mentionne ni l'Écosse, ni la Scandinavie et conséquemment il passe sous silence les *Kimmerii* d'Homère, qu'il regardait probablement comme une invention du grand poète, déterminée par la nécessité d'opposer un enfer au nord, à l'Élysée de l'Ibérie espagnole méridionale.

Nous passons sous silence les autres peuples de l'Europe, encore en petit nombre, dont Erastosthène donne les noms ; mais aucun ne répond ni aux Slaves, ni aux Gaulois, dont en ces dernières années, on a fait grand bruit.

Nous ne faisons pas le procès aux *Pan-Slavistes,* ni aux promoteurs des *Gaals* ou Gaulois anciens. Nous observons seulement qu'Eratosthènes, qui vécut en 270 avant l'ère actuelle, ne fait mention ni des uns ni des autres ; et pourtant les Romains donnaient depuis longtemps le nom de *Galli* aux Celtes du midi de la Gaule.

Quant aux nations du nord et de l'ouest de l'Europe, les Scythes et les Celtes étaient au commencement de l'ère actuelle, les deux nations les plus puissantes et les plus nombreuses de ces contrées.

Que voyons-nous arriver depuis en Europe ? Au moment où César entre dans les Gaules, il reconnaît le centre de ce pays habité par un peuple que les Romains appellent du nom de Galli, mais qui se donnent eux-mêmes, dit-il, le nom de Celtes.

Nous voyons vers le Rhin des Belges et au-delà des Germains, divisés en nombreuses tribus, portant plusieurs noms nationaux.

Pendant la longue guerre pour notre indépendance et durant les quatre siècles qui suivirent jusqu'à notre affranchissement de la domination romaine, le nom de Slaves n'apparaît nulle part.

Les Germains se sont mêlés aux Celtes d'au-delà du Rhin et les Scythes et les Sarmates d'Europe et d'Asie n'ont pas discontinué à y vivre sous cette double dénomination.

Du VIme au VIIIme siècle, les peuples de l'Allemagne étaient encore barbares.

Charlemagne inonde de sang les contrées des Saxons

pour plaire au Saint-Siége et pour forcer ces peuples, attachés à leur vieux culte, à l'échanger contre la foi chrétienne qu'ils tiennent en horreur, vu les moyens barbares qu'on emploie pour les y forcer.

Pendant les quatre siècles suivants on ne vécut en Europe que du souvenir des effroyables ravages commis en Allemagne, en Belgique, en France par les Huns et leur chef Etèle ou Attila. Parmi les vingt peuples alliés, qui aidèrent ce roi tatare dans ses déprédations, on n'en compte aucun qui portait le nom de Slaves.

En 1223, Tushi, fils de Genghis-Kan, abandonnant les rives du lac Aral et de la mer Caspienne, se transporta avec ses Tatars vers l'ouest sur les bords du *Dnieper*, et ayant taillé en pièce l'armée russe, s'empara de *Kiew*, capitale du pays, où 50,000 habitants furent passés au fil de l'épée. La marche plus au nord de l'armée tatare, fut marquée par le meurtre des habitants et l'incendie des villes. Parvenues jusqu'au pied des murs de *Novogorod-Severski*, et chargées de butin, fatiguées de répandre le sang, les hordes Asiatiques rebroussèrent chemin et retournèrent à l'ancien camp de Genghis-Kan, qui était alors à Boukhara.

Treize ans après, pareille incursion de Tatars eut lieu sous Bathu-Kan dans des circonstances analogues.

Pendant plus d'un siècle, ces agressions continuèrent jusqu'à ce que la ville de Moscou, devenue la capitale du pays vers le milieu du XIVme siècle, mit les habitants de cette ville à même de résister avec succès aux incursions déprédatrices des peuples conquérants de l'Asie.

Une victoire obtenue sur ces infatigables guerriers avec une armée de 400,000 Moscovites coûta cher à ceux-ci puisqu'il ne resta que 40,000 hommes ; mais la puissance des Tatars en fut gravement ébranlée ; car, lorsque sous Tamerlan, le chef mongol voulut plus tard venger l'affront que son prédécesseur avait essuyé, il s'apperçut que les Moscovites étaient en état de lui tenir tête et de l'empêcher de s'approcher de la capitale russe qu'il s'était proposé d'incendier et de piller de nouveau.

Depuis lors la Russie pût librement respirer et se constituer en état indépendant. La puissance Tatare fut à jamais réduite à la défensive et les trois royaumes que ces peuples avaient élevés le long du Wolga, à Kazan, à Tzaritzine et à Astrakan, furent successivement conquis et annexés à la Moscovie.

C'est à ces événements — qui sont voisins relativement comme on voit des temps actuels — qu'on peut rapporter l'origine du nom collectif de Slaves que prirent les Russes; mais qui n'a rien de commun avec les prétendus Slaves du centre de l'Europe, de la vallée du Danube et des bords de l'Adriatique.

Le Panslavîsme comme tel est donc un Mythe ethnographique inventé par les Russes pour s'attacher des nations que des milliers de lieues séparent et qui n'ont jamais eu de communication entre elles; on ne dit pas les Panslaves quoiqu'on dise les Russes; cela pourrait tout au plus s'appliquer aux Polonais. Les peuples des bords du Danube et ceux plus au midi de ce fleuve sont pour le fond des Celtes mélangés avec cette foule de nations d'origine Mœsique, Dacienne, Thrachique et Hunnique qui affluèrent dans l'antiquité vers cette contrée de la Pannonie regardée par les Nomades comme l'Eldorado de la vie.

On devrait donc bien une fois pour toutes abandonner ces locutions vagues et indéterminées de Panslavisme et de vieux Gaulois, ou ne s'en servir que pour les époques et les événements qui les concernent tout spécialement [1].

Syginnes(Les).—Peuple ancien de l'Espagne dont l'origine paraît non moins douteuse que celle des Ligures et des

---

[1] Le célèbre publiciste Kattkow de Moscou, jadis à la tête du mouvement Panslaviste, déclare aujourd'hui que la Russie doit renoncer à tout aggrandissement; et il ajoute que la tentative de constituer un état, comprenant tous les slaves, est absurde.

Sicaniens. Herodote (V. ix) en parle comme d'une nation qui avait son siége le long des rivages du Danube : πέρην τω Ιςτρω. On croyait jadis connaître les Σιγυνοι en Egypte comme peuple séparé ; mais il est probable que le Σιγυνος πολις Αἰγυπτιων de Ctesias [1] signifie exclusivement, une colonie Ægéenne, comme on en trouvait dans la Colchide en grand nombre, où les Ligures ont également séjourné. Séduits par l'analogie du nom, Ryck et Holsten [2], regardent les Syginnes comme une colonie Indienne en se fondant sur leur manière de se vêtir à la mode médique (c'est-à-dire avec des vêtements d'une grande ampleur, comme Hérodote en fait la remarque). Ils font dériver leur origine des peuples médiques, et semblent en inférer qu'ils étaient avec les Tzigeuners de l'Asie centrale un peuple congénère.

Quoiqu'il en soit, Strabon (XI p. 756) qui en parle comme d'une race d'hommes à souche unique, et leur donne le nom de Σιγιννοι ou Σιγγωνοι, — ajoutant comme caractère spécial (περσ ιξωσιν), leur amour pour les chevaux — les rapproche évidemment des Syginnes d'Hérodote et n'en forme intentionnellement qu'une seule et même tribu.

Ainsi les Syginnes que nous trouvons de bonne heure en Espagne, étaient jadis sortis de l'Asie centrale, avaient gagné le Caucase, les bords de l'Istris ou la Pannonie hongroise et auraient ainsi passé dans le cœur de l'Espagne sans qu'on sache ni leur histoire ni les diverses péripéties qu'ils ont subies durant cette longue migration.

La circonstance qu'ils portaient de longs habillements comme les Mèdes, peut justifier la présomption de leur identité avec les Tzigeuners ; mais il semble que ces derniers ne sont venus, ou n'ont été bien connus, que dans des temps postérieurs ; et il est aujourd'hui impossible de s'appuyer sur la conformité du langage des uns et des autres, les

---

[1] Ap. Step. Byz. (Etienne de Byzance).
[2] Ap. HERMANN *in Orph.* Arg. 759.

Syginnes n'ayant laissé aucun vestige en Espagne de leur existence comme nation. Quant à l'origine présumée de ce peuple, Zeuss [1] regarde les Syginnes d'Hérodote comme une horde Scythique qui occupa naguère le sol de la Hongrie: (*für Skythische Bewöhner der ungarischen Ebenen*). Du reste, il pensait de même qu'Étienne de Byzance et donne aux Syginnes une origine scythique και Σιγυνοι δέ εδνος Σκυδικον.

Quand nous disons que les Syginnes n'ont laissé aucun vestige de leur séjour en Espagne, c'est de nôtre part une pure assertion; car le même peuple n'a pas manqué de laisser des souvenirs dans une ville de la rive droite du Danube, à laquelle Ptolémée donne le nom de Σιγινδωνον. L'itinéraire d'Antonin l'appelle *Singidunum* et Jormandès Σιγγηδον.

Leur séjour dans la Mœsie paraît donc ne pouvoir être contesté et comme ils y occupaient les terres contiguës aux possessions des *Hénètes=Vénètes*, on croit pouvoir en conclure que ces deux tribus émigrèrent de l'Asie ensemble et vers la même époque.

Tatares (Races). (Voy. Scythes et Mongols.)

D'après Justin, les races Tatares ou Scythiques étaient originaires des pays montagneux du nord-est de l'Asie. Les descendants de ces peuples vivent encore dans ces contrées à l'état de nomades, comme une partie des Kirghis-Kaïsacs des bords orientaux de la Mer Caspienne. La géographie moderne les connaît sous la dénomination générale de races Touraniennes, mais elle y comprend plusieurs nations d'origine Indienne et mongolique, qui par conséquent appartiennent à la double souche des peuples noirs et jaunes.

Tectosages (Les). Une des principales branches de la tribu Belcæ, qui nous a naturellement occupé plusieurs fois dans le cours de notre étude. Nous les avons trouvés établis

---

[1] Dans son remarquable ouvrage intitulé : *die Deutschen und die nachbar Stamme*, Munchen. 1837.

dans les terres aux environs de Toulouse avec leurs congénères les Cimbres et nous les avons retrouvés dans la Gallatie où ils ont formé une des trois nations principales qui constituèrent les Tétrarchies de cette province asiatique sous la suzeraineté du royaume de Bythinie [1].

Nous ne nous sommes pas aveuglement soumis à l'opinion de certains historiens modernes qui, prenant le nom Gallates pour une expression identique à celle de Gaulois, ont tout simplement considéré la fondation de cette province asiatique comme l'œuvre des Gaulois du midi de la France.

Si tel avait été en réalité le sens de cette conquête il est a croire qu'on aurait trouvé dans la Gallatie, une foule de noms propres rappelant les peuples si nombreux de la France à cette époque. On aurait trouvé dans les dénominations des lieux, des vestiges qui eussent rappelé la mère patrie ou tout au moins le nom de quelque chef marquant originaire de celle-ci.

Cet espoir ne s'est pas réalisé ; tout ce qui se rapporte à cette expédition est essentiellement de nature germanique, belge ou illyrique ou pannonienne.

Les noms de Tectosages ou Tectosagi s'écrivaient en grec, Τεκτοσαγες, Τεκτοσαγοι, Τεκτοσακαι. Cette dernière forme est employée par Ptolémée qui connaissait également un peuple Scythique du nom de Θακες avec la préfixe, Tektos=Tektosakes.

Ces racines celtique, *Tekto* et *Sakes* n'ont pas été exclusivement employées dans la formation de ce nom, on les trouve encore dans Pausanias (X, 27), sous forme de Τεκτορηνοι, Λιγοσαγες, Λιγοσαγαι, que Casaubon et Ortelius croyaient par erreur, une leçon incorrecte de Τεκτοσαγες ; tandis que ces noms s'appliquaient tous à des peuples congénères qui n'ont eu qu'une existence précaire et se sont confondus

---

[1] Les Teutobodes ou Germains et les Trogmes ou Trocmes, formaient les autres subdivisions.

plus tard chez les Grecs sous le nom générique de Gallates=
Galatæ, plus tard Gallo-Grecs.

Avec les Tectosages de l'expédition en Asie mineure se lie intimement un autre peuple appelé Trocmi, dont l'origine et le caractère ont longtemps intrigué les ethnologues. En effet, on trouve ce nom sous plusieurs formes comme Τροχμοι, Τρωγμοι, Trogme et dans des manuscrits cités par Titze sous la forme de Τροκμηνοι, Trocmades, et dans le concile de Chalcédoine sous la forme de Τρογινοι, dans Cicéron (de dev.), sous celle de Trogini. Wernsdorf les regarde comme un peuple de la Tauride appelé Taurisques, chez lesquels on trouve fréquemment des noms, tels que Τρωοι Trosmi, Trosmis=Troesmis, Tresmis, dans la basse Mæsie en concordance avec les Trausi de la Thrace et dans le voisinage des Celtes de la Pannonie.

Tous ces noms et le caractère des nations qui les ont portés ne nous laissent aucun doute sur la nature des peuples Galates qui s'établirent en Asie mineure deux siècles avant J.-C.

On aura beau leur donner le nom collectif de Gaulois, les rattacher quant même aux peuples du midi de la France, on ne parviendra jamais à enlever aux Gallates leur origine tout à la fois Kymro-Belge, Illyrico-Celtique et Mæso-Thracique ; car les peuples du centre de l'Europe contribuèrent seuls à cette expédition et les Tectosages dont il y est fait mention n'appartenaient point à la branche qui vivait alors dans le voisinage de Toulouse mais à celle de la forêt hyrcinienne.

On pourra toujours, équivoquant sur les noms, se prévaloir d'un passage de César, qui, dans ses Commentaires, parle d'une émigration de Gaulois, qui naguère s'établit dans la forêt hyrcinienne « et s'y conforma aux mœurs et aux habitudes de ses nouveaux hôtes, au point de ne laisser plus trace de son ancienne origine. »

Ainsi, liant ce peuple à l'expédition de la Grèce, on pourra soutenir que ce sont là les Gaulois qui constituèrent un des noyaux principaux qui contribuèrent à l'érection de la province de la Gallatie.

Mais il est facile de répondre à cette objection. Ces Gaulois qui, du midi de la France, émigrèrent en Allemagne étaient des Volcæ-Tectosages des environs de Toulouse, par conséquent, non des Galli proprement dits, mais des Belges qui, avec les Cimbres, étaient allés naguère occuper cette région du midi de la France à une époque fort ancienne de l'histoire; donc en retournant d'où ils étaient partis, pour aller retrouver leurs compatriotes, ils ne changèrent ni leur nom d'origine ni leur manière de vivre, et restés Belges en France, sous le nom de Volcæ, que M. A. Thierry traduit par Volkes, (?) ils ne devinrent point Gaulois par le seul fait de leur déplacement.

Ce furent une partie de ces mêmes Tectosages, restés en France qui, lors de l'invasion de la Gaule par les Cimbres, provoquèrent, à la suite d'un *tumulte* ou insurrection, l'enlèvement du trésor de Toulouse. Pour justifier cet acte de spoliation, le consul romain allégua pour motif que cet or provenait du pillage du temple de Delphes, et qu'en vengeance de cet acte sacrilége il se croyait suffisamment autorisé à l'enlever.

Mais il n'est pas du tout certain que le trésor des Druides de Toulouse renfermât une simple particule de l'or de Delphes. A défaut de raison plausible Cœpion se contenta d'un prétexte. C'est toujours la vieille politique appuyée sur la même morale.

Que ces Tectosages de Toulouse, que le traducteur des Commentaires de César, traduits par le nom de *Toulousains*, n'étaient pas du tout des Gaulois, c'est l'opinion qu'a émise à leur sujet l'un des érudits les plus capables de juger de ces sortes de questions :

Sind die Belgen mit den Bolcæ oder Tektosagen ein

Volk, so nehmen wir an, dit Dieffenbach, *sie gingen von Herkynien in zwei Richtungen gleichzeitïg, vielleicht durch Deutsche, vielleicht aber erst durch andre Cymren gedrangt, aus. Der eine Theil, den wir den Germanischen nennen konnen, über den Rhein von nord-west in Gallien eindringend, der andre, Tektosagische, nach Noricum, zum Theile sogleich weiter nach Sud-Gallien dringend, zum grosseren Thiele den Sud-Oosten von Adriatische Meere bis gegen Thrakien hin besetzend* (Diff. Celtica, II, 229).

Il ne suffit donc pas de trouver dans un auteur latin le nom de Gaulois pour caractériser les peuples anciens, il faut rechercher l'idée que cet auteur attachait à ce nom et César lui-même, en commençant son récit, avait prévenu ses lecteurs qu'à l'exemple de ses compatriotes il entendait par Galli=Gaulois, les Celtes.

Ce n'est donc pas comme l'entendent expliquer quelques historiens, primitivement du centre de la Gaule du midi, que partirent les Tectosages ou Toulousains pour aller dans l'Hircynie, mais de cette dernière forêt pour aller s'établir dans le midi de la France. Si plus tard des émigrations forcées eurent lieu de ce dernier pays vers l'Hircynie, on comprend le motif qui engagea ces émigrés à choisir de préférence, pour retraite, un pays où ils étaient sûrs de trouver des hommes de leur race, disposés à les recevoir, et une hospitalité que d'anciens frères ne pouvaient leur refuser.

Terre du Misraïm. (Misraïm est le nom de l'ancien empire égyptien, dont le tableau ci-contre donne la chronologie d'après les égyptologues modernes.

Chronologie.	SELON			
	Lepsius.	Brugsch	Mariette	Bunsen.
Commencement du règne de Ménès (1)	av. J. C. 3892	4455	5004	3059
Amenemha (XII dyn.) (2)		2380	2851	
Premier Roi pasteur ou hyksos. (3)		2101	2214	
NOUVEL EMPIRE.				
Ahmes Ier.		1684	1703	
Ramses II (Moïse.)		1388		
Sheshouk Ier (vainq. de Roboam.)		961		
Cambyse.		525		
MACÉDONIENS ET LAGIDES.				
Alexandre le Grand.		332		
(Fin de l'indépendance.)	av. J. C. 30			

Selon Manethon, la douzième dynastie de l'ancien empire aurait eu huit rois et occupé le trône pendant 213 ans; la treizième dynastie, *diospolite,* en aurait fourni 60, et une quatorzième, qu'il appelle *Xoïte,* 76; mais aucun de ces rois n'y est nommé et, en admettant que ces princes aient

(1) *Ménès* possédait déjà de son temps la haute et la basse Égypte et sa domination s'étendait sur l'une et l'autre partie; cela est constaté par le papyrus de Turin à l'aide d'un signe royal qui indique cette double possession.

(2) Avant *Amenemha Ier* la *Table d'abydos* fait mention de 58 Pharaöns qui auraient régné en Egypte avant lui; et les égyptologues sont généralement d'accord aujourd'hui pour considérer les cartons de cette liste comme étant incomplets.

(3) *Manethon,* cet historiographe helleno-égyptien enregistre, avant d'arriver aux règnes des rois pasteurs, 13 dynasties qui auraient régné successivement en Égypte.

regné successivement, il faudrait leur assigner au moins une période d'environ 1000 ans (937 ans).

Toutefois la *table d'Abydos* nous a déjà donné les cartouches de 58 de ces rois, et il serait imprudent d'émettre un avis; car les fouilles peuvent en faire découvrir d'autres et justifier ainsi les allégations d'un historien, qui a vécu en Égypte à une époque très ancienne et qui, quant à sa véracité, ne fournit aucun motif de suspicion. On possède dès la quatrième dynastie du vieil empire des monuments authentiques qui remontent à *Khoufou* (Cheops), à *Menkara* (Mycerinus) et à *Snefrou*, auteurs des grandes pyramides. Déjà à cette époque, la royauté égyptienne possédait une cour et un formulaire royal, où étaient enregistrés les noms des enfants, ceux des amis du roi et les noms des scribes et des architectes de la cour. Tout ceci était antérieur à la construction des grandes pyramides, auxquelles travaillèrent les Hébreux.

Les égyptologues actuels tels que Bunsen, Mariette-Bey, Hincks, Brugsch, Lieblin et surtout le docteur Lepsius, divisent la chronologie égyptienne en trois périodes distinctes, savoir: l'*empire ancien*, l'*empire nouveau* et l'*empire des Macédoniens* ou *Lagides*.

Lepsius assigne au commencement du règne de Ménès une date de 3892 ans av. J.-C.; Mariette-Bey remonte encore plus haut et en fixe la date à 5004 ans.

Bunsen, au contraire — se rangeant aux calculs de l'école d'Alexandrie — ne commence le règne de Ménès qu'à l'an 3059 av. J.-C.

Si d'un autre côté nous établissons, à l'exemple des chronologistes du commencement de ce siècle, la succession des époques de l'histoire générale du monde, nous ne trouvons plus au lieu de 5004 ans qu'une série de 22 siècles av. J.-C. C'est la date qu'indique M. Straas, auteur du tableau chronologique de l'histoire universelle au commencement du règne de Ménès (1899); ouvrage qui a été longtemps considéré en Allemagne comme classique et a servi à fixer le synchronisme des dates entre les nations de l'antiquité.

Mais depuis la découverte des listes royales de Saggara et d'Abydos, sorties des fouilles opérées par Mariette-Bey, on ne peut plus admettre ces idées.

Aux trente-huit règnes dont se compose l'ancien empire du Misraïm, il faut en ajouter encore vingt nouveaux et intercaler, vers la fin de l'ancien empire, les dynasties XII, XIII et XIV que personne ne conteste plus.

En outre, on est obligé d'admettre encore six règnes entre la première et la sixième dynastie, ce qui rend vraisemblable le calcul de M. Mariette, quelqu'élevé qu'il soit. D'autres découvertes ne manqueront sans doute pas de confirmer cette conjecture; car l'histoire ancienne de l'Égypte n'a pas dit encore son dernier mot.

Thibet. L'immense plateau central de l'Asie, borné au nord par l'Altaï, au sud par la chaîne de l'Himalaya et à l'occident par le nœud du Caucase indien ou Hindo-Kou, était dans l'antiquité habité par trois races différentes de peuples, appartenant à la Mongolie, au Turkestan et au Thibet. Cette vaste contrée a conservé à peu près son ancienne division. Elle est encore partagée aujourd'hui entre les habitants du Turkistan, les Mongols ou Tatars et les Thibétains.

Ceux-ci occupent les plateaux septentrionaux de la chaîne de l'Himalaya sur une étendue d'environ 600 lieues de long, d'Orient en Occident, et de 200 lieues en moyenne du nord au sud, ce qui constitue un pays triple en grandeur de celui de la France actuelle, et d'au moins 27,000 lieues géographiques d'étendue.

On serait tenté de croire que par sa situation entre le 25e et 40e degrés de latitude, le Thibet doive jouir d'une température fort élevée puisqu'elle correspond au rivage de l'Afrique et à l'Egypte inférieure. Il n'en est pourtant point ainsi ; la température du Thibet est généralement froide et pluvieuse de mars en octobre. Ce qui s'explique par l'élévation du sol et la prodigieuse quantité de neige dont ce pays est entouré au sud.

Composé d'un sol généralement ingrat, le pays n'est que médiocrement cultivé; mais certaines contrées traversées par des fleuves font exception à cette règle; car le vin n'y est pas inconnu et le riz se cultive dans les parties basses du sol ou des abris naturels permettent aux rayons du soleil d'échauffer la terre à une très haute température.

Les produits ordinaires de l'agriculture sont le froment, l'orge, l'avoine et les pois. Les fruits de l'Inde et de la Perse y sont inconnus.

C'est au Thibet qu'on a constaté en dernier lieu l'existence de temps immémorial de la race blanche, premiers possesseurs de l'Europe.

Si l'Arie est le pays dont on fait dériver les races Celtique et Indo-Germanique, c'est qu'on n'a pas considéré que les premières migrations des peuples européens n'ont pu exclusivement venir de ce pays seul, dont les habitants sont des hommes de couleur foncée; mais d'une contrée beaucoup plus froide et moins favorisée par le climat. Le Thibet est donc la patrie de la race Japhetide ou blanche et toutes les traditions antiques touchant ce pays, viennent confirmer cette supposition.

Les Chinois, sous la domination desquels une partie du Thibet a toujours vécu, affirment que la race blanche a cheveux roux et blonds du Thibet, est le produit d'une sorte d'Anthropoïdes originaires de cette contrée; et les Thibétains eux-mêmes, se sont toujours vantés de cette origine. Or, la race Celtique s'est toujours distinguée par les caractères ethnographiques, qui se conservent encore parmi les Irlandais et les habitants du pays de Galles.

Les émigrants du Thibet, quoique appartenant à une zone infiniment plus méridionale, n'ont eu rien a perdre au changement de climat, en passant plus à l'occident vers les bords du Wolga inférieur et de la Mer Caspienne ; et c'est une considération qui n'est pas sans quelqu'importance, lorsqu'on considère que les peuples nomades se sont toujours efforcés a trouver des demeures plus commodes et des pays d'un climat plus heureux, que ceux de leur patrie d'origine.

N'est-il pas surprenant que la race blanche — primitivement méprisée au point d'être considérée par ses voisins comme le produit d'une race animale, — est aujourd'hui devenue la dominatrice du monde entier par son aptitude aux sciences et aux beaux arts, par l'art surtout de se gouverner et de perfectionner les lois dont l'extrême Orient n'a été que l'initiateur ; tandis que l'Occident les a portées à un degré de perfection inconnu aux anciens. Ce ne sont pas seulement les Chinois qui ont émis cette opinion à l'égard des Thibétains ; mais les *Khiangs* du Thibet ont cette prétention et se vantent de cette descendance. C'est pour ce motif qu'aujourd'hui encore on appelle la contrée centrale du Thibet, le pays des Anthropoïdes.

Il y a plus, les livres des *Boudhistes* qui parlent de cette origine, disent que les habitants de ce pays sont nés du grand singe *Saar-Metschin* et de sa femme *Baktcha*.

D'après une ancienne tradition persanne, les premiers habitants portaient le nom de *Meschia* et *Meschiane*, qui en sanscrit signifie humain, *mensch*=homme. *Saar-metschin*=premier homme [1].

Les Hindous rapportent que le roi des Anthropoïdes, qui dirige les vents sur le sommet de l'Himalaya, nommé *Hanumann*, vînt au secours du Rama Indien lors de la conquête de Ceylan par celui-ci.

On assure que les habitants de l'intérieur du Thibet ont

---

[1] Voy. tableaux de lexiologie hindou-européenne, v° *manuschan, manuschi* =homme=humanité.

encore une très grande ressemblance avec les Anthropoïdes ou grands singes.

L'Anglais Darwin, qui a établi son système naturel sur le perfectionnement des races, a invoqué ces faits à l'appui de son idée.

Mais si l'on considère le nom que portent ces prétendus singes au Thibet, l'origine sanscrite de ce nom et la signification qu'on y attache, il y a lieu d'admettre qu'on n'a attribué aux Thibétains cette signification insultante qu'à cause de quelques caractères extérieurs qui autorisaient à établir entre eux et les grands singes cette ressemblance ; et que cette mauvaise réputation leur est restée après que les causes en avaient disparues.

C'est du reste mal comprendre une signification quelconque et la regarder comme méprisable, quand ceux qui en sont gratifiés, la regardent au contraire comme un éloge.

Thulé (Ile de); Θυλη des anciens ;=*Tyle, Thyle. Orcadas insulas*, IX, *de quarum ultima Thule*, dit H. Hunt, hist., lib. I. Polyd. Virg., lib. I, dit aussi : *post orchades Thulé est quam nunc Ilam dicunt*.

On a longtemps pris l'Irlande toute entière pour l'antique Thulé. En langue gadhélique *tuath* signifie le nord.

Pink. I, p. 10, n'hésite pas à regarder l'archipel de Shetland comme celui dont l'île de Thulé faisait partie. Pol. Virg., lib. I, semble dire la même chose lorsqu'il se sert des mots ci-dessus transcrits : *post orchades Thulé est, quam nunc Ilam dicunt*. C'est-à-dire après l'archipel des Orcades se trouve l'île de Thulé ou les îles Shetland ; car les anciens ne connaissaient pas assez ces lieux pour savoir distinguer si le mot Thulé se bornait à une seule île, ou comprenait l'archipel de Shetland tout entier.

Tongres=*Eburodunum*. Il existe dans les Alpes de

la Provence, près de la Durance, une ville appelée Eburodunum. — C'est Embrun.

Tongres était la capitale des Ambrons ou Éburons de la Belgique.

Trèves, une des villes les plus anciennes de l'Europe occidentale, plus ancienne que Solure en Suisse [1]. Trèves appartenait à la Gaule Belgique; c'est en partie guidés par cette circonstance — de même que par le nombre de ses habitants et leur courage reconnu à la guerre — que les Romains sous l'Empire en formèrent la métropole de la première et de la seconde Belgique [2].

L'origine de ce nom n'est pas bien connue, néanmoins un grand nombre d'auteurs anciens et modernes n'hésitent pas à croire qu'elle la doit à une branche principale de Kymris ou Cimbres de la Baltique, qui s'établirent en deçà du Rhin à une époque très ancienne et qui portait le nom de *Trères*.

Dans l'usage le nom de Trères a fait insensiblement place à celui des Cimbres ou Cimmériens, comme Strabon l'affirme en disant :

Trerum atque Lyciorum invasio, haud alia atque Cimmériorum de quâ Hérodotus loquitur, qui cum Trères ad Cimmerios pertineant latiori usus fuerit appellatione.

Toutefois, cette opinion de Strabon n'a pas réuni le suffrage de tous les philologues modernes; plusieurs la contredisent et, comme Frankius (lib. I, p. III), pensent que le passage de Strabon, où cet auteur émet cette idée, a été tronqué par les copistes.

Ils se prévalent donc d'un autre passage de cet auteur et font la remarque suivante :

Scytharum vero hanc incursionem quâ Cimmérios

---

(1) Voy. l'art. Cimmériens ou Cimbres.
(2) *Belgica* 1ª et *Belgica* 2ª.

insécuti, medos vicerunt omnemque fermè asiam accupaverunt, eamdem atque Chaldæorum fuisse existimant viri docti, quibus assensitur Hérennius, Idéen, I, 2, p. 269.

Zeus [1] cite encore, p. 259, le passage de Strabon où celui-ci confond les Trères avec les Thraces : Τρῆρες καὶ ωτοι Θρᾴκες, et un passage de Thucydide (II, 96) où les Trères sont placés parmi les peuples de la Thrace à côté des *Triballes* [2]. Zeus attache néanmoins plus d'importance à l'opinion de Strabon (I, p. 59), où il appelle les Trères συνοικοι τοις Θραξιυ, ce qui se rapporte au passage d'Étienne de Byzance, qui dit, en parlant du même peuple : Τρηρος χωριου Θρακης, και Τρηρες Θρακιου εδνος.

M. Frèret (dans les Mémoires de l'Acad. des Inscr., vol. XIX), parlant des Cimbres et autres peuples de race celtique, cite d'abord une invasion d'amazones en Asie mineure, qui d'après la chronique d'Eusèbe, aurait eu lieu 108 ans après la destruction de Troie, c'est-à-dire 1076 avant J.-C.

Il indique le séjour antérieur des Cimbres au Pont Euxin, et le fait remonter au XIIme siècle avant notre ère. M. Frèret n'admet pas avec Hérodote l'expulsion des Cimmériens des bords du Pont Euxin par les Scythes, ni la route indiquée par Hérodote, que suivit ce peuple pour aller en Asie mineure.

Il pense au contraire qu'avant cette époque — c'est-à-dire avant l'invasion des Scythes dans l'Europe centrale — les Cimmériens du nord avaient déjà fait plusieurs courses en Asie mineure, il admet notamment trois subdivisions de Cimbres en trois endroits différents : une dans l'Asie mineure, une seconde sur le Bosphore cimmérien, séparée *du gros de la nation par le Borysthène et l'Hypanis* (?). Ce serait

---

(1) Voy. son remarquable ouvrage : *die Deutschen und die Nachbarstämme*, Munchen, 1837.

(2) Voy. ce nom.

d'après lui à cette dernière branche qu'appartiendrait l'expédition des Cimbres sous Lygdamis, expédition mentionnée par Plutarque et dont le chef, après la prise de Sardes et la conquête de l'Ionie, meurt en Cilicie. Depuis la perte de leur chef, les Cimbres doivent s'être dissous et dispersés parmi les nations aborigènes de l'Asie; car l'histoire ne fait plus mention d'eux.

Celle dont parle Hérodote appartient à une autre époque.

Enfin une troisième subdivision, à laquelle auraient appartenus les Cimbres ou Kymris du nord, était établie entre les sources de la Vistule *(Weichsel)* et de l'Oder.

Enfin les Tauri ou Taurisques de la Crimée se seraient formés des débris des Cimmériens qui, chassés par les Scythes, se sont réfugiés dans les montagnes au sud et à l'ouest, loin des frontières occupées par les vainqueurs et, non inquiétés dans les parties montagneuses de la Crimée, y auraient pris des noms appellatifs nouveaux, empruntés à la nature du pays. Ainsi Tauri ou Taurisques, pour habitants des lieux montagneux, voudrait dire autant que Cimmériens fugitifs, chassés par les Scythes dans les montagnes de la Crimée et du Caucase.

Il y a sur Hérodote et Kalinos des commentateurs modernes qui comptent jusqu'à quatre invasions des Cimmériens en Asie mineure, dont celle d'Hérodote ne serait que la dernière [1].

Ces savantes et pour la plupart conjecturales assertions, ne nous occuperont pas; car il ne s'agit ici que de déterminer le sens véritable du nom de Trères en rapport avec la ville de Trèves en Belgique [2].

Des auteurs que nous avons cités à cet art. et de ce que nous venons de dire, il résulte à l'évidence :

1° Que les Trères ou Thraces formaient le rameau prin-

---

(1) BACH, CALLIN. *Fragm.* p. 13 sq.
(2) Voy. à ce sujet l'art. *Cimbres* ci-devant.

cipal de la nation cimmérienne qui n'a fini par se confondre avec celui des Cimbres que parce que l'usage de ce dernier nom a prévalu dans les écrits des anciens.

2° Que la nation cimmérienne, d'origine scythique, était la plus puissante des hordes nomades de l'Europe, avant l'invasion des Celtes.

3° Que ses courses en Asie mineure sont attestées par une foule d'auteurs anciens et modernes.

4° Qu'il n'y a de différence entre les noms de Cimmériens, de Kymbri=Cimbres, de Taurisques et de Trères qu'à raison des gîtes différents que ce peuple a successivement occupés, partant de la Boucharie asiatique pour passer dans la Chersonèse du nord, dans la Tauride ou Crimée à laquelle il donna son nom, faisant de là de nombreuses incursions dans l'Asie mineure où les vestiges de son séjour se retrouvent encore.

5° Qu'enfin plusieurs de ces courses nomades remontent à plusieurs siècles avant la destruction de Troie et ne laissent aucun doute sur leur réalité.

Ceci posé, on a quelque raison de trouver étrange qu'il y ait encore des historiens modernes qui cherchent à réunir les Scythes et les Celtes, les Cimbres et les Gaulois, pour en faire une seule nation; et essayer, au moyen de cette confusion de noms propres, à nous faire accroire, par exemple, que l'expédition de la Macédoine et l'érection de la Gallatie sont des faits qui appartiennent au peuple Gaulois par ce que les Grecs ont appelé ces étrangers du nom générique de *Gallates*.

Nous avons combattu cette idée dans notre Essai, nous ne voulons y revenir ici que pour en démontrer l'erreur évidente et repousser de toutes nos forces ce système historique à l'aide duquel on veut démontrer que les Belges ne sont arrivés en Belgique qu'environ deux siècles avant l'ère actuelle; proposition qui fait remonter les peuples du midi de la France à une plus haute antiquité que ceux du nord, tandis que tous les faits historiques démontrent le contraire.

Les Basques, un des peuples les plus anciens et les plus homogêne de l'Europe, ne se sont enfui dans les montagnes des Pyrénées que comme les Finnois, — avec lesquels on leur a d'ailleurs reconnu dans ce dernier temps des analogies frappantes, — se sont enfuis dans les marais de la Scandinavie. Le nom de leur langue *Uxara* est essentiellement composé de racines ariennes ou sanscrites. Ils sont venus eux-mêmes de l'Orient comme tous les nomades qui ont traversé l'Europe d'un bout à l'autre. Prétendre que le Basque est plus ancien que le Finnois, dont il n'est probablement qu'une fraction, c'est renverser la logique et faire honte à la raison.

Ce serait en agir de même à l'égard des Cimbres que de prétendre, comme on l'a fait, que ce sont des Gaulois du midi de la France qui ont fait la conquête de la Gallatie, eux qui ne connaissaient pas l'Asie et n'avaient aucun souvenir de ce pays.

Les Cimbres, au contraire, avaient plusieurs fois dévasté cette partie du monde. Ils savaient qu'il y avait là des richesses, que leurs ancêtres y demeuraient et ils étaient sûrs de les y retrouver. Quatre fois plus voisins de l'Asie mineure que les Gaulois du midi, les Cimbres connaissaient la route pour s'y rendre et les hordes thraciques qui seules auraient pû leur barer le passage, appartenaient par les Trères à la race scythique et étaient leurs alliés, ou, tout au moins, des peuples congénères sur l'amitié desquels ils pouvaient compter.

Voilà plus de considérations qu'il n'en faut pour s'assurer que l'expédition de la Macédoine, le pillage du temple de Delphes et l'érection de la Gallatie en province asiatique, n'ont pas été le fait des Gaulois, mais celui des peuples du nord.

Une dernière considération :

Quand le Brenn ou chef de l'armée des Cimbres et des Teutons s'apperçut qu'après sa défaite par les montagnards de l'Hémus, il n'était plus en force pour recommencer son attaque l'année suivante, il recruta son armée et il courut non dans la Gaule du midi, mais chez les peuples du nord à l'orient des Carpathes ; il les conjura de le suivre par l'appat des richesses, une proie opulente et la facilité de la conquête ; et comme il était le chef qui commandait à une race d'hommes de haute taille, il se fit accompagner de quelques prisonniers grecs des plus chétifs et leur exhibant ces exemplaires de l'ennemi qu'ils auraient à combattre, il les détermina facilement à le suivre.

Tout cela est une preuve que la guerre en Asie n'a pas été conduite par des Gaulois, mais par des nations du nord de l'Europe.

Aussi Mann [1] regarde les Cimmériens et les Kymri comme peuples allemands.

D'après Adelung [2], les Cimmériens formaient, tout à la fois au nord et à l'est de l'Europe, les hordes thraciques de peuples qui habitaient au nord de la Mer Noire et du palus méotide. Ils habitaient d'après lui non-seulement le sol de la Crimée, mais principalement toute la petite Tatarie de nos jours, à partir des deux rives du Dnieper jusqu'aux bords septentrionaux du Danube ; c'est-à-dire qu'ils occupaient une région en demi cercle, — la Crimée prise pour centre, — qui s'étendait de la Roumanie actuelle jusqu'aux rivages du Don supérieur sur plus de 325 lieues de longueur.

Comme ils n'étaient pas encore parvenus à se fixer en Asie mineure et que leurs courses n'avaient pour objet que le pillage et le vol, ils s'établirent à demeure dans la Crimée dont la configuration péninsulaire leur offrait un lieu de sécurité. Ils y soumirent à des tributs annuels, les Scythes de ce pays et cet empire dura jusqu'à l'époque de Constantin-le-Grand. Les Trères étaient alors le nom de la horde principale des Cimmériens et une fraction des Trères habitait la Thrace en face du Bosphore.

(1) III, ff., Conf. 35, IV, 10, 34, 38.
(2) MITHR. II, 351, ff.

En résumant ces quelques faits plus ou moins bien constatés, il résulte que les Cimmériens, partis des plaines élevées de la Boucharie, sont descendus vers le lac Aral et la mer Caspienne. Ont-ils passé celle-ci en bateaux ? C'est peu probable ; car, d'après le géographe Pallas, cette mer a dû être beaucoup plus étendue dans l'antiquité qu'elle ne l'est aujourd'hui. En contournant la partie septentrionale de la Caspienne, ils ont dû diriger leurs courses nomades à l'occident vers les bords du Tanaïs (Don) et longeant le cours de ce fleuve au nord se trouver dans la petite Tatarie, en face de la Crimée ou Tauride ancienne.

C'est en effet là que l'antiquité les a trouvé établis, ayant l'Europe centrale au nord-ouest et les Scythes à l'opposé.

S'avançant toujours dans la première direction, ils ont dû aller jusqu'à la Baltique, où les Phéniciens ont fixé leur demeure sous le nom de Cimmériens ou habitants du pays des Ténèbres ; car la racine *Cuma*, en hébreu, signifie obscur, et la mer Baltique porta jadis le nom de *mare tenebrosum*.

A l'occident de la mer Noire ils ont pu facilement atteindre la Thrace, connue dans l'antiquité sous le nom *Mœsie* et appeler du nom des Trères, — qui était le nom principal de la horde, — le pays qu'ils venaient d'occuper. De la Thrace et de la Crimée, ils ont passé en Asie mineure, soit par le Bosphore, soit même en bateaux par la mer Noire ; car bien que les Cimbres ne fussent pas essentiellement une nation pélagique, rien ne s'oppose à ce qu'ils aient passé le pont Euxin en bateaux non pontés ; les Normands au milieu de nôtre ère ont traversé de plus fortes distances et sur des mers non moins orageuses, avec des navires simplement couverts de peaux et à ciel ouvert.

Quoiqu'il en soit, la ville de Synope, sur le cap de ce nom en Asie mineure, est un port de mer dont la fondation est attribuée aux Cimbres et qui paraît avoir été le lieu de débarquement des hordes kymriques, qui passèrent d'Europe en Asie dès la plus haute antiquité.

Quand on ajoute à ces faits la conquête et la prise du temple de Delphes, l'érection d'une partie de la Bithynie en province indépendante nommée la Galatie, et l'expédition dans le midi de la France et en Espagne; l'attaque projetée contre l'Italie par le mont Cénis et le Brenner et la double et sanglante défaite que l'armée de Marius leur infligea, on doit avouer que les Cimmériens ont été la nation de l'antiquité la plus célèbre en même temps que la plus rapace.

A notre point de vue, nous ne dirions pas comme Tacite, trouvant les débris de cette grande nation établis, dans de chétives bourgades le long de la Baltique *nunc parva civitas sed gloriâ ingens*.

Nous ne voyons dans le fait des Cimbres ni gloire ni honneur; nous nous inclinons devant la puissance, mais nous n'estimons point les voleurs; or, les Cimbres étaient une race essentiellement rapace et le sobriquet vulgaire qui les fit appeler de ce nom, n'est pas la traduction littérale du mot, mais une application aux mœurs bien connues de cette nation.

Quel est maintenant le point qui réunit les Gaulois aux Gallo-grecs de l'Asie mineure? M. A. Thierry le trouve dans le nom de *Cimbro-Gaals;* le cherche-t-il dans la Tauride ou dans l'histoire des rois de la Thrace? Non, il va le puiser chez les nations hyperboréennes, dans les montagnes de l'Écosse, au milieu de peuples barbares, inconnus des Grecs et des Romains; et à l'aide de cette prétendue découverte il fait de l'expédition des Trères du Nord en Asie mineure une expédition de Gaulois du midi de la France.

En décrivant cette expédition, il glisse prudemment sur le nom propre de Galates et de Gallo-grecs, il ne parle des Cimbres et des Trères que tout juste pour ne pas les passer sous silence. Au contraire, il insiste sur l'ensemble de ces peuples en leur donnant les noms souvent répétés de *Gaulois orientaux*, de *Gaulois asiatiques*, d'*expédition de Gaulois en Asie mineure*.

Il entremêle maladroitement ces noms avec ceux de *Gallo-grecs* et de *Cymro-Gaals* et cherche à jeter sur la signification véritable du nom de *Galates*, cette perpétuelle équivoque qui est en partie la base de son système historique.

Des *Gymri*, des *Tolystoboies* et des *Trocmes*, qui formaient les trois subdivisions de peuples dont se composait l'ethnographie des Galates, il en parle sans même essayer d'établir aucune relation entre eux et les Gaulois du midi de la France; et néanmoins il tient pour certain que ce fut là une expédition gauloise, conduite par des chefs gaulois et dont la gloire, si gloire il y a, appartient en gros à la nation française par droit de succession et dans tous les cas, et très probablement sous bénéfice d'inventaire.

Cette nation belge que M. A. Thierry fait venir en Belgique à peine deux siècles avant notre ère, était donc déjà établi en Belgique sous le nom de *Belcœ*, *Belgœ*, *Volci* et *Tectosages* depuis un temps immémorial. C'est elle qui, alliée aux Cimbres et aux Trères, jette les premiers fondements de Trèves, c'est elle qui, avec ceux-ci, alla en Asie mineure où six siècles après St-Jérome reconnaît encore son langage et qui fournit un chef du nom de Bolgios ou Belg à l'armée des Barbares conquérants, et défit en bataille rangée le successeur d'Alexandre-le-Grand, l'usurpateur du trône macédonien.

Triades, du celt. kymri *Trioedd*. On sait qu'on donne le nom de *Triades* aux annales de l'Irlande et de l'Angleterre, qui rapportent les faits légendaires de l'ancien état de ces pays. Rédigées vers le xme siècle de l'ère actuelle, ces recueils de légendes comprennent, on le sait bien, une foule de faits controuvés et surtout une chronologie à laquelle il est prudent de n'ajouter qu'une médiocre croyance. Les auteurs de ces écrits rappellent des souvenirs historiques antérieurs de plusieurs siècles, que dis-je, antérieurs de vingt ou de trente siècles; et l'on comprend bien comment il a été facile de controuver des faits, d'imaginer des dates et des noms propres de peuples, qui n'offrent aujourd'hui qu'une garantie d'exactitude insuffisante.

Malgré tout cela, les Triades, fondées sur les légendes conservées par le Druïdisme et l'enseignement mnémotecnique, offrent autant d'intérêt et de certitude que les *Rapsodes*, qui ont précédé Homère et sur la foi desquels ce divin poète a composé ses écrits.

Les noms propres rappelés dans les Triades sont nombreux et d'autant plus curieux pour nous, que nous y retrouvons les plus anciens de nos ancêtres et des faits historiques qui démontrent notre antique et glorieuse alliance avec les peuples de la grande Bretagne.

C'est d'abord le nom primitif de l'île de la Bretagne, écrit dans les Triades sous la forme de *Prydain* (on trouve aussi *Bryt* ou *Brydein*, mais rarement).

Pour l'anglais, le *Prydeiniad* est un habitant de la Bretagne, *an inhabitant of Britain = a Briton*, voy. Owen.

D'après Clas *merdein* ou *Merdin*, et non *Merlin*, comme on écrit en France, l'île de Prydain porta jadis trois noms successifs différents.

Avant que l'île ne fut habitée, elle s'appelait *sea defended green spot* (verte contrée defendue par la mer); après qu'elle eut reçu des habitants, on l'appela *Honey Island* (île de miel), et depuis son établissement en gouvernement régulier, on lui donna le nom d'*Ynis* ou simplement *Y. Prydain* (île de Bretagne).

Le nom de *Merdin*, tantôt écrit *Merddin=Merddyn= Myrddyn*, n'est, d'après l'opinion de Davies (celt. res 190, 194) qu'un nom propre *mythique*, qui revient à différentes époques de l'histoire légendaire de l'Angleterre et ne représente qu'un poète national ou un prêtre vaticinant dans le genre d'un *aubage druïdique*, prophétisant l'avenir et accordant l'immortalité à ceux qui, parmi les Cimbres ou *Kymris*, succombaient dans les combats.

Une chose digne de remarque, c'est que le Celte, une fois descendu en Angleterre, ne la quitte plus; ses migrations cessent et il se contente du séjour où il s'était voué à la vie sédentaire pour ne plus le quitter. L'Angleterre était donc pour lui le pays national par excellence, et c'est aussi dans ce pays qu'on en trouve encore aujourd'hui les vestiges ethnographiques les plus vivaces et les plus nombreux.

Les peuples, dont parlent les Commentaires de la guerre des Gaules sous le nom de *Veneti,* sont les peuples de l'Artois, dont nous avons parlé dans le dernier livre de notre Essai.

Veneti reliquœque civitates auxilia ex Britannia arcessunt. Britannia pars interior ab iis incolitur, quos natos in insula ipsa memoria proditum dicunt; marituma pars ab iis quæ prædæ ac belli inferendi causa ex Belgis (quelques manuscrits portent la version *ex Belgio*) *transierunt. Ex his omnibus longè sunt humanissimi qui Cantium* (district de Kent où est situé la ville de Londres) *incolunt, quæ regio est maritima omnis neque multum a Gallicâ differunt consuetudine.*

La région de Kent était habitée par des *Belges Némèdes* de la Civitas *Nemetacum,* aujourd'hui Artois avec sa capitale Arras.

Tacite, Agr. XI, qui suit la mauvaise synonimie en usage de son temps, donne le nom de Galli aux Kymri et aux peuples Belges. Il dit que les habitants de la Bretagne se distinguent en général par plusieurs caractères ethnographiques : les Calédoniens par des chevelures d'un blond foncé, tirant sur le rouge *Rutilœ comœ* comme les Germains; les Silures à la peau foncée et à la chevelure bouclée *Torticrines,* à l'exemple des Ibères qu'on estime avoir passé de bonne heure en Angleterre comme descendants des Phéniciens.

Les voisins de ceux-ci sont les *Galli* et les peuples de même souche qui conservent les empreintes de leur origine;

ou empruntèrent au climat et à la condition de leur existence des qualités qui les distinguent aujourd'hui [1].

A la tête de ce passage, Tacite se pose la question — toujours fort douteuse, quand il s'agit de peuples inconnus, ayant vécus sur un sol où la civilisation n'a pénétré que fort tard, — quels furent les premiers habitants de l'Angleterre? et il répond :

Ceterum Britanniam qui mortales initio coluerunt, indigenæ an advecti, ut inter Barbaros parum compertum.

Il est néanmoins certain que les premiers envahisseurs de la Bretagne furent les *Cymris* sous la conduite d'*Hu-gadarn* ou d'*Hu-lefort*. Les *Gadhèles* de l'Irlande, que les Cymris chassèrent de leurs possessions, furent les peuples primitifs qui occupèrent l'île avant l'arrivée des conquérants Germains. Que l'on veuille donner à ces premiers habitants le nom de *Gaälls* pour l'Écosse ou de *Ghadèles* pour l'Irlande, toujours on ignorera d'où ces premiers habitants sont venus et s'ils étaient des aborigênes, *indigenae*, nés sur le sol ou des *advecti*, venus de l'extérieur.

Les Kymri conquérants s'emparent du pays d'Angleterre et y règnent en maîtres absolus pendant plusieurs siècles. Leur domination cède à la fin le pas à d'autres hordes; mais ils ne quittent plus le sol de l'Angleterre et s'implantent dans le pays, formant le fond principal de la population aborigène, comme maîtres absolus d'abord, ensuite comme sujets des Pictes et des Saxons.

---

[1] *Habitus corporem varii*, dit Tacite en parlant des Bretons, *atque ex eo argumenta, namque rutilæ Caledoniam habitantium comæ, magni artus Germanicam originem asseverant. Silurum colorati vultus et torti plerumque crines et posita contra Hispaniam Iberos veteres trajecisse easque sedes occupasse fidem faciunt.*

Proximi Galles et similes sunt, seu durante originis vi, seu procurrentibus in diversa terræ positio cœli corporibus habitum dedit... Sermo haud multum diversus... plus tamen ferocia Britanni præferunt.... manent quales Galli fuerunt,

Les *Coroniaids* ou *Pictes=Fichti* arrivent dans la Bretagne du consentement des Kymri ; ils y obtiennent des terres, mais ne jouissent d'aucuns privilèges. Ces Pictes se coalisent plus tard avec les Saxons, et dépouillent les Kymri de leur pouvoir.

Si nous entrons plus avant dans le règne mythique des aborigènes de l'île, nous trouvons, d'après les légendes les plus anciennes, une race de géants qui, armés de massues, se défendent contre les premiers envahisseurs étrangers ; les travaux gigantesques des monuments mégallitiques, auxquels appartiennent les constructions religieuses en pierres brutes des Gaules et de l'Angleterre, paraissent appartenir à cette race. Ils ont élevé les pierres de Carnac, le *stone Henge* (en anglais *Stranheng*), œuvre de géants. Le *Chorea gigantum* de la Bretagne, servant de pierre sépulcrale à 300 moines, — et qui paraît avoir servi plutôt de tombeau aux rois de la Bretagne, traîtreusement assassinés par les Saxons — peut leur être attribué. —

Le mot kymri *Cor=Cawr=Cor=Gawr*, signifie guerre, et dans les Triades se rapporte à la guerre des géants.

La pierre de Cetti ou *Maen-Cetti*, et les pilotis de Worcester=*piles of Worcester*, appartiennent aux mêmes travaux.

Dans l'introduction du *Lohengrin*, par Gorres, il est parlé de géants ou de sauvages, qui auraient habité le sol de l'Angleterre ; et il est à remarquer que dans des temps plus récents on prétend avoir trouvé des squelettes de géants, qui attesteraient ce mythe ancien.

Cela prouve-t-il qu'il y ait eu jadis dans la Bretagne une race de géants ? ou bien une race primitive de nains, pour qui ces travaux et ces statures d'hommes ont dû paraître appartenir à cette race ?

Nous n'avons pas à nous occuper de cette question ; ce qui est certain, c'est que les *Ghadèles* de l'Irlande et les *Gaäls* de l'Écosse sont représentés comme une race d'hommes primitive que les Kymri dispersèrent et dont le type ne s'est plus retrouvé ni parmi les populations de la Gaule, ni en Angleterre même.

Les Ghadèles ou habitants primitifs de l'Irlande n'ont jamais eu rien de commun avec les populations du midi de la France et furent toujours considérés comme une race à part. On peut en dire autant des Gaäls de l'écosse qui répondirent à St.-Bernard : *Scoti Sumus, non Galli* [1].

Leur pays ou la contrée qu'ils habitèrent s'appellait Alban=Albion, et eux mêmes prenaient le nom d'Albiones. Ni César, ni Tacite, ni Agricola ne se servent de ce nom pour désigner les peuples primitifs de l'Écosse. Tacite emploi le mot de *Caledoniam habitantium* et *Caledonia Sylva*, de même qu'il emploi le nom de Silures, pour désigner un peuple spécial habitant une contrée de l'écosse, qu'il n'indique pas.

En général on désignait les étrangers venus de l'extérieur en Angleterre par le nom de Foghmoraits ; mais parmi tous ces Advènes qui abordèrent successivement en Angleterre : Phéniciens, Carthaginois, Gétules-Africains, Pictes, Belges, Saxons, Danois, il n'en est aucun qui joua, dans ce pays, un rôle plus important que les peuples Belges connus dans l'histoire de ce pays sous les noms de *Némèdes*, de *Partolains*, de *Fir-Bolgs*, de *Belgiaid*, de *Belgwys* (pron. *Belguys*); et des Belges du duché du *Cornouaille* appelés : *dummonische Belgen*.

Pinkerton [2], regarde les Brittes de Beda, comme des Belges de race allemande, et J. Clark, dans sa bibl. top. brit. publiée en 1782, affirme que le Briton de la race Belge, fut plus tard appelé Saxon; et il indique le vieux lan-

---

[1] Pour comprendre le sens de cette réponse, il suffit de remarquer ce que nous avons dit ci-devant de l'Irlande du nord, qui porta pendant longtemps le nom d'Écosse.

[2] I. 206 et *passim*.

gage des peuples de la Belgique, comme ayant contribué pour une grande partie à la formation de la langue anglaise actuelle.

Les Belges de la première migration en Angleterre ne formèrent point la race des Ghadèles irlandais; car les auteurs anglais sont unanimes à les regarder comme appartenant au sang des *Kymri*; [1] et *Todd*, dans une séance de l'académie Ir. du 26 février 1838, cherche a démontrer que le vieux langage des Belges est plus conforme au Celt. corn. qu'au *Kymraig*, bien qu'issu de la même souche.

Que les Belges ont été regardés dans la Bretagne ancienne comme une nation indépendante, dérive à l'évidence du nom propre de Βελγαι=ωυελγαι dont se sert Ptol. II, 3. Cela résulte en outre de l'It. d'Antonin qui écrit *Venta-Belgarum* et des auteurs, tels que *Camden* (ap. Gale, 1, 779) qui indiquent le *Somershire*, le *Wiltshire* et l'*Hautshire*, comme des régions occupées par eux.

On voit maintenant la pensée secrète qui anime l'auteur de l'histoire des Gaulois qui, voulant réunir les *Kymri* et les *Gaäls* ou *Galli*, supprime les Belges qui forment un obstacle à son système historique. Il ne reconnait pas ceux-ci comme une nation, *ils n'ont jamais*, dit-il, *formé dans l'histoire qu'une confédération militaire. L'étymologie du nom Belge, ajoute-t-il, dérive du mot celtique Bolg=Sac;* et pour mettre le comble à son étrange ethnographie, il imagine une nation gauloise, composée de *Cymri* et de *Galls*-Galli, auteurs de tous les faits et gestes qui se sont produits dans le monde antique depuis plus de 4000 ans!

Ajoutons pour terminer la synonimie des anciens peuples de l'Angleterre quelques noms propres.

---

(1) Voy. PINKERTON, un art. de la quat. Revue, V. 41, sur les *Annales de la Calédonie* de J. Ritson, éd. de 1828.

MOORE, 1, 85 et l'Athenéum du mois de mai 1838, p. 329.

Nous avons mentionné les Silures que Tacite fait venir d'Espagne en Angleterre.

Nieburh, admet cette origine et leur donne le nom d'Ibères sans distinction, peuple qui aurait plus tard abandonné sa langue maternelle pour une autre. Ce qui paraît d'autant plus extraordinaire qu'il n'existe aucun vestige en Angleterre de ce vieux langage Ibérien.

Il est plus probable que ces Silures furent une fraction des *Kymri* occupant une région à part; car leurs caractères ethniques, indiqués par Tacite, les rangent parmi ces derniers.

Du moins, dans ce cas, l'on n'est pas dans la nécessité d'admettre l'abandon complet de leur langue maternelle; ce qui serait une exception unique dans l'histoire de l'humanité: un peuple qui aurait perdu sa langue d'origine tout en conservant son existance et son ancienne nationalité. (?)

Passons au mot de *Gall*. Les montagnards écossais donnent le nom de *Galls* aux Écossais de la plaine et ils nomment ce pays de plaines le *Galldachd*.

Encore aujourd'hui le nom de *Gallt-ach* équivaut au nom de *Gaul*, qui fait involontairement penser au Celte et au Gallate; aussi on entend par *Cesara*, d'après l'opinion d'un historien national, un type humain qui tire sa source des *Galls*, habitants des plaines de l'Écosse: *ex gente gallorum*. L'historien dont je viens de parler O. Flaherty et dont je copie les expressions n'entend pas par ce mot, croyez le bien, les Galli ou Gaulois du sud de la France antique; il entend parler des peuples étrangers qui habitent l'Irlande et qu'il divise en *Galls* à la peau blanche et en *Galls* à la peau foncée, selon qu'ils proviennent des peuples d'origine Scandinave ou des contrées du midi; ceci ressort d'un fragment de Guilh. conq. éd. de Francf. 1603, p. 31, qui porte: *Contrà Scotos* et *Gallos, Norweganos* et *Dacos*, ce qui explique d'une manière plus explicite encore la réponse mentionnée ci-haut, *Scoti sumus non Galli*, nous sommes des Écossais des montagnes, nous ne sommes pas des Écossais de la plaine; et cette antipathie entre montagnards et cultivateurs des terres est si ancienne que, dans l'Inde, dès les temps les plus reculés, les hommes de l'Hymalaia appelaient les noirs habitants des plaines basses de l'Hindoustan, du nom d'êtres malfaisants et le pays qu'ils habitaient, pays malsaint et sujet à la peste. Bien plus, au point de vue du montagnard Écossais, le nom de *Gall* avec l'adjectif *Dubh* (*Dubh-Gall*) emportait la signification d'étranger et d'ennemi et il en était de même en Irlande.

Dans les Triades IX et XIV, le nom de *Gal-Gâl*, au pluriel *Geli* est employé pour désigner le Gaulois armoricain (arm. Gallier), et comme la signification étymologique de ce nom correspond à la fois à des sources diverses et désigne en kymris et en gadhélique, tantôt ennemi, force et étranger (*alieni et innemici*, d'après Davies) il en résulte qu'en Irlande aussi bien qu'en Écosse, la signification de *Gall*. *Gall-Wyddel* s'appliquait à tout ce qui était étranger; même à la condition abjecte du pirate (Seerauber) voy. Dieff. Celt. II, p. 119.

Du reste, la racine *Gall*. *Gâl*, a servi à la formation de tant de noms qu'il n'est guère possible d'assigner à ceux qui en dérivent, leur signification nette et précise. Ainsi les expressions dont se servent les Triades :

De GAL, pour Armorique de la Gaule ;
   GALON, (Ir. Galau) pour ennemi ;
   GAL-WYDDEL (en Irl.), pour race Irlandaise-Gadhèlique ;
   DUBH-GALL, pour ennemi étranger ;
   GALL-DACH, pour le pays des plaines de l'Écosse ;
   GALLT-ACH, pour Gaule qui fait songer aux noms de Celte et de Gallates=Galatie ;
   GALWALAS, pour Gaulois ou Gallier-français ;
   GALL-BHOLGACH, pour affection morbide Gauloise= Frenchpox ;
   GALL (*Cymr.*), pour Pirate (Séerauber);
   GALEG, pour idiôme gallique ou français ancien ;
   GALLIOD, pour habitant de Gâl ou Golloway.

Tous ces noms sont des composés qui, bien qu'émanant d'une seule racine, comportent des significations diverses souvent opposées.

Parmi les peuples étrangers qui jouèrent une rôle important en Angleterre, on compte les Ligures ou Lloegwris.

Ces peuples, de même que les Cymris sous *Hu-Gadarn* passèrent des rivages Armoricains de la Belgique en Bretagne.

Ils s'y multiplierent à tel point et acquirent tant de prépondérance que tout le pays de la Grande-Bretagne, porta pendant quelque temps leur nom et s'appella *Lloegr= Lloegyr*, *Logria*, pour désigner l'Angleterre comme on avait appelé du nom de Ligustina (*Ligustica terra*) l'Espagne entière où ils avaient naguère établi leur domination.

Quand nous disons l'Angleterre et l'Espagne, il ne faut pas se faire illusion et juger des temps qui nous occupent d'après ce qui existe aujourd'hui.

Tous ces peuples anciens, parmi lesquels on en compte plusieurs, qui, comme les Celtes, les Raëthi, les Ligures, s'adonnèrent les premiers à l'état sédentaire étaient dans l'usage d'appeler de leur nom les pays où ils abordaient, bien qu'ils n'en occupassent qu'une faible partie; car pour eux la patrie était circonscrite dans la région dont ils avaient pris possession, quelque restreinte qu'en était le sol.

Les *Lloegwris* de l'Angleterre auront donc fait pour la Bretagne, ce qu'ils avaient fait naguère pour l'Espagne avant d'en avoir été expulsés par les Ibères.

Ces *Lloegwris* de race Kimmero-Schytique, comme les Ambrons et les Belcæ-Tectosages, étaient à cette époque un peuple mélangé qui, durant ses migrations, s'était allié à des hordes diverses volontairement soumises à sa bonne et mauvaise fortune.

Ils avaient passé en Angleterre avec des peuples Belges où leur énergie les avait bientôt rendu maîtres d'une partie du pays.

En donnant à la région qu'ils occupèrent le nom de *Logria*, ils ne firent que témoigner le désir bien naturel de chercher à y vivre d'une manière durable et permanente.

Owen et Pinkerton en recherchant l'origine du mot *Lloegwrys* et les caractères éthniques de ce peuple sont unanimes à le regarder comme une nation composée de Belges et de Ligures; Pinkerton II, 234, les fait venir en Angleterre entre 200 et 300 avant César, c'est-à-dire 350 ans avant l'ère actuelle (M. A. Thierry en parlant des Belges, dit que leur nom est nouveau et ne remonte pas au-delà de deux siècles avant J.-C.) (?).

Les auteurs anglais que nous venons de citer, assimilent les *Lloegwrys* aux Ligures, ce qui, dans leur esprit, signifie Belges, habitants du *Belgiad*.

La langue de ce peuple dérivée de la double souche latine et allemande!! (quâ Liguren) *Lateinsche und* (quâ Belgen) *Deutsche Sprachmischung*, s'est mêlée à l'irlandais d'origine celtique pure, et a ainsi formé la première adultération de langage, dont l'histoire de l'Irlande fait mention.

Quand Owen se sert des expressions telles que langue latine et allemande, — en les appliquant à des peuples de l'ère antique, — il n'a pû avoir en vue que d'indiquer les deux souches de langage qui ne se sont complétement affirmées que plus tard, et ont servi de type à la division générale des langues en greco-latines et indo-germaniques. On tire de là la conséquence que l'idiôme des Ligures devait être le *Gaëlic* et celui des Belges le *Kymrique*, deux formes du celtique ancien, qui sont restées en usage dans le pays de Galles et en Irlande.

On voit maintenant distinctement par quelle voie et à l'aide de quelles déductions M. A. Thierry a été amené à sa double filiation des Gaulois du midi de la France et des Kymri du nord; il confond les *Galls* d'Écosse avec les *Gadhèles* de l'Irlande. Il rattache les premiers aux peuples primitifs du midi de la France, composés de Ligures, d'Ibères et de Sicaniens; il prend les Cymry d'*Hu-gadarn*, qui ont formé la petite Bretagne de la France, qui s'appelait alors *Lydwa* où *Lyddau;* et au lieu de conserver le nom des Belges, identique avec celui des Kymris, il le supprime, en le remplaçant par une désignation aussi contraire à l'état des peuples anciens qu'absurde dans l'expression ; il se borne a faire de nos ancêtres une *simple confédération militaire*, dans un temps où l'expression *militaire* n'avait ni un sens précis, ni une signification avouée quelconque.

Trimarkisia, char de guerre ou manière de combattre des anciens Cimbres ou Kymris, qui consistait à se réunir à trois pour s'entr'aider et se porter mutuellement secours pendant l'action.

Pausanias, qui a écrit la guerre de Delphes par les Cymro-Belges, regarde la *Trimarkisia* comme un genre de combat fort en usage chez les Celtes de son temps.

Ce nom, qui vient du celtique *tri*=trois, et *marchwys*= cavalier, indique assez son origine. Le noble à cheval se faisait suivre et aider par deux cavaliers, l'inférieur par deux aides à pied ; mais dans l'un et l'autre cas le chef de la *Trimarkisia* pouvait compter sur l'assistance de ses deux compagnons.

Du temps de César, les Germains pratiquaient encore ce genre de combattre et l'on attribue sa victoire de Pharsale sur Pompée aux Celtes germains, qu'il avait parmi ses légionnaires et dont ce genre de combat n'était pas connu de l'armée opposée.

Au moyen-âge, la *Trimarkisia* resta longtemps en usage. Tout chef, duc ou comte, qui commandait à la guerre, avait un cavalier et un jeune noble à son service, sur l'assistance desquels il pouvait compter. Les *aides-de-camp* des généraux actuels ne sont pas autre chose qu'une imitation de la *Trimarkisia* ancienne.

Trinité, appelée *Trimurti* chez les Indiens et *Triglav* chez les Slaves. Avant leur conversion au christianisme, les habitants de Stettin avaient élevé un temple au *Triglav*, où l'on voyait une figure en bois qui représentait trois têtes, placées sur un seul col à l'imitation de la *Trimurti* indienne. Les trois têtes étaient surmontées d'un triangle.

Ce triangle est encore chez les Indiens le signe distinctif de la divinité ; les Juifs l'ont admis sans y attacher la même signification, puisqu'ils n'admettent pas la Trinité à titre de dogme, comme les Chrétiens.

Chez les Slaves le triangle était également le signe divin. Il ne paraît pas qu'il en ait été de même chez les Germains ; puisque ceux-ci se séparèrent des Indiens, leurs ancêtres, avant l'époque où ce signe devînt en usage avec la destination qu'on lui connaît aujourd'hui.

La *Trimurti indienne* représentait les trois auteurs de toutes choses : Brama, Vischnu et Shiwa.

Brama comme représentant le ciel ou firmament ;

Vischnu comme régissant l'air et les nuages, ainsi que les mouvements aëriens qui enfantent les ouragans ;

Et Shiwa représentait la terre et ce qu'elle renferme à l'intérieur et produit à sa surface.

Au milieu du triangle était écrit la syllabe *oum*, inexplicable aux yeux du vulgaire ancien ; mais que la critique a trouvé dans le mot celtique correspondant *omhna=eimh*, qui signifie saint.

Aux Indes, la *Trimurti* était adorée sur la montagne de *Meru* comme le Zeus sur le mont Olympe et le *Triglav* des Slaves, sur le *Terglou* des Alpes.

Ce dernier comme l'idole indienne, était tantôt réputé du sexe masculin, tantôt du sexe féminin ; mais plus souvent de l'un et l'autre, comme la plupart des divinités indiennes de nos jours.

Tusques (Toscans) avec les Umbres ou Ombriens,

étaient les plus anciens peuples de l'Italie septentrionale. Ils occupaient primitivement le nord-est de l'Europe, et abordèrent en Italie, passant à travers les Alpes rhétiennes, et s'y établirent à l'état sédentaire sur le revers méridional des Appenins. Là ils établirent les premières villes connues en Italie et se civilisèrent avant toutes les autres nations européennes.

La Leucomonie italienne du nord était composée d'une fédération de douze villes municipales; elle précéda de plusieurs siècles la fondation de Rome et jouit d'un état social et d'une culture des arts fort avancés, avant même que le *Latium* reçut sa première population et produisit ce peuple Roi, dont l'histoire s'est tant occupée. Une partie des Tusques venue du sud, s'était établi dans la Bohème d'où les Boies les chassèrent plus tard, et ceux-ci firent place aux *Tczeches*, qui s'emparèrent de la Bohème et l'habitent encore aujourd'hui.

Il parait que les *Tusques* et les *Illyriens* s'unirent ensuite et s'emparèrent de la Pannonie, où ils furent plus tard rejoint par une foule de nations d'origine Italo-grecque, celtique et scythique, qui fondèrent ensemble cette population diverse qui habite les contrées méridionales et forme le noyau des peuples qui composent actuellement la Turquie d'Europe.

Mais nous devons reprendre les choses d'un peu plus haut. L'antiquité de la race Toscane n'est pas contestée et les grands travaux cyclopéens, dont elle savait entourer ses premières villes, comme la grandeur des monuments qu'elle fit construire dans leur enceinte, portent encore aujourd'hui la marque indélébile de ce goût de la grandeur, qui ne l'a pas encore entièrement abandonné aujourd'hui [1].

---

[1] Pendant la courte occupation de la cour italienne à Florence, la municipalité de cette ville y a fait construire un nouveau théâtre qui, d'après le témoignage

En s'occupant des peuples pélagiques de la Méditerranée, les inscriptions hiéroglyphiques des monuments égyptiens parlent de la Confédération des peuples Italo-grecs réunis pour déclarer la guerre au Misraïm; et dans le dénombrement qu'elles en font, elles appellent les Toscans de l'Italie *Toursha* et les déclarent alliés des Sicules *(Shakalsha)*. Elles parlent aussi des Dauniens=grecs *(Danaou)* et des Osces *(Ouashasha)*, peuples de l'Italie méridionale, dont les descendants occupèrent plus tard cette célèbre ville de Pompéï, dont nous allons encore aujourd'hui admirer les ruines, en songeant aux vicissitudes que ses habitants ont eu à subir par suite de l'éruption du Vésuve.

Tous ces peuples voisins, maritimes et navigateurs, de race italo-grecque, les Égyptiens au XIIIme siècle avant l'ère actuelle, les appelaient *les barbares du Nord*. Ils se les étaient attachés dès le XVIIe siècle avant J.-C., en prenant parmi eux des soldats mercenaires, avec lesquels le Misraïm faisait de temps en temps la guerre à l'empire d'Assyrie et conquit les peuples voisins de l'Asie mineure, ou du moins les soumit à des tributs annuels fort onéreux. Les Peuples de la Palestine se trouvèrent longtemps parmi les tributaires de l'Égypte.

Tous ces peuples, auxquels nous donnons aujourd'hui ethnographiquement parlant, la dénomination de race-Italogrecque, n'avaient pourtant point la même origine.

En parlant des Philistins, la Génèse, au chap. X, dit expressément qu'ils descendent avec les Égyptiens et les habitants de l'Asie mineure et du pays de Canaän, de la race de Cham (Chucites ou peuples noirs) : « *Filii autem Cham,* » *Cush et Metsraïm et Pont et Canahan.... at vero Mets-*

digne de foi d'un compatriote habitant l'Italie depuis plusieurs années, est trois fois plus grand que le théâtre de Bruxelles, et pourtant la population de Florence ne dépasse pas 100,000 âmes.

» *raïm genuit... et Caslukhim de quibus egressi sunt*
» *Peleshtini* (Philistins) *et Caphtorini*, etc. ».

L'île de *Caslukhim*, d'où sortirent les Philistins lorsqu'ils abordèrent à la terre ferme de l'Asie mineure, est mentionnée dans l'Exode ; et Jérémie dit en parlant de ces peuples, qu'ils étaient les débris des habitants de Caphtor, que des événements prodigieux avaient forcés de quitter leur première patrie. Voy. Deutéronome (II, 23), Jérémie (47, 4), Amos (97).

Mais la race Chucite était toute différente de celle des Grecs, des Teucriens (habitants de Troie), des Ombriens et des Pélasges (Pélistas) ; et il est rationnel de croire que les Égyptiens, en donnant à ceux-ci le nom générique de Barbares du Nord, n'ont eu en vue que la couleur foncée de leur peau, leur état d'infériorité, et n'entendaient point confondre avec ces derniers les habitants de la Palestine, qui étaient d'une autre famille.

Quoiqu'il en soit, on sait maintenant que la race blanche, la race caucasique par excellence n'a pas toujours joui dans l'antiquité de la prééminence qu'elle s'est arrogée dans l'ère moderne. La race noire ou chucite l'emportait alors de beaucoup en intelligence et culture intellectuelle ; et la première dans l'opinion des Égyptiens n'arrivait qu'immédiatement avant les nègres de l'Ethiopie.

Aujourd'hui encore, on regarde aux Indes la couleur parfaitement blanche des hommes du nord, comme le résultat d'un état morbide chronique, dont ils sont redevable à l'influence du climat de l'Europe septentrionale.

Quant à l'étymologie du nom de Tusques=*Toursha* ou Toscans, elle résulte de la langue même dont les aborigènes de l'Italie du centre et du nord faisaient primitivement usage et qui était un composé de divers idiômes Ario-celtiques, que les premiers peuples nomades y avaient introduit. Le nom de Tusques même n'est après tout qu'un appellatif, tiré de l'intelligence naturelle de ce peuple à tirer partie des objets qu'il trouva sous la main et de sa singulière aptitude à en former des ustensiles, des vases et des urnes de toute espèce; surtout des travaux grandioses et des murs cyclopéens, dont il entourra ses premières villes. De là il se fit parmi ses voisins de l'Italie la réputation de peuple travailleur par excellence [1].

Umbres (Les)=Umbriens; en allemand, Ombronen= Lygische Ombronen; Ισομβροι de Ptolem, *Umbri* des Latins, aujourd'hui représentés par les Toscans.

Les habitants de l'Ombrie ont servi longtemps de texte aux spéculations hasardées des philologues et des historiens. Caton regardait la nation de l'Ombrie comme la plus ancienne de la péninsule italique ; tandis que Tite-Live paraît donner la préférence aux *Étrusques*, comme peuple jadis le plus puissant de l'Italie antique. *Latè terrâ marique Etruscorum opes patuêre, ante Romanum imperium.*

Les Grecs donnaient aux Étrusques le nom de *Tyrrhenéens*, nom qui rappelle, par sa forme graphique, la ville de Tyr en Asie mineure.

Au contraire, Caton en parlant des Umbriens, dans le second fragment des Origines dit : *Gallos veteres progénitores Umbrorum,* et Solin affirme de son côté, d'après l'opinion de Marcus Antonius Gupho, (l'un des précepteurs de J. César), que : *populum Umbrorum veterum Gallorum prolem esse.*

Pline, à son tour, se prononce d'une manière plus explicite : *Umbrorum,* dit-il, *gens antiquissima existimatur.*

---

[1] En effet *Toskarias* signifie l'État qu'occupe un peuple industrieux et travailleur, du celt. *tuig*=esprit, intelligence, *tuisk*=travail et *tuigscach*=amour du travail=*werkzaamheid*; et par extension manière de confectionner des objets utiles à l'homme : comme la taille du silex chez les peuples barbares et celle des dents, des ossements d'animaux et des cornes de cerfs; toutes choses pour lesquelles les premiers habitants de la Toscane ont toujours montré une grande prédilection et une remarquable habileté.

Les Umbriens qui restèrent en Italie après l'expulsion définitive des Gallo-Celtes=Gaulois, furent encore connus du temps de Tite-Live, pour leurs mœurs pastorales et leur esprit guerrier. — *Pastorali habitu, binis Gœsis armati*; des deux glaives avec lesquels les Umbriens étaient dans l'usage de combattre à l'exemple des Celtes.

Du temps de Pline et de Gellius, le langage des Gaulois Cisalpins (le Celtique), existait encore en Italie, et Latour [1] affirme que les mœurs celtiques n'y avaient pas encore discontinué à exister du temps des Longobardes.

Plutarque [2] croit que les Umbriens étaient de souche celtique Ινσομβροες Κελτικον εθνος.

Cette opinion était partagée par Isidore [3], qui écrit : *Umbri Italici Genus est, sed Gallorum veterum propago*; et Tzetz [4], affirme que les *Umbriens* étaient de la race galate : Ομβροι Γενος Γαλατικον; et il ajoute sans aucune preuve let très vraisemblablement sans aucun fondement, que les Umbriens furent ainsi nommés par les Grecs, de ce que eurs terres furent souvent sujettes aux inondations qu'y amenèrent fréquemment les pluies diluviennes. *Umbrios a Grœcis putant dictos, quod innundatione terrarum imbribus super fuissent*.

Festus écrit *Ambrons* et Vegèce *Umbros*. *Ambrones quadam Gens Gallica*.

Plutarque adoptant la version grecque, se sert du nom d'Ινςομβρυς et ajoute, quant à leur origine, l'épithète de Κελτικον εθνος [5].

---

(1) Or. Gall., 36.
(2) Dans la vie de Marcellus III.
(3) Or. IX, 2.
(4) In Lycoph, p. 199.
(5) On peut, du reste, consulter sur l'origine et les courses nomades des Ιςομβροι ou Insubres=Umbri, Dion d'Hallicarnasse, II, 49. — Hérodote, IV, 49, I, 94, ainsi que parmi les modernes : Muller, Etr, Bd. 1, § 133 et Zeus, 164 ff.

Denis d'Halicarnasse, en faisant le dénombrement des peuples anciens de l'Italie, compte parmi eux les Ombriens sous le nom d'Ομβρικοι.

Ces peuples sont, dit-il, les Opiques, les Marses, les Samnites (Σαμνιτας), les Turreni, les Brettii (Βρεττιως), les Umbriens (Ομβρικοι), les Ligures, les Ibères et les Celtes, qui tous étaient connus en Italie à l'époque de la fondation de Rome.

L'unanimité de ces témoignages ne laisse aucun doute, que les *Umbriens* n'aient été l'un des premiers peuples de l'Italie, qu'il ne fut d'origine celtique et que son arrivée dans l'Italie septentrionale n'ait précédé la fondation de la ville de Rome.

Pour admettre que ce peuple y soit venu de la Gaule celtique et par le même chemin que suivirent plus tard les Sénons, il faudrait au moins pouvoir s'appuyer sur un document authentique ou tout au moins sur quelque légende. Or, il n'existe dans l'histoire de la Gaule celtique aucun souvenir précis, qui concernerait une expédition de Gaulois en Italie antérieure à celle de Bélovèse, vers 600 avant notre ère.

Il faut donc que ce peuple de l'Ombrie, soit venu en Italie d'un autre pays ; et il ne peut y être arrivé que par l'Istrie et les provinces Illyriennes. Cette expédition a pu se faire de bonne heure, puisqu'il y avait des Celtes aux bords de l'Adriatique, probablement avant que ceux du midi de la Gaule se fussent organisés en cités et multipliés au point de devoir s'expatrier pour suffire à leurs premiers besoins.

Comme nous en avons fait la remarque, à l'art. *Tusques* de ce livre, le passage par l'Illyrie et le Brenner, était de plus de moitié plus court que par les grandes Alpes suisses; et les obstacles presqu'insurmontables qu'il fallut vaincre du côté du mont Cenis, se réduisaient à rien du côté de l'Adriatique.

Cette différence et l'état des Alpes, sont encore aujourd'hui les mêmes, malgré les nombreuses et magnifiques routes qu'on y a construites depuis le commencement de ce siècle [1].

Tenons donc pour certain dans tous les cas que les premiers habitants de l'Italie septentrionale furent d'origine purement Celtique.

Il importe peu que M. Am. Thierry, fidèle à son système historique nouveau, attribue cette fondation aux Gaulois et le fait remonter à quinze siècles avant notre ère, c'est une appréciation personnelle qui, quant à la date, peut être admise.

Nous la rejettons sans hésitation, quand il veut en attribuer le mérite à ses Gaulois ou Galls, qu'il cherche à confondre *per fas* et *per nefas*, et dont les Français actuels seraient les descendants directs ; nous apprécions les Gaulois comme ils le méritent et nous laissons à M. Thierry l'honneur de cette découverte, dont aucun auteur ancien n'a jamais dit un seul mot.

Les cultes ont toujours joué chez les peuples primitifs un rôle important. Ils ont très souvent servi à déterminer leur origine, et pour justifier cette origine étrangère des Umbriens de l'Italie, on cite le *culte de Diomède,* pratiqué chez les *Venètes*, les *Samnites* et les *Ombriens*, pour caractériser leur origine étrangère à l'Italie [2].

Il n'y a pas d'ethnologue qui ne sache quelle analogie il existe entre certains noms Italiens et Celtiques. Cette analogie ne peut s'expliquer par le langage des Gaulois Cisalpins, mais s'explique très bien par celui des *Celto-Ligures* et des *Gallo-Kymri*.

Ainsi *Ebora* dans le latium peut difficilement se dériver du langage des *Osques*.

(1) Il faudra néanmoins en excepter la voie nouvelle par le Tunnel du mont Cenis qui vient d'être achevé depuis peu (1870), si l'on ne rencontre pas d'obstacle imprévu, résultant de la ventilation sur un parcours souterrain de plus de 13 kylom.

(2) Voy. les ann. de Gail in Scylax, § 16, c. ann. et Bernhardy in Dion, per 485 Silius Italicus, (III. 367, XVI. 369,) parle de ce culte dans l'Ibérie.

Et le mot même d'*Italia*, paraît venir du Gaëlique *Halamh* dont la dernière racine signifie Tellus==terre.

Ce qui a toujours constitué un aveu indirect de l'origine présumée des peuples anciens, c'est leur retour forcé aux lieux où ils avaient naguère habité.

Ainsi les *Umbriens*, après leur expulsion de l'Italie par les Étrusques, errent pendant quelque temps de contrée en contrée et se fixent enfin chez les Ligures, chez les Œdui et jusque sur la rive droite du Rhin, où l'histoire leur donna depuis le nom d'*Umbranici*.

Les Ligures étaient avec les Ambrons des peuples congénères; et les Éburons des rives de la Meuse, appartenaient comme les Umbriens, à la tribu Celtique Amhra, qui a donné son nom à tous ces peuples de race Celto-Cimérienne.

On s'est demandé quel était le langage des peuples Cisalpins, et cette question n'a pas encore reçu de solution satisfaisante. La raison semble résider dans le fait que quand deux ou plusieurs peuples, parlant des idiômes différents, viennent à se juxtaposer et à contracter des alliances, le langage des uns et des autres se modifie et se corrompt.

En somme, la langue des Cisalpins ne pouvait être que le Celtique pur; mais appartenant à divers idiômes qui se sont insensiblement corrompus par l'invasion des langues du latium. Cette manière de parler s'est bientôt modifiée et il en a dû être ainsi en Italie à cette époque, comme il en est de la langue anglaise actuelle, qui, — n'étant en définitive qu'un composé de plusieurs idiômes : Celtique, Allemand, Picte, Saxon, que tous ces peuples y ont importé à des époques fort éloignées des temps actuels, — est sinon difficile à comprendre, du moins difficile à bien parler pour un étranger; et la même chose a dû arriver dans la Cisalpine Italienne, comme cela était arrivé aux Ibères, en contact avec les Ligures, les Celtes et les Goths.

Ces langues, composées de divers éléments, offrent de grandes difficultés à ceux qui ne les parlent pas dès leur jeunesse; et voilà pourquoi on éprouve aujourd'hui tant de peine à analyser le langage usuel des Basques des Pyrénnées et celui des *Tables Egubinnes* des anciens Toscans qui sont restées jusqu'à ce jour inexpliquées (voy. ce mot).

Tout ce qui est encore possible de faire en ce moment, c'est de rechercher les mots du latin et le nom des villes qui existent encore en Italie et d'apprécier leur origine.

Ainsi *Sagitta* du Celtic *Sœighde*, en Sansc. *Sâyaka*, en Albanois *Shugeta=Shangeta* qu'Xylander écrit *Senyeta* et qui se trouve dans la loi des Lombards sous la forme de *Schneyda*, — pour marquer des arbres à abattre dans les forêts, — indique évidemment une origine Celtique=Arienne.

Il en est de même de *Brana*, qui signifie stérile, improductif, du Celtique *Brahaigne=Brehaigne* ou *Brehaign*, qui se disait en parlant des juments et des brébis stériles.

Du mot grec Θυρεος, pour bouclier, qui a été emprunté à l'armure des Celtes de l'Italie et des Gallates de l'Asie mineure, d'après Pausanias, Polybe et Plutarque.

Du mot *Trossa* du Kimris *trws*, prononcez *trus; trwsa*, paquet=*trousse*, trousseau. Le nom du principal fleuve de l'Italie du nord, le Pô, est purement celtique. Metrodore écrit à ce sujet, *quoniam circa fontem Padi, arbor multa sit picea quœ Pades Gallicè vocetur, Padum hoc nomen accepisse.*

Le Pô portait encore le nom de *Bodincum*, qui signifie eaux sans fond et que lui donnèrent les Ligures ; ils nommèrent aussi la principale citée de la Lombardie *Bodincomagum*.

Enfin, il serait facile de multiplier ces exemples, nous préférons de nous borner ici en citant un excellent ouvrage italien, dû à la plume de M. Foselli, qui a réuni un grand nombre de mots italiens d'origine celtique ou qui appartiennent à des idiômes étrangers à l'Italie.

Wexford, ville d'Angleterre. L'ancienne *Brigantia*,

Hibernica des auteurs anglais, d'où la famille *Breogan*, plus tard *O Brien, O Brain*, est originaire. Wexford= *Ménapia*.

Les Ménapiens et les Cauches étaient des peuples de la famille allemande, qui peu avant l'ère moderne émigrèrent en Belgique et en Irlande et nommèrent le district de Wexford où ils abordèrent, de leur nom : Menapia.

Wexford est le chef-lieu du comté de ce nom dans le *Leinster* d'Irlande. *Gerade* dit un auteur allemand, *in den alten Wonhsitzen der Briganten und Menapier werden Germ. Dialekte gesproschen*, c'est-à-dire le langage mésogothique ou bas-allemand des anciens habitants de la Flandre flamande. Le pays des Ménapiens s'étendait, dans l'ancienne Belgique, des bords de l'Escaut au pays des Morins et comprenait la Flandre occidentale toute entière et une partie de l'ancien marquisat d'Anvers. Nous avons dit, quelque part dans cet essai, que les peuples de la Flandre avaient contribué naguère à peupler l'Angleterre méridionale, c'est peu dire ; car si nous passâmes souvent et à des époques diverses en Angleterre et en Irlande, nous en fûmes aussi quelquefois expulsés surtout par les nations Danoises avec lesquelles nous avions contracté sur ce territoire étranger de nombreuses alliances et eûmes souvent avec eux des contestations et des guerres. A vrai dire, nos titres de gloire résident donc encore moins dans nôtre ancien langage qui y est resté chez la population que nous y laissâmes, que dans nos mœurs, dans notre amour du travail et de l'agriculture, que nous avons contribué à y faire fleurir.

En retour, la race celtique de l'Irlande et du pays de Galles exerça toujours une prépondérance marquée en matière de religion et de connaissances ; et si même au VIIIe siècle de nôtre ère l'Angleterre fournissait déjà ses savants à la cour de Charlemagne, c'est que les connaissances de l'époque étaient restées vivaces dans le pays, tandis que partout ailleurs la *conquête des Francs* les avaient étouffées.

Zigeuners. Tzigeuners=Tzinganers=Gypsi=Egyptiens, Bohémiens, Syginnes en Espagne (?) etc., etc.; noms divers qui s'appliquent à une espèce de nomades qui n'ont jamais entièrement disparu de l'Asie et de l'Europe et qu'on retrouve encore fréquemment en Orient, notamment sur les petits Balcans, voisins de la Mer Noire et dans la *Dobruska turque*.

En passant par le chemin de fer d'Orsova à Custinja= Kustengie, le voyageur remarque plusieurs pulks de chariots sur les plateaux élevés des montagnes qu'il a à sa droite, ce sont des familles de Zigeuners qui vivent là en société aussi longtemps que le sol leur fournit une maigre récolte et qui quittent leurs stations pour d'autres endroits, lorsqu'elle leur fait défaut. Les caractères ethniques généralement observés chez ce peuple, consistent en une peau rougeâtre cuivrée, assez analogue à celle qui a fait donner aux sauvages de l'Amérique du nord le nom de *peau rouges*, c'est-à-dire une couleur tirant sur l'orange, des yeux noirs et des cheveux lisses de même couleur.

Chez quelques individus cette couleur de la peau prend parfois une teinte bleuâtre et plusieurs d'entre eux ont des yeux qui s'écartent aux extrémités de la ligne horizontale, ce qui ne peut provenir que du mélange de cette race avec les nègres de l'Ethiopie ou les Mongols.

Les Zigeuners, en général, sont de taille moyenne, plutôt grande que petite et ont le nez bien conformé, ce qui n'était pas le cas des Syginnes qui, de petite taille avaient le nez épaté comme les Secklers et les Sicules de l'antiquité.

Les Coptes de l'Egypte actuelle ont avec les Zigeuners quelque ressemblance et il n'est pas impossible qu'une partie de ces derniers n'ait tiré son origine de ce pays; ce qui justifie, jusqu'à un certain degré, la prétention de ces nomades qui se glorifient de descendre des Pharaöns du Mysraïm.

Outre les sources ordinaires de leur industrie — qui consiste à dire la bonne aventure [1] et à pratiquer la maraude, — les Zigeuners ne s'occupent que de la réparation et de l'étamage des ustensiles de ménage en cuivre. Dans leurs moments de liesse et de désœuvrement, ils pratiquent l'art musical; mais n'ont guère fait plus de progrès en ce genre qu'ils n'en ont fait dans l'intérêt de leur instruction et de leur bien-être social.

Cependant cet art et cette science, ainsi que la sagacité naturelle que suppose l'exercice de la chiromancie (?), ne laissent aucun doute que les Zigeuners n'aient naguère appartenu à une nation plus ou moins civilisée.

On croit donc savoir que ces hordes vagabondes sont originaires de l'Egypte inférieure où la caste des Lydums occupait la côte du nord et y servait comme gardes-frontières contre les invasions des peuples Italo-Grecs, des Arabes et des Assyriens.

Mais à la suite de démêlés avec les Pharaöns, les populations Lybiques ou Lydums du Nil inférieur, furent obligées de s'expatrier pour échapper à la vengeance des Pharaöns. Une partie sous le nom de Lydiens se sauva en Asie mineure où elle forma le royaume de ce nom, et les autres, poursuivis par leurs ennemis, passèrent de l'Asie mineure dans l'Inde d'où les Mongols les chassèrent sous le nom de *Tschinganers*, nom qui depuis leur est resté.

Chose remarquable, le Zigeuner d'aujourd'hui ethniquement considéré, offre tous les caractères de l'Egyptien, en ce qui concerne la diversité de couleur de la peau; car il affecte un rouge plus marqué à mesure qu'il s'écarte vers l'ouest et s'y mélange à la race *Libico-atlantidique*, il devient plus blanc, vers l'est en s'alliant aux peuples de l'Arabie et du pays de Canaän et plus noir du côté du sud-

---

(1) La chiromancie ou science de prédire l'avenir par l'inspection des lignes qui traversent la paume de la main.

est en contact avec les Ethiopiens et les Abyssins de l'Afrique méridionale. Ces trois couleurs, comme caractères ethniques, ont toujours existé en Egypte dès la plus haute antiquité. Le blanc y était représenté par la race des Hyksos, rois pasteurs, le noir par les Ethiopiens et le rouge ou cuivré par la famille si nombreuses des Coptes de l'Egypte inférieure. La statuaire antique a souvent fait usage de ces couleurs, pour indiquer les divers caractères typiques de la population Égyptienne; ainsi lorsqu'on trouve sur les monuments égyptiens les trois couleurs l'une à côté des autres, cela signifie, hiéroglyphiquement, les trois races principales qui dominèrent successivement dans ce pays.

Les Hyksos comme les Chaldéens, furent jadis expulsés des rives de l'Euphrate inférieur par les Assyriens et ils se répandirent dans la vallée du Nil inférieur où ils exercèrent une souveraineté incontestée pendant plus de cinq siècles (511 ans). Cette dynastie des Hyksos ne fut dépouillée par les Éthiopiens de l'Égypte supérieure que du temps de Moïse.

C'est à la suite de leur expulsion de l'Égypte qu'une partie des bannis se réfugia dans l'Asie mineure et une autre, prenant une direction opposée, nomadisa dans l'Afrique du nord. Les Hyksos exilés parvinrent, après 40 ans, si l'on en croit les légendes arabes et Irlandaises, jusqu'aux colonnes d'Hercule et de là passèrent en Espagne, où ils occupèrent les Algarves et le pays des Basques ou Pyrénées orientales.

Mais ici se présente une question d'histoire qui remonte aux âges les plus reculés du monde, et qui n'a été de tout temps qu'un sujet d'incrédulité.

Cependant, depuis que les voyageurs ont constaté dans les deux Amériques l'existence de grands travaux d'art et d'utilité publique. Depuis surtout, qu'on a constaté l'existance dans cette partie du monde de vestiges irrécusables du culte de Bélus et la présence de la race Ario-Celtique on s'en est occupé derechef avec un nouvel essor.

Reprenant les faits de plus haut, on s'est souvenu du voyage de Solon en Égypte et de l'entretien qu'il y eut avec un prêtre du temple de Saïs, et l'on a voulu soumettre à une critique plus sévère, un passage de Platon, qui avait fait dans le temps une sensation profonde parmi les philosophes de cette nation et n'y avait, paraît-il, excité qu'un scepticisme absolu.

Voici la traduction libre de ce passage tel qu'il a été rapporté du temps de Socrate.

Solon qui vécut 600 ans avant J.-C., fit un voyage chez les Saïtes de l'Égypte, il passa d'abord dans l'île de Crête, puis en Asie mineure et de là vers les bouches du Nil. Il savait que le roi Amasis, l'ami des Grecs, était originaire de Saïs (?) et que dans cette ville, de même qu'à Athenes, on rendait un culte à Neïth (?), regardée dans l'un et l'autre pays comme déesse de la guerre [1].

Arrivé à Saïs, Solon rapporte qu'il fut reçu par les prêtres de Neïth avec beaucoup de distinction. En causant de l'histoire ancienne de la Grêce et principalement de Phoronée, son premier roi, et en quelque sorte l'Adam de la Grêce, un vieu prêtre, dit-il, s'adressant à moi, me dit :

« O Solon ! vous autres Grecs, vous êtes toujours
» enfants.

» Vous ignorez que le monde a subi plusieurs révolutions
» et que beaucoup d'hommes et d'institutions humaines ont
» péri par l'eau et le feu.

» Ici nous n'avons rien de pareil à redouter. Le Nil pour
» nous est un sauveur et jamais l'eau du ciel ne nous
» menace d'inondation, puisqu'il ne pleut jamais. Le tout
» est ici arrangé de manière, que ce qui est surabondant,
» s'écoule par les entrailles de la terre et ne nous menace
» jamais de submersion.

---

(1) La ville de Saïs est située dans le Delta du Nîl à l'endroit où ce fleuve commence à se séparer en plusieurs bras.

» C'est pour cela que tout ce que l'antiquité nous a
» appris, est écrit sur le marbre de nos temples.

» Chez vous il en est tout autrement. Comme de temps en
» temps, vos terres sont détruites, vos populations submer-
» gées, il vous faut recommencer à repeupler le pays et
» refaire votre histoire ; de telle sorte que vous êtes con-
» damnés à rester éternellement dans l'ignorance des choses
» antiques.

» Avant la grande immersion par l'eau (le déluge), il
» exista jadis chez vous, un État aussi puissant par la force
» des armes, que par les institutions civiles, et cet État
» remonterait aujourd'hui à plus de 9000 ans. Nos livres
» saints nous apprennent qu'une monarchie puissante, qui,
» dans son orgueil, conçut le projet de conquérir l'Europe(?)
» et l'Asie, ne fut arrêtée dans cette entreprise que par
» les peuples d'Athènes; elle avait déjà fait des incur-
» sions en ce pays, venant du côté de la mer Atlantide, où
» il exista jadis une île plus grande que la Lybie et l'Asie
» ensemble (Afrique et Asie mineure), située dans le voisi-
» nage d'un détroit, qu'on a appelé depuis *les colonnes*
» *d'Hercule*.

» Ainsi les voyageurs passaient d'une île à l'autre, et de
» là sur un continent entouré de tout côté d'eau. L'île
» s'appelait l'Atlantide; là existait jadis une puissante
» monarchie qui, non-seulement s'était rendue maîtresse
» de toutes les terres, mais des nombreuses îles voisines et
» d'une partie du continent (Amérique). Cette monarchie
» exerçait en outre sa domination sur toutes les contrées
» intermédiaires de la Lybie jusqu'aux confins de l'Égypte,
» et de l'Europe(?) jusqu'à la mer Thyrénéenne (Toscane).

» Cette puissance, tombée un jour sous le gouvernement
» d'un seul, forma le projet de s'emparer de toutes les con-
» trées situées au-delà du détroit et de conquérir l'Égypte
» et la Grèce, qui n'échappèrent à la domination étrangère
» que par le courage des Grecs qui la repoussèrent.

» Plus tard, ajoute le prêtre de Saïs, des tremblements
» terribles de terre, et des inondations submergèrent l'At-
» lantide ; et un jour et une nuit suffirent pour détruire l'île
» et tout ce qu'elle renfermait d'hommes et de monuments.
» Elle devînt ainsi la proie des flots et s'abima dans
» l'Océan. »

L'emplacement de l'île Atlantide devînt une mer qui forme aujourd'hui la partie de l'Océan de ce nom et qui est très connue par les navigateurs d'aujourd'hui sous le nom de *mer de Sargasso*, a cause de ses bas fonds qui la rendent impropre à la navigation, et font naturellement songer à la submersion d'un continent qui a dû exister en cet endroit.

Platon regardait le récit du prêtre de Saïs comme digne de foi et il ajoute que cela lui parût un fait historique contre lequel on ne peut alléguer aucune preuve négative.

Aujourd'hui la science moderne est en possession d'une série de faits qui viennent singulièrement corroborer la légende égyptienne.

J'en supprime d'abord le passage où Solon parle de cette antique puissance de la Grèce qui aurait arrêté cet envahisseur venu de l'Ouest avec la pensée de conquérir toutes les terres de l'Afrique jusqu'à l'Égypte, et la partie de l'Europe jusqu'à la Toscane, comme une interpollation de copiste grec postérieur, qui saisit cette occasion pour mettre un éloge des Grecs, ses compatriotes, dans la bouche de ce sage égyptien ; et je maintiens que cela rentre bien dans l'esprit hellénique et de sa vanité nationale bien connue. J'ajoute même que la date de cette interpollation est évidente, puisqu'elle ne peut être que postérieure aux guerres Médiques et que le passage n'a évidemment trait qu'à l'expédition de Xerces en Europe.

Cela posé, le reste du récit du prêtre de Saïs, me paraît marqué au coin d'une extrême vraisemblance et réunir tous les caractères d'un fait historique avéré.

Voici les motifs sur lesquels, on peut fonder cette assertion. Remarquons d'abord qu'à l'époque où Solon existait (600 av. J.-C.), les Grecs n'avaient que de faibles connaissances d'une mer connue alors sous le nom d'Océan atlantique. Leurs notions en géographie n'allaient pas, du côté de l'Ouest, au-delà des colonnes d'Hercule. Solon n'a donc rien pû préciser et s'il a parlé dans son récit d'une île Atlantide, il devait nécessairement avoir appris ce nom du prêtre avec lequel il avait eu l'entretien qui fait l'objet de son récit.

De plus, l'Egypte, depuis longtemps en relation de commerce avec ses voisins les Phéniciens — et ceux-ci ayant déjà poussé leurs entreprises de découvertes au-delà du détroit de Gibraltar — a bien pû apprendre de ces derniers des légendes conservées dans le souvenir des peuples atlantidiques des îles, que la submersion avait épargnés, et qui étaient restées dans la mémoire de ceux qui en avaient conservé le souvenir.

Ce serait donc par le canal des Phéniciens que l'Egypte instruite, se serait mise en possession de ce fait légendaire tant de fois allégué comme vrai et tant de fois révoqué en doute.

Voici maintenant les faits nouveaux qui militent à l'appui de la véracité du récit en question. Ces faits sont le résultat de récentes et consciencieuses recherches, faites en Amérique et sur lesquelles, il n'est pas possible d'élever une contestation sérieuse.

Les voyageurs scientifiques : tels que les Humbold et les Bonplan, ainsi que les historiens de la conquête de l'Amérique par les Espagnols et les Portugais, ont attesté qu'il existe dans l'Amérique du nord et du sud des vestiges de voies carossables, qui ont naguère traversé les deux Amériques sur une étendue de plusieurs centaines de lieues de longueur.

Qu'il y existe en outre des monuments pélagiques et des constructions artistiques dont les restes témoignent d'une entière conformité avec les monuments asiatiques et égyptiens.

Que les formes hiéroglyphiques et le genre d'ornementation sont les mêmes qu'on rencontre dans les monuments égyptiens.

On sait de plus, et cela depuis longtemps, qu'au Mexique il a existé une ancienne civilisation très avancée dans les arts et la science du gouvernement et que les points de contact qu'elle offre avec les civilisations de l'Orient sont nombreux et frappants.

Les anciens monuments de l'Amérique, comme ceux des Indes et de l'Égypte, portent la trace d'inscriptions taillées dans le marbre et le granit et, chose digne de remarque, on vient de découvrir les vestiges de l'ancien *culte de Bélus*, — celui des Assyriens de Babylone et des races Ariennes, — qui, sous le nom de Celtes et d'hommes blancs, ont passé naguère d'Asie en Europe.

Quelle est la conclusion à tirer de tout cela ?

Est-ce l'Amérique qui a peuplé l'Orient, ou l'Orient qui a peuplé l'Amérique ?

Si la première hypothèse nous semble impossible à admettre, comment le fait de la seconde a-t-il pû s'accomplir ?

Ce serait une énigme à jamais inexplicable, si l'on ne supposait pas l'existence possible d'une terre ou d'un continent qui aurait facilité le passage des nations *asiatico-lybiques* vers l'Amérique, terre ou continent qui aurait depuis lors disparu sous les eaux.

Il n'y a pas à songer à l'hypothèse avancée par quelques ethnologues, de peuples — ancêtres des Tunguses et des Jacqutes actuels de la Sibérie, — qui par le détroit de Beyring, auraient passé dans l'Amérique du nord. Ce fait supposerait une climatologie de l'Asie septentrionale, toute différente de celle qui y existe aujourd'hui; mais cela n'est pas toutefois impossible, puisqu'on ne peut guère expliquer autrement la présence des nombreux débris d'ossements fossiles d'éléphants trouvés dans l'archipel de la nouvelle Sibérie. Mais la route de l'Asie centrale, vers le centre de l'Amérique du nord et du sud par le détroit de Beyring, embrasse une étendue telle que l'imagination se refuse à croire que des peuples aient pû l'entreprendre à quelque époque que ce soit.

Il existerait d'ailleurs des vestiges quelconques de cette migration sur un parcours de plus de 5000 lieues, et nul indice ne subsiste de ce fait que certaines conformités d'idiômes entre les habitants voisins du détroit de Beyring, appartenants à la fois à l'Asie et à l'Amérique du nord; mais cette analogie ethnique s'explique assez bien par des relations qui existent entre eux; car on sait que les eaux du détroit de Beyring, qui n'ont que 17 lieues de large, sont généralement gelées l'hiver et laissent un passage libre pendant plusieurs mois de l'année. Il n'est donc pas admissible que les deux Amériques aient jamais pû recevoir par les contrées boréales, des Colonies assez importantes pour peupler toutes les terres de ce puissant et formidable continent.

Il existe, en outre, des preuves nombreuses de cette colonisation par les régions de l'est à travers la zone tempérée du nord de l'Afrique et des terres voisines de la Méditerranée.

Le professeur de botanique Unger, a démontré la conformité de certaines plantes de l'Afrique et de l'Amérique actuelles, dont la migration naturelle d'un continent à l'autre, aurait été à jamais impossible, si des terres intermédiaires n'avaient facilité leur transport dans des lieux aussi éloignés que le sont aujourd'hui les côtés du Mexique, de celles de l'Afrique septentrionale.

Les zones différentes du globe ont, comme chacun le sait, des essences d'arbres et des plantes différentes qui leur sont propres. Ainsi l'Amérique du nord offre dans les magnoliers un règne de flore qui lui est tout à fait particulier, comme les abiétinées le sont pour la région du nord de la Prusse et de la Norwège.

Le Japon et la Chine sont exclusivement la patrie des camélias, comme le Brésil celle des orchidées; quelques essences d'arbres se rencontrent sous des latitudes analogues en différents pays. Les palmiers et les scitaminées se trouvent aussi bien dans l'Amérique du sud que dans les terres indiennes des Concas de la presqu'île de l'Hindostan.

Mais il y a une foule de plantes comestibles et utiles qui ont suivi l'homme dans ses nombreuses migrations.

A peine passé de la vie nomade à l'état sédentaire, l'homme a réuni autour de sa demeure les plantes et les animaux utiles qui pouvaient aider à le nourrir et à le vêtir. Il les a propagé et les a multiplié autant qu'il a pû, et quand il émigre au loin ou qu'il est forcé de quitter le sol qu'il habite, son premier soin est d'emporter les semences des plantes ou les ceps des arbres et arbustes dont il apprécie le plus l'utilité et le besoin.

Les plantes potagères et de jardinage, connues depuis l'antiquité la plus reculée, ont ainsi voyagé d'un bout à l'autre de l'Asie et de l'Europe; et l'on peut souvent, au moyen des époques constatées de leur introduction dans certaines contrées, établir le synchronisme entre des dates fort éloignées.

Hésiode et Homère font mention de l'olivier en Grèce et dans les îles de l'Archipel. Du temps de Tarquin l'ancien, l'Italie centrale ne connaissait pas encore cet arbre, quoique plus tard il y fût répandu sur une grande échelle et fournit cette huile comestible célèbre, qui, avec le vin formait une des bases principales du commerce romain. C'est à la suite des conquêtes des Romains en Espagne et dans la Gaule, que l'olivier y fût introduit avec la vigne qui pénètra même jusqu'au Rhin où elle forme aujourd'hui ces magnifiques vignobles connus du monde entier.

On sait cependant que la vigne n'est pas aborigène de l'Europe, mais de l'Asie, d'où elle a passé en Grèce, en Sicile, en Italie et à Marseille.

En Amérique les Tultèques ont porté avec eux le maïs partout où ils ont demeuré; et son introduction en Europe est dû probablement aux Espagnols, auxquels les peuples de l'Orient, tels que les Hongrois et les Roumains, l'ont emprunté [1].

Si les Grecs ont propagé la vigne en Europe, les Romains en ont fait autant du froment, et les Arabes du coton. Partout, en Amérique, où les habitants de l'ancienne Condinamarca ont porté leurs pas, ils y ont propagé les patates et le quinoa ; et tous ces faits constatés ont eu le même mobile : la nourriture des peuples et les nécessités inexorables de la vie.

N'avons-nous pas été à même déjà de constater un fait analogue dans le projet de migration des Suisses du temps de César ?

Ce peuple voulant émigrer dans la Saintongue du midi de la gaule, se prépare deux ans à l'avance, sème et récolte autant de blé que possible et ne s'apprête à partir pour son exil volontaire qu'après s'être assuré un approvisionnement de deux années et des semences de blé pour une première récolte.

Ce qu'on observe à l'égard des produits agricoles et de jardinage se remarque au même titre des arbres à fruits. Ce sont de l'est de la Mer Caspienne, des rives de l'Oxus, de l'ancienne Colchide et du Curdistan, que nous sont venus, le citronier, le grenadier, le poirier et presque tous les arbres fruitiers de nos jardins.

La Perse nous a fourni le pêcher et le noyer, l'Arménie l'abricotier, l'Asie mineure le platâne et le maronnier, la Syrie, le poirier, le figuier, l'olivier, le prunier et le mûrier.

On sait qu'un cérisier chargé de fruits orna le triomphe de Lucullus et que ce dictateur le ramena du Pont après sa victoire sur Mithridate le grand.

Enfin, — et ceci est surtout à remarquer dans les colonies

(1) Le maïs, que Linnée appelle *zea*, porte vulgairement les noms de blé d'Inde, blé de Turquie, blé de Guinée et blé d'Espagne. Ces désignations semblent indiquer qu'il est originaire de l'Inde orientale et aurait passé en Europe et en Afrique à la suite des migrations indiennes ; mais il paraît constaté que les peuples de l'Amérique l'ont cultivé depuis un temps immémorial et ne connaissaient pas d'autre espèce de blé avant l'invasion des Espagnols et des Portugais.

européennes des deux Indes, — un petit et chétif terrain potager, offre à la fois le café d'Arabie, la canne à sucre de Chine, l'indigo d'Afrique et une foule d'autres végétaux des deux hémisphères, que les migrations des peuples seules ont pû porter aussi loin de leur pays natal.

Nous trouvons dans l'ensemble de ces faits une première preuve de l'existence de relations entre l'Amérique et l'Afrique à une époque qui dépasse tout fait historique attesté; et nous sommes très disposés à ajouter une créance pleine et entière à la légende égyptienne rapportée dans les entretiens de Platon, a laquelle ce philosophe célèbre ajoutait une foi non moins complète.

Eh! pourquoi persisterions-nous dans un scepticisme que ne justifient plus les notions plus précises que nous possédons aujourd'hui sur les caractères géologiques de nôtre planète?

Ne savons-nous pas mieux que du temps de Platon, quelles révolutions l'ont agitée et en ont transformé certaines parties? Converti en mers des terres intérieures, abaissé ou élevé des contrées? Ne voyons-nous pas dans notre voisinage, en Suède par exemple, ce mouvement imperceptible de l'écorce terrestre, qui dans 1000 ans peut-être, aura fait s'abîmer sous les flots de la mer une partie de ce pays, ou fait surgir du sein des eaux des contrées nouvelles?

Ignorons-nous que la Mer Caspienne a été deux fois plus étendue avant de rentrer dans son lit actuel? Que la ville d'Adria, aujourd'hui à deux lieues de la côte était jadis un port de mer, et qu'en Belgique l'ancien port de Damme, est aujourd'hui à deux lieues des côtes de la mer du nord? Enfin, n'existe-t-il pas une légende au nord de l'Europe qui rappelle un déluge à la suite duquel l'Irlande entière fut un jour submergée sous les eaux de l'Océan?

En présence de ces faits si graves et si bien constatés il n'y a pas lieu de s'étonner qu'un continent, tel que l'ancienne Atlantide, n'ait pû un jour s'abîmer tout entier sous les eaux de la mer ; et il est très probable que cette catastrophe a été la suite de la rupture du détroit de Gibraltar et de l'invasion subite d'une grande masse d'eau qui a submergé les terres immenses qui font aujourd'hui le fond de la Méditerranée, de la Mer Noire et de la Mer d'Azof [1]. Cela posé une foule de faits physiquement inexplicables jusqu'ici reçoivent une solution des plus satisfaisantes.

L'Atlantide servant de route pour aller de l'Afrique en Amérique, ce dernier continent a pû comme l'Europe, recevoir ses habitants primitifs de l'Asie ; et de cette manière s'expliquerait la conformité des races d'hommes des mœurs et des travaux qui existe entre les deux continents.

On ne s'étonne plus dès lors de rencontrer dans les deux hémisphères des travaux publics, des œuvres d'art, des hiéroglyphes, des plantes et des essences d'arbres, analogues ou indigènes aux deux contrées.

On n'est plus stupéfait de rencontrer en Amérique le même culte que pratiquaient les Assyriens à Babylone et que les Aryas de la celtique ont amené de l'Inde en Europe [2].

---

(1) On sait que le détroit de Gibraltar offre deux courants contraires, l'un qui porte les eaux de l'Atlantique dans la Méditerranée, l'autre qui ramène les eaux de la Méditerranée dans l'Océan. Ces deux courants d'inégale force et d'inégale capacité, ont néanmoins pour résultat de tenir les flots des deux mers en équilibre et empêchent que l'une empiète sur le niveau de l'autre et rompe l'harmonie qui s'est établie entre eux.

Mais on conçoit qu'il n'en a pas toujours été ainsi. Dans le principe, la masse d'eau faisant irruption dans les terres de la Méditerranée a dû considérablement diminuer l'action de résistance qu'elle offrait à l'impression du poids d'un continent aussi immense que l'Atlantide et celui-ci a pû descendre au fond de l'eau assez profondément, pour en submerger la surface et ne plus avoir été à même de se relever après avoir pris une assiette nouvelle. Ceci peut s'expliquer, en outre, d'une manière fort naturelle en admettant que la base de l'Atlantide ait été formé d'une série d'îlots de Corail sous-marins, que l'action violente des eaux a pu déchirer et briser, de manière à détruire l'adhérence qui tenait cette terre ensemble.

(2) Dans le riche musée du roi Chrétian VIII, de Danemark, il existait naguère une collection d'antiquités de l'âge de la pierre, venue de l'Amérique du nord et ayant appartenue à une peuplade chassée de sa demeure il y a environ 80 ou 100 ans.

En même temps, on s'explique ce grand problème, resté si longtemps sans solution d'une antique et haute civilisation au Mexique qui, réunissant tous les caractères de celle des Indiens, aurait pû isolément se former sur un continent, séparé par des milliers de lieues et sans communication possible avec l'ancien monde.

La forme physique actuelle du globe, dans sa partie équinoxiale, nous apparaît dès-lors comme une conséquence naturelle de ce grand évènement.

Pour celui qui réfléchit, il paraît évident que les deux Amériques ont jadis été réunies ensemble par des terres basses, dont les limites s'aperçoivent encore distinctement sur une ligne tracée par les îles Bahama, depuis le cap sud de la Floride jusqu'aux confins septentrionaux de Venezuela. Toutes ces terres — qui aujourd'hui sont occupées par le Golfe du Mexique et la mer des Caraïbdes, — ont jadis formé la liaison des deux continents de l'Amérique et ont subi le même sort, et très probablement à la même époque, que celui qui anéantit l'Atlantide.

Ces vestiges de l'ancien état physique du globe sont nombreux dans le monde ; et nous n'avons pas besoin de sortir de chez nous pour en trouver un exemple relativement récent.

Le *Zuiderzee*, en Hollande, n'a été formé vers 1200 qu'à la suite d'une rupture de digues naturelles ; et les neuf îlots qui subsistent, marquent encore l'ancienne limite entre la terre et les eaux.

Le Kamschatka, les îles Curilles et le Japon indiquent également une limite naturelle du continent de la Chine antique, avant que les eaux n'eussent envahi les basses terres, qui forment aujourd'hui le fond de la mer d'*Okosth*.

Mais toutes ces catastrophes partielles ne sont rien en comparaison de celle qui submergea toutes les terres intérieures de la Méditerranée, de la Mer Noire et de la Mer d'Azof.

Lorsque l'Amérique aura été mieux étudiée sous le rapport archéologique et philologique, il est très probable qu'on y trouvera de nombreux vestiges de la langue arienne ou sanscritique plus précis que ceux que nous possédons déjà. Sous le rapport des mœurs on peut dès maintenant citer un fait singulier, qui ne paraît pas pouvoir être attribué au pur effet du hasard. Il est rapporté dans un voyage d'Amérique en ces termes :

Il exista naguère parmi les anciens habitants de la Corse et les Cantabres du nord de l'Espagne, une coutume, d'après laquelle le père d'un enfant nouveau-né prenait la place de l'accouchée, se mettait au lit et se conduisait exactement comme s'il avait mis lui-même l'enfant au monde, feignant des douleurs de l'enfantement et témoignant toute la sollicitude d'une mère pour son nouveau nourisson. Par cette conduite, le père affirmait son droit de paternité qui, d'après les coutumes de ces peuples, appartenait exclusivement à la mère.

Cette coutume, quel qu'excentrique qu'elle paraisse, se retrouve encore chez certains peuples indiens du Brésil, tels que les *Amages*, les *Posses*, les *Culinos,* les *Macuses* et les *Guaraunes*.

Si l'Amérique du sud n'avait jamais eu de communication avec l'Europe, comment concevoir qu'une telle analogie de coutumes ait pu exister entre des peuples si différents, à moins d'admettre que les ancêtres des Corses et des Cantabres de l'antiquité n'aient tiré leur origine de la race atlantidique, qui jadis servait de communication aux deux continents.

Les temps plus rapprochés de nous ne paraissent pas avoir ignoré l'existence d'une terre au milieu de l'Atlantide, car Aelien lui donnait le nom de *Méropis,* et Diodore de Sicile et Plutarque en parlent comme d'une contrée où les Carthaginois établirent des colonies et où l'émigration avait pris de telles proportions que les autorités se trouvèrent dans la nécessité de l'interdire par des lois répressives.

Parmi les modernes, le savant jesuite Kircher et plus tard Alexandre de Humbold ne sont pas éloignés de croire à la véracité du récit de Platon.

Les adversaires de cette idée ne s'y sont opposés que par des considérations qui ne sont plus aujourd'hui d'aucune valeur. Les uns, comme Bailly, s'attachent à démontrer que l'ancienne Atlantide de Platon est aujourd'hui représentée par la Scandinavie; les autres comme Noroff la vont chercher dans le Spitzberg. C'est plus que de chercher midi à quatorze heures. Comment l'Égypte du temps de Platon aurait-elle pu soupçonner l'existence d'une Scandinavie inconnue, ou bien songer à une série de volcans en action, placée dans le voisinage du pôle boréal? Qui donc avait jamais entendu parler alors de la Mer glaciale? De l'extrémité de la Norwége et d'un amas de rochers jeté par la Providence au milieu d'une mer impraticable et dans le voisinage des glaces perpétuelles du pôle nord?

Et puis comment expliquer l'Atlantide à jamais perdue avec des pays qui n'ont jamais cessé d'exister depuis qu'on les a connus?

Mais depuis qu'on a découvert en Amérique les grands travaux des prédécesseurs des Incas, les routes, les palais, les pyramides et les inscriptions hyéroglyphiques, dont les vestiges existent en grand nombre, les idées des savants ont pris une autre direction, et l'on est bien prêt aujourd'hui à croire à la réalité du récit du vieux prêtre de Saïs.

Longtemps avant l'arrivée des Espagnols et des Portugais dans le nouveau monde, il a existé dans les deux Amériques des travaux d'art, qui supposent une civilisation fort avancée parmi les indigènes de cette partie du globe. Dans l'Amérique du sud surtout il existe au Pérou, en Bolivie et dans l'Ecuader des ruines de travaux gigantesques, consistant en des murs cyclopéens, construits avec des quartiers de granit d'une grandeur extraordinaire.

On voit dans l'île de *Titicaca* les ruines d'un temple construit par les Incas es les vestiges d'une voie militaire et commerciale, qui traverse les Crêtes des montagnes des Andes sur une étendue de plus de 500 lieues du nord au midi.

Des constructions semblables se rencontrent dans l'ancienne Condinamarca et dans les Savanes de Varinas.

Dans l'Amérique centrale il existe encore des emplacements entiers d'anciennes villes en ruines, près de Palenka dans la province de Chiapa et de Copan, dans celle d'Honduras.

De grosses pyramides existent et sont visibles encore à St-Jean de Teotihuaca, à Chocula, à Santa-Crux de Cuiche, à Xochicalco, à Guatusco et à Cuernavaca, etc., etc.

Dans l'Amérique ancienne, la pyramide formait, comme en Égypte, le fondement de l'architecture religieuse; et les constructions de ce genre y étaient également ornées de statues colossales en pierre ou en marbre. Dans le nord et surtout dans la vallée du Missisipi, on voit des remblais de route, des escaliers en pierre qui conduisent vers le fleuve et descendent des montagnes; des boulevards, des hauteurs artistement formées de mains d'hommes, et l'on y trouve des ustensiles en cuivre, en silex et en écaille, qui dénotent un ensemble d'objets usuels, appartenant à un état social très avancé.

On ne s'explique un tel état de choses qu'en supposant l'existence d'une population Arienne blanche, qui, d'après la légende américaine, serait venue par la mer de l'ouest (de l'Inde ou de la Chine) plusieurs milliers d'années avant J.-C., et qui se serait mélangée à la race américaine, alors existante, et lui aurait transmis une partie de ses mœurs et de son langage.

De là résulterait que longtemps avant la conquête de la Lybie et de l'Europe méridionale par les peuples Ario-Celtiques, — différents de la race blanche dont nous avons si souvent parlé dans cet Essai, — un plus ancien peuple aurait occupé toutes les terres équinoxiales, à partir des Indes jusqu'à l'Amérique du sud ; et prenant le nom d'Atlantides, aurait servi de trait d'union entre les habitants des deux hémisphères, et n'en aurait été séparé qu'à la suite du cataclysme restée dans la mémoire des prêtres de l'Egypte.

Ainsi l'Amérique ne serait plus le monde nouveau, mais un monde tout au moins aussi ancien que l'Inde, l'Égypte et la Chine ; un monde dont les vestiges monumentaux et les travaux cyclopéens rappelleraient exactement les travaux des Étrusques et les arts de l'Égypte antique.

Quel serait maintenant, ethniquement considéré, le peuple qui aurait fourni à l'Amérique sa population primitive ? On comprend qu'il ne peut exister à ce sujet que des conjectures plus ou moins fondées.

Admettre que ce sont exclusivement les mêmes peuples de l'Arie indien, qui ont passé en Amérique, de même qu'ils ont passé en Europe, on ne s'expliquerait pas la présence dans cette première partie du monde, d'une race à peau rouge, différente de toutes celles dont nous avons jusqu'ici parlé. L'effet du climat seul peut difficilement avoir opéré cette métamorphose.

Ce serait un exemple unique au monde, d'un peuple, dont l'atavisme n'aurait ni antécédants ni raison d'être. Les Aryas, en passant dans les climats équinoxiaux, peuvent avoir assumé une peau plus foncée et passé du blanc pur à la couleur bistrée ; mais ne peuvent pas avoir changé du blanc au rouge cuivré. Il faut admettre un mélange d'Indiens avec des races lybiques-africaines, tel que nous présente encore aujourd'hui l'aspect des Coptes égyptiens.

On est donc forcé de chercher l'explication de ce mystère ethnique autre part ; et l'on suppose avec le savant Kircher et Alexandre von Humbold, que jadis toute la partie du monde connu depuis les contrées de l'Inde jusqu'aux terres méditerranées, fut jadis habitée par des peuples atlantides, qui passèrent en Amérique à la faveur d'un continent et des îles qui disparurent plus tard sous les flots de la mer.

On croit donc savoir qu'après le grand cataclysme, qui forma les mers intérieures de la Méditerranée, du pont Euxin et de l'Azof, les Atlantides, séparés de leurs frères d'Amérique, subirent en même temps que l'Europe entière, la domination toute puissante des Ario-Celtiques ou de la race blanche de l'Asie centrale.

Dans cette hypothèse, les Zigeuners de nos jours, comme les peuples dravidiques de l'Inde antique, seraient des restes de ces peuples atlantides primitifs qui, forcés de quitter le sol de l'Égypte, se seraient portés à l'ouest et, traversant toute l'Afrique septentrionale, auraient passé en Amérique à la faveur d'une terre qui n'existe plus et y auraient importé des mœurs, des habitudes, un culte et des travaux publics, qui dénotent évidemment une origine et un atavisme communs.

Il n'y a pas d'autre explication à donner aux faits récemment découverts dans les deux Amériques. Aucune solution ne répond mieux aux objections qu'on a faites; et sans elle on ne résout d'une manière satisfaisante, ni l'existence dans cette dernière contrée de monuments identiques à ceux de l'Égypte ancienne, ni d'un culte analogue à celui des Assyriens et des Celtes, ni à la présence dans le nouveau continant d'une race d'hommes, dont le type paraît unique dans le monde.

C'est en vain qu'on a cherché à déplacer la question en indiquant une Atlantide dans la Scandinavie ou au Spitzberg. Le naré du prêtre de Saïs va directement à l'encontre d'une pareille supposition; et tout rentre dans l'obscurité la plus complète quand on songe à des lieux qui dans ces temps étaient ignorés des Égyptiens et qui, du reste, n'ont jamais disparu de la surface du globe connu.

Les vestiges irrécusables de l'Atlantide subsistent encore dans la mer de Sargasso: bas-fonds immense de l'Atlantique entre l'Afrique et l'Amérique du sud, qui atteste l'existence en cet endroit de la mer, d'un ancien continent englouti; de même qu'il existe en plusieurs autres endroits des mers de semblables bas-fonds, qui probablement ne doivent leur origine qu'à des évènements géologiques de même nature [1].

Enfin dans le *Jucatan*, qui est à la même latitude équinoxiale que le cap Comorin aux Indes, il exista jadis un peuple nommé *Olmekes* ou *Olmèques*, auteurs de monuments bâtis en pierre, dont les ruines existent encore. C'était une horde adonnée à la culture de la terre, qui appartenait à la même branche que les *Guanches-Caraïbes* des Antilles [2].

Ces Olmèques se répandirent à la longue de la Floride jusqu'à la Guyane dans l'Amérique du sud, et furent chassés de ce pays vers 800 av. J.-C. par les *Astèques* et les *Chicimèques*, venus des bords de l'Ohio et de la Delaware, qui eux-mêmes avaient été contraints de s'expatrier à la suite d'une invasion d'Islandais, nommés *Chipeway*. Après avoir détruit le siége des Olmèques, appelé Tulan, les envahisseurs y bâtirent une ville nouvelle nommée *Tulanzingo*, et en prenant le nom de leur capitale, se nommèrent dès lors *Tultèques* (du celtic-arien *dail, dol, teagh*=chateau= habitation fortifiée.

De cette manière, les Olmèques perdirent leur nom primitif en s'alliant aux Tultèques ou Astèques, venus du nord de l'Amérique, et ce furent ces peuples qui, vers les siècles XIIe ou XIIIe de l'ère moderne occupèrent le Mexique et y

---

(1) Au milieu de l'Océan pacifique, à la hauteur de l'Archipel des îles Sandwich et dans la mer des Indes vers l'île de Kerguelen, il existe de semblables bancs de fucus sous-marins, qui rendent la navigation en partie impossible et doivent être attribués à des terres jadis submergées par les flots.

(2) Du celtic *Guinteach*=manteau dont ils étaient vêtus. et de *Caoraibh*=Caora —mouton=manteau en peau de moutons. On ne doit point confondre les *Caraïbes* des Antilles, avec la secte juive des *Caraïtes* de l'Orient, qui est encore nombreuse à Constantinople, en Russie et dans la Crimée, où les touristes modernes vont les trouver pour admirer les belles formes et le prestige de cette race ancienne, tant calomniée par les Chrétiens.

battirent la ville de *Ténochtitlan*, qui prit depuis le nom de Mexico.

D'après les anciennes légendes mexicaines, les Astèques seraient arrivés à Anahuac d'un pays nommé *Hue-Tlapallan*, et de là seraient passés dans l'Amérique.

Or, en analysant le nom d'*Anahuac*, on y trouve les racines ariennes *an-u-agh (aon*=région ou *ean*=eau et *uagh*=fossoyé), autant que terre ou contrée abimée par les eaux à laquelle les Atlantides, — sauvés et fugitifs vers l'Orient, — donnèrent naissance, aux lieux de leur exil, à la légende d'un déluge universel qui, de l'Orient, se répandit dans le monde entier.

Hue-Tlapallan, dérivé de *Hue*=élevé, de *Tlath*=repos et de *Ballan*, séjour entourée de murs=forteresse, s'appliquerait ainsi au séjour antérieur des Astèques, soit en Afrique, soit en Égypte, d'où ce peuple serait arrivé par l'Atlantide dans l'Amérique du sud, et aurait apporté au Mexique les premières notions de l'architecture monumentale égyptienne, ainsi que le culte du *serpent vert* et du crocodile.

Ainsi le récit du vieux prêtre de Saïs, si longtemps l'objet de l'incrédulité, soumis à une critique plus éclairée, plus rationnelle, servirait à la fois à expliquer des faits historiques très anciens et plus récents, à la solution desquels les archéologues ont vainement usé leur science et leurs veilles; et c'est en partie à la philologie moderne que nous sommes redevables de pouvoir jeter aujourd'hui quelques lumières nouvelles et inattendues sur une des plus graves questions d'ethnologie historique, agitées dans les temps anciens.

L'argument prétendu péremptoire, opposé, consistait à se demander comment la science égyptienne avait pû se procurer des notions assez positives sur une partie aussi éloignée du globe que la mer Atlantide, lorsqu'on considère que les Égyptiens n'ont jamais été réputés comme peuple voyageur, n'ont guère fait faire des progrès à la géographie antique, et vivaient en quelque sorte séparés du reste du monde connu.

Mais on n'a pas fait attention que, vers 766 avant l'ère actuelle, les Égyptiens sous Necos firent ou tentèrent de faire la circumnavigation de l'Afrique avec des navires fournis par les Phéniciens leurs alliés ; que s'ils ne réussirent pas comme quelques-uns le soutiennent encore, ils dûrent obtenir à la suite assez de renseignements des peuples riverains de l'Afrique occidentale pour apprendre que jadis il avait existé dans cette mer un immense continent qui pouvait faciliter le passage vers une terre ferme, dont le nom leur était inconnu (l'Amérique centrale); et que cette terre avait disparu à la suite de tremblements sous marins; que jadis les peuples Atlantidiques, habitant ce continent, allaient de l'Amérique en Afrique et de l'Afrique en Amérique avec autant de facilités que les Danois et les Belges passèrent plus tard en Angleterre, en Irlande et en Ecosse. Ce temps correspondait à l'époque d'Esope et de Thalès en Grèce, au règne de Cyaczares en Assyrie, de Nabopolasar à Babylone, et on vit moins d'un siècle après, poindre à l'horizon l'établissement de la grande Grèce et de l'Étrurie, ainsi que le règne de Numa Pompilius à Rome.

Dans toutes ces contrées de l'est à l'ouest, le monde antique venait seulement de sortir de l'ignorance et de la barbarie. On ne pouvait encore s'inquiéter nulle part d'une question comme celle qui nous occupe; et les seuls peuples qui eussent alors intérêt à savoir ce qui avait eu lieu dans l'antiquité et chez qui les tentatives de navigation de long cours excitaient la curiosité, se bornaient alors aux Égyptiens et aux Phéniciens, leurs voisins.

Dans l'Hellade, les Spartiates s'épuisaient encore dans leurs guerres contre Messène; et à Athènes on se disputait à perte de vue, pour savoir si les Archontes, naguère à vie, ne devaient être maintenus en fonction que pendant dix ou même pendant un an seulement.

Dans tout ce monde, alors à moitié barbare, on n'avait nul souci de savoir s'il avait existé une Atlantide et comment elle avait disparu. C'est un voyage entrepris par un législateur dans l'intérêt des lois qu'il voulait donner à son pays et un entretient avec un savant égyptien, qui donnèrent lieu à propager la connaissance d'un fait historique ignoré jusque-là [1].

Zorastre (Zerduscht) voy. *Feu* (le) adoré comme une divinité chez les Persans.

(1) Plutarque, dans son traité *Sur la face qu'on voit dans la lune*, calculant l'influence de l'astre de la nuit sur la fécondité de la terre, sur la production de la rosée noxiale et l'action que celle-ci exerce sur la conservation des substances alimentaires altérées par le soleil, affirme que cette doctrine, généralement répandue parmi les Grecs, leur fut transmise par des habitants d'un continent perdu jadis, situé à 5000 stades (250 lieues) de l'île d'Ogygie (Irlande).

Il entre à ce sujet dans des détails et parle de la mer de *Sargasso*, sans la nommer autrement que par les empêchements qu'opposent à la navigation les nombreux bancs de fucus sous-marins, qui la couvrent. Tous ces détails accusent chez l'auteur une absence absolue de notions capables d'expliquer les révolutions qu'ont dû subir les terres de l'Atlantide.

Ce qui fait qu'aujourd'hui encore certains auteurs, voulant expliquer ces mystères, supposent bien à tort que Plutarque, en parlant de ce continent submergé, a dû avoir en vue l'Amérique complètement inconnue de son temps.

Plutarque affirme d'un autre côté, que les habitants qui occupaient l'Atlantide, étaient d'origine grecque (?), et, d'après leur opinion, formaient les riverains d'un golfe non moins grand que le Palus Méotides; riverains qui se disaient les habitants de la terre ferme, tandis qu'ils regardaient le reste de l'Europe comme un pays d'insulaires (?).

FIN.

TABLE DES ARTICLES

CONTENUS DANS LE TOME SECOND.

ÆSAR. Dieu, page 1, t. II.
AGATHYRSES, Akatzirii, Baskirs, p. 8.
AINOS, peuple tributaire du Japon, p. 9.
AIRJANA-VEEDJO, contrée des montagnes de l'Inde, p. 9.
ALAINS, peuple scythique, p. 10.
ALTAN-NOOR ou simplement ALTYN, lac au milieu de la Sybérie, p. 11.
AMAZONES, p. 12.
AMROM ou AMRUM, île de la Nord-Frise, p. 13.
ANCYRE (Monument d'), p. 14.
ANDALOUSIE, province actuelle d'Espagne, p. 15.
ANGLESEY, île de l'Angleterre, p. 16.
ANGLO-SAXONS, p. 17.
ANIO (L'), petite rivière de la haute Italie, p. 19.
ANSIVARES ou AMBSIVARES, peuples germains du temps d'Auguste, p. 19.

ANTES (Venetes; Wendes; Bulgares; Illyriens; Slaves ou Slowènes), p. 21.
APPELLATIFS (Noms), p. 22.
ARACANOS ou ARANCOS, peuple de l'Amérique, p. 25.
ARAL (Mer d'), p. 25.
ARARAT (Le mont), p. 26.
ARES, peuple de l'Arie indien, p. 26.
ARGIPPAËR = ARGIPPIENS, peuple ancien, de race scythique, p. 27.
ARGONAUTES, p. 27.
ARIE, Ariana des anciens, p. 28.
AS, Aas ou Oss, peuples à cheveux blonds et à yeux bleus du Caucase, p. 32.
ASAGIRTES, habitants du pays mythique de l'*Asgard*, p. 32.
ASCO-MANNER, hommes de navire ou navigateurs, p. 36.
ATTACOTTI, peuple d'origine germanique, p. 37.
AZYLES des peuples nomades, p. 38.

BAGRATIDES. Peuple ancien de l'Arménie, p. 41.

BASQUES, p. 42.

BASTARNES, Roxalannes et Agathyrses, trois peuples d'origine scythique, p. 45.

BÉBRYKES et BIBROQUES, peuple contemporain des Lygures, p. 50.

BELCÆ, Belgæ (Tectosages), peuple originaire de la Sarmatie d'Asie, p. 53.

BELGES, Belgique, Belcæ=Belgæ Volcæ-Tectosages, Belgs ; Fir-Bolgs en Angleterre et en Irlande, p. 56.

BOYIENS, Boyi, Bavariens, Bavarois, p. 57.

BÉROSE, historien et astronome chaldéen, p. 61.

BRAHMA, Brahmanisme, Brahmanen, Brahminen, Brahma, p. 61.

BRIGANTES, famille de peuples, p. 62.

CACHEMIRE (Vallée de) dans le Caucase indien, p. 63.

CADIX, Cadex (Gadès de l'antiquité), colonie tyrienne ou phénicienne, p. 66.

CALÉDONIENS, peuple du nord de la Bretagne, p. 67.

CANA ou Kanna, ville maritime ancienne, au sud de l'Arabie, p. 67.

CARNI. Carnes (Les), p. 68.

CARNUTES, habitants de la ville de Carnutum, p. 68.

CELTES, anciens habitants de l'Europe, p. 68.

CELTIBÉRIE (La), p. 72.

CELTE (langue celtique, littérature), p. 74.

CHALDÉE et BABYLONE, p. 78.

CHINOIS. Peuples de l'extrême Orient, p. 79.

CIMBRES=Kimbern=Kimmerier =Kymri et Cimmériens, p. 80.

CIVILISATION ancienne, p. 87.

CHUSITES, habitants à l'est de Babylone, p. 88.

CODEX ARGENTEUS, recueil de philologie, concernant les langues du Nord, p. 88.

CONDROS, p. 93.

CRÉTOIS, habitants de l'île de Crète, p. 94.

CYLICIE. Royaume de l'Asie mineure, p. 95.

DACIE et MÆSI ou MYSI. Deux peuples différents, mais limitrophes et séparés par le Danube inférieur, p. 95.

DAGH, nom générique de montagne en Orient, p. 99.

DANOIS, *Danannen. Damnonier, Dananna, Tuatha=di-Danann*, peuple du Nord, p. 99.

DHARMA-SASTRA ou Code de Manou, p. 100.

DRANGIANE en rapport avec la *Bactrie*, la *Sogdiane* et la *Margiane;* quatre pays du Caucase indien, p. 101.

DRAVE (Rivière de la) en Hongrie, p. 102.

DUMNONIENS, nom ancien des peuples du Dévonshire, p. 103.

ÉBURONS=*Ambrons*, cavaliers nomades, dont l'origine remonte en Europe aux temps primitifs, p. 103.

ÉGYPTE. Égyptiens = *Ajgupti*, p. 104.
ELAM, *Fars* ou *Pharsistan*, pays montagneux de la Perse, p. 108.
ÉLYSÉENS, *Elisukoi*, *Eliseï-campi*, ville des Éléusâtes ou Élusani, p. 110.
ÉOLIENS, p. 112.
EMPORION, ancienne ville d'Espagne, p. 112.
ENTON. *Entas*, géant, p. 112.
ÉRÈBUS, pays des morts, p. 112.
ERECTHÉE, le premier pelasgue égyptien qui apporta le blé d'Égypte en Grèce, p. 112.
ESPAGNE (L'), p. 113.
ÉTHIOPIE. Éthiopiens, Chusites, peuples noirs de l'Afrique, p. 124.
ÉTRUSQUES, Tusques, Toscans, Thyrenéens, p. 126.
FABLE, p. 131.
FÉNI, *Fiana* (Phéniciens), peuples sémitiques et africains, p. 131.
FEU (Le). Élément de la nature, p. 145.
FINNOIS (Langage finlandais), p. 151.
FIRDOUSI, poëte persan, p. 151.
FOMHORAIGH. Dans le langage celtique ancien de l'Angleterre et de l'Irlande, signifiait *étrangers*, p. 151.
FRANCS, peuple d'origine troyenne (?), p. 156.
FRÉSNE, arbre sacré, chez les peuple du Nord, p. 157.
GAÄL. La racine celtique *Gaäl*, *Gaël*, *Gal*, *Gallois*, *Gaulois*, signifie étranger=ennemi, p. 157.

GALLS, Celtes de la Gaule. p. 158.
GALLATES (Gallo-Grèce), p. 163.
GALLATIE (Gallo-Grèce). Gallates, peuple de l'Asie mineure, p. 163.
GALLAS, peuple de l'Abyssinie, p. 174.
GALLO-GRÈCE, p. 174.
GALLUS Coq=Coq gaulois, p. 176.
GAULE CISALPINE (La), partie septentr. de l'Italie, p. 177.
GAULOIS=*Galli*, p. 182.
GÉOGRAPHIE DE L'ANTIQUITÉ, p. 184.
GHADÈLES, premiers habitants de l'Irlande, p. 194.
GOTHS (Les), p. 194.
GRANDE-BRETAGNE (La), p. 198.
GERMAINS=*Germani*, hommes de race germanique, p. 202.
GRECS (Hellènes) *Ioniens*, p. 203.
GUERRE contre les pirates Ciliciens, p. 205.
HÉBRIDES, îles à l'ouest de l'Écosse, p. 205.
HÉNÈTES (Les) ou *Vénètes*, peuple de la Pannonie, p. 211.
HERCULE (Héraclides), p. 215.
HESPÉRIA = *Hespérides*, peuples des pays du soir, p. 217.
HIÉROGLYPHES ÉGYPTIENS, p. 218.
HONGROIS, voir *Huns*, p. 223.
HORDES principales des peuples nomades de l'Europe, p. 223.
HUNS, race Ouralo-Altaïque, p. 228.
HYPERBORÉENS (Peuples), p. 230.
HYRCINIA. Forêt — Hyrcinienne p. 232.

IBERIE, IBERIA (*Ibères, Iberingia, Iberingæ* et *Ibérie*), nom antique donné à l'Espagne, p. 232.

ICTIOPHAGES, peuples qui se nourrissaient de poissons, p. 240.

IGUVÉIENS (Les). Branche des Ombriens, p. 240.

ILVATES (Les), anciens habitants de l'île d'Elbe, p. 240.

INDE (*Hindous=Indiens*), pays et peuples de l'extrême Orient, p. 241.

ITALO-GRECS, peuples qui occupaient les îles et les rivages de la mer Méditerranée, p. 304.

JAPIDES (Les), p. 306.

KALLINOS, écrivain grec, p. 308.

KAUKASE, Caucase=Caucasiens =races caucasiques, p. 308.

TABLE DES ARTICLES

CONTENUS DANS LE TOME TROISIÈME.

KURILES, habitants primitifs du Japon, p. 1, t. III.
LACUSTRES (Peuples), p. 10.
LANGAGE CELTIQUE-ARIEN, p. 26.
LEXIOLOGIE HINDO-EUROPÉENNE, p. 37.
LEXIOLOGIE INDO-EUROPÉENNE (Tableaux de), p. 43.
LIBY-PHÉNIQUES, peuples originaires de l'Afrique. p. 78.
LIGURES; *Lygies* des anciens, p. 79.
LUAGAR, mot roumain, qui signifie *corps d'armée*, p. 91.
MADJIARS, peuples hunniques, p. 92.
MAELMURIUS et ŒCHODIUS, bardes irlandais, p. 93.
MANOU ou MÉNOU, premier législateur indou, p. 93.
MÉDES, en grec *Madioi*, peuple originaire du plateau central de l'Asie, p. 94.
MESOPOTAMIE, bassin de l'Euphrate et du Tigre, p. 100.
MOIRA (Bataille de), p. 102.
MONGOLS, *Mongolie*, p. 102.
MONTAGNES (Système général des), p. 105.
NATIONS DE L'ANTIQUITÉ, p. 109.
NATIONS PÉLAGIQUES, p. 109.
NÉMÈTES, habitants de Némétacum dans l'ancienne province d'Artois, p. 114.
NOË ou NOAB, p. 116.
NOMADES et NUMIDES, p. 122.
OSSIAN ou OISIAN, barde gaélique, p. 125.
PANKA-TANTRA (le), collection de fables indiennes, p. 126.
PANNONIE, *Pannonia* des Latins, p. 128.
PARIA, mot formé de deux racines Hindoustaniques, p. 133.
PHARSISTAN, voy. *Elam*.
PHÉNICIENS et PHILISTINS, nations pélagiques, p. 139.
PHRYGIE, pays montagneux de l'Asie mineure, p. 144.

PIRHUAS, nom des habitants d'une vaste contrée de l'Amérique du sud, qui s'appelle aujourd'hui le Pérou, p. 146.

PORTES DE FER, nom impropre donné aux *rapides* du Danube, p. 183.

RHÉTIENS (Les), p. 186.

SALASSES, peuple de race celto-ligurienne, p. 190.

SAMOYÈDES, peuple demeurant jadis sur les revers septentrionaux des monts Altaï aux sources du Jénessey, p. 191.

SARDAINAÏS, peuple ancien de la Sardaigne, p. 193.

SCYTHES, peuples d'Asie et d'Europe, p. 196.

SENONS, peuple de la Gaule, p. 207.

SIBÉRIE (Les peuples anciens et actuels de la), p. 209.

SICILE, naguère encore appelée *Trinacria*, p. 212.

SILURES (Les), ancien peuple de race ibérique, p. 215.

SLAVES, nom de peuple nouveau, p 217.

SYGINNES (Les), peuple ancien de l'Espagne, p. 222.

TATARES (Races), p. 224.

TECTOSAGES (Les), une des principales branches de la tribu Belcæ, p. 224.

TERRE DU MESRAÏM; nom de l'ancien empire égyptien, p. 228.

THIBET, immense plateau central de l'Asie, p. 231.

THULÉ (île de), p. 234.

TONGRES=*Eburodunum*, p. 234.

TRÈVES, une des villes les plus anciennes de l'Europe occidentale, p. 235.

TRIADES; annales de l'Irlande et de l'Angleterre, p. 243.

TRIMARKISIA, char de guerre des anciens Cimbres ou Kimris, p. 254.

TRINITÉ, appelée *Trimurti* chez les Indiens et *Triglav* chez les Slaves, p. 255.

TUSQUES (Toscans), p. 255.

UMBRES (Les), p. 259.

WEXFORD, ville d'Angleterre. L'ancienne *Brigantia*, p. 264.

ZIGEUNERS, Tzigeuners = Tzinganers = Zingaris = Gypsi = Égyptiens, Bohémiens, Syginnes en Espagne (?), p. 266.

www.ingramcontent.com/pod-product-compliance
Lightning Source LLC
Chambersburg PA
CBHW071420150426
43191CB00008B/990